Hugo Schmidt

Das Kanu

Ein Wegweiser und Ratgeber bei der Anschaffung eines
sportgerechten Paddelbootes (1925)

blue line

Hugo Schmidt

Das Kanu

Ein Wegweiser und Ratgeber bei der Anschaffung eines sportgerechten Paddelbootes (1925)

ISBN/EAN: 9783867417297

Auflage: 1
Erscheinungsjahr: 2011
Erscheinungsort: Bremen, Deutschland

EHV)

Das Kanu

Ein Wegweiser und Ratgeber bei der Anschaffung eines sportgerechten Paddelbootes

Von

Hugo Schmidt
Pressewart des Deutschen Kanu-Verbandes

Mit 169 Abbildungen

Zum Geleit.

Es sind nur wenige Jahre her, daß das Kanu auf unseren heimischen Gewässern begonnen hat, volkstümlich zu werden. Aber bereits nach diesen wenigen Jahren steht fest, daß der Kanusport berufen ist, zu einem Volkssport zu werden. Er umfaßt nicht nur eine neue Form der Wandervogelbewegung, das Wasserwandern, er erstreckt sich auch auf den sportlichen Wettkampf der Kanu-Regatten und Kampfspiele, die für ihre Teilnehmer ein hartes und ernstes Training erfordern, und er zählt schließlich noch zu seinen Sportzweigen das Segeln im Kanu, das ebenfalls hohe Anforderungen an Mut, Geschicklichkeit und Umsicht von seinen Jüngern verlangt.

Die Vielseitigkeit des deutschen Kanusportes und die Intensität, mit der sich seine Anhänger um seine Förderung bemüht haben, hat eine Vielseitigkeit und Verschiedenheit des Bootsmaterials und der Bootsformen hervorgebracht, die auf den Unkundigen stark verwirrend wirkt und ihn vielfach dazu führt, einen Bootstyp anzuschaffen, den er nach den ersten damit gemachten Erfahrungen als den für seine Zwecke nicht brauchbaren erkennt. Das Bestreben, ein möglichst billiges Boot herzustellen, ließ Fahrzeuge entstehen, die durch unschöne Formen, schlechte Arbeit und noch schlechteres Material den Kanusport bei allen anderen Wassersportarten, insbesondere bei dem „großen Bruder" des Kanusports, dem Rudersport, in Mißkredit brachten.

In den nachfolgenden Kapiteln werden dem Neuling, der sich entschlossen hat, ein Kanu anzuschaffen, die Unterschiede und die wesentlichen Eigenschaften der im deutschen Kanusport bekannten Bootstypen vor Augen geführt. Er lernt die vielseitigen Verwendungsmöglichkeiten und die Grenzen der Verwendung kennen, er wird aufgeklärt über die zu Unrecht bestehenden Vorurteile gegen einzelne Bootsarten. Es wird ihm nach dem Studium des ersten Teiles nicht mehr schwer sein, seine Wahl zu treffen. Im zweiten Teile des Buches findet er eine reiche Auswahl von modernen Bootstypen, vom Einsitzerkajak zum Zweierkajak, Kanadier und Faltboot und weiter zum Segelkanu und Rennboot.

Zu diesem Rissematerial haben die bekanntesten Kanukonstrukteure ihre besten und neuesten Entwürfe beigesteuert, so daß auch der erfahrene Kanusportler hier wertvolle Anregungen bei der Beschaffung eines Neubaues findet.

Möge es dem Büchlein gelingen, seine Aufgabe zu erfüllen und damit an der Förderung des Ansehens unseres deutschen Kanusportes zu seinem Teil beizutragen!

Berlin, im November 1925.

Hugo Schmidt
Pressewart des Deutschen Kanu-Verbandes.

Inhaltsverzeichnis

1.

Vom Einbaum zum modernen Kanu.

Das allererste Wasserfahrzeug war ein in der Strömung treibender Baumstamm, vom Urmenschen gelenkt und vorwärts bewegt durch einen Ast. Sehr bald hat der Mensch sich dieses allzu primitive Fahrzeug etwas bequemer gemacht. Der Baum wurde geglättet, zugespitzt an beiden Enden und innen teilweise ausgehöhlt oder ausgebrannt. Der Ast erhielt an einem Ende eine Verbreiterung (oder wurde am andern Ende so stark verschmälert, daß er mit der Hand zu umfassen war) und sah bald nicht anders aus wie die heutige Einblatt-Paddel. Bei fast allen primitiven Völkern wird der Bootsbau heute noch nicht viel anders betrieben, und der Einbaum, wie man ein solches Boot nennt, hat keine wesentliche Weiterentwicklung gefunden. Einzelne Völkerschaften sind, jedenfalls durch örtliche Verhältnisse gezwungen, dazu gekommen, ihre Boote transportabel zu gestalten. Sie verwendeten zum Beispiel Baumrinde und Astwerk und dichteten die Verbindungsstellen mit Baumharz. —

Wir kennen alle aus der Indianerlektüre unserer Jugendzeit Eigenschaften und Aussehen jener Rindenboote, in denen tapfere Winnetous und andere rote Krieger auf den Kriegspfad und auf die Jagd zogen. Und wenn uns heute der Weg an einen friedlichen Lagerplatz mit Wigwams von gar nicht bleichgesichtigen Wassersportlern führt, so finden wir genau dasselbe Boot dort wieder, dessen Kennzeichen die beiden stark gerundeten und hochgezogenen Steven und der offene Sitzraum sind, und nur das Material hat sich geändert, aus dem zerbrechlichen Rindenboot ist ein dauerhaftes Boot mit Holzkörper geworden. Wir bezeichnen es heute nach dem Lande, von wo aus es uns bekannt geworden ist, als Kanadier oder kanadisches Kanu, denn alle leichten Wasserfahrzeuge, die paddelnd in der Blickrichtung vorwärts bewegt werden, und die an beiden Bootsenden spitz zulaufen, bezeichnen wir mit Kanu. Der Sammelname Kanu selbst soll von den Einbäumen der Eingeborenen Westindiens herstammen und von den spanischen Entdeckern herübergebracht worden sein. —

Man vermutet nun, daß die Ureinwohner des nördlichsten Amerika ihre Rindenboote an den Küsten den Verhältnissen des offenen Meereswassers anpaßten, und zwar durch Eindecken des offenen Sitzraumes bis auf eine kleine Luke, und daß sie mit diesen gedeckten Booten weite Reisen über See unternahmen, bis nach Grönland kamen und dort ansässig wurden. In Ermangelung von Holz und Baumrinde nahmen sie Tierhäute und -knochen, und so entstand das Fahrzeug, in dem heute noch, ebenfalls in unveränderter Form, der Eskimo paddelt, der Kajak*), mit dem uns der Nanukfilm so gut bekannt gemacht hat. Die enge Sitzluke, die wenig Körperbewegung nach der Seite duldete, mag es wohl mit sich gebracht haben, daß aus der Einblattpaddel eine Zweiblatt-, oder wie wir heute sagen, Doppelpaddel wurde.

Auch auf unseren Gewässern ist der Kajak heimisch geworden, und seine ursprüngliche Form ist unschwer an den hier vertretenen Exemplaren zu erkennen.

Und doch ist es kaum ein Menschenalter her, daß das Kanu in unserer Heimat in Erscheinung trat. Merkwürdig bleibt die Tatsache, daß der Wassersport sich dieses ältesten Fahrzeugs erst so spät bemächtigt hat.

Das Verdienst, den Kajak neu entdeckt zu haben, gebührt dem Schotten J. Mc. Gregor. Das von ihm gebaute Kanu „Rob Roy" wies gegenüber dem Eskimo-Kajak eine Reihe von Veränderungen hinsichtlich Bequemlichkeit und Stabilität auf und machte es somit auch benutzbar für einen kultur-verweichlichten Mitteleuropäer. Bis in die ersten Jahre nach dem Weltkrieg blieb das Rob Roy-Kanu in Bauart und Konstruktion praktisch fast unverändert, mit Ausnahme des Umbaus zum Zweisitzer. Erst als der Deutsche Kanu-Verband seinen ungeheuren Aufschwung nahm und sein Interesse der Vervollkommnung des Bootsmaterials zuwandte, setzte auch in der Entwicklungsgeschichte des Kajaks eine neue Blütezeit ein. — Der Kanadier blieb bis auf die Konstruktion eines Rennkanadiertyps unverändert in seinen wenigen Formen für leichtes oder schweres Wasser. — Den Segelsport im Kajak haben wir ebenfalls von England übernommen, dessen Segelkanus heute noch vorbildlich sind und dessen Kanusegler sportlich auf der Höhe stehen, wogegen das Paddeln in England stark zurückgegangen ist. Der Deutsche Kanu-Verband erweist ihm seit zwei

---

*) Der Kajak und das Kajak, beide Artikel sind im Sprachgebrauch anwendbar.

2

Jahren sein besonderes Interesse und sorgt dafür, daß auch hier das Bootsmaterial zur höchsten Stufe der Vollkommenheit schreitet.

Während in Schweden und Dänemark, wo die Kajakform wohl direkt von dem grönländischen Urtyp übernommen wurde, und die Bauart auch ähnlich geblieben ist (Holzlattengerüst mit Leinwandhaut), stets nur einige ganz wenige Typen von (Einer-) Kajaks und wenig mehr Typen von Segelkajaks gebaut werden, gibt es bei uns heute eine ungeahnte Fülle von Booten für die verschiedensten Zwecke und verschiedenartigsten Wasserverhältnisse. Da baut man Kanus für leichtes und schweres Wasser, für Tagesfahrten, für kleine Reisen, für große Reisen, Kanus zum Paddeln und Segeln, solche nur zum Segeln, da gibt es kastenförmige Scharpieboote, Klinker- oder karweelgebaute Holzboote, starre Leinwand- und Faltboote, Boote in Schwedenform, in Fischform, dann schließlich Einer und Zweier, Dreier, Vierer und sogar Achter und schließlich Rennboote in allen möglichen Formen. Das Kanu vom Rob Roy-Typ mit seiner geringen Länge von 4 m und seiner stark geschwungenen Deckslinie hat langen, eleganten, geradlinigen Booten Platz machen müssen.

Kein Wunder, wenn da einem Anwärter auf ein Kanu, der die Fülle verschiedener Boote vor Augen hat, allerhand Fragen auf der Zunge schweben. Es gibt tatsächlich eine Menge Dinge zu überlegen, bevor er seine Entscheidung trifft. Die folgenden Kapitel mögen ihm die Wahl erleichtern!

Moderne Eskimos im Kanadier.

2. Kanadier, Kajak oder Faltboot?

Wer unbefangen an die Frage der Beschaffung eines Paddelbootes herangeht, wird zuerst überlegen müssen, welche von den
beiden bei uns gebräuchlichen Gattungen des Kanus er wählen
will. Das offene kanadische Kanu, den ,,Kanadier'', oder den
gedeckten Kajak. Die äußeren Unterschiede der beiden sind augen-
fällig, die Art der Fortbewegung ist sehr verschieden. Die guten
Bekannten, die man befragt, urteilen nach Äußerlichkeiten und
empfehlen stets den Kajak. Sie sagen, im Kajak sitzt man bequemer, da hat man einen Sitz wie einen Sessel und eine Rückenlehne, die Doppelpaddelei ist nicht so einseitig, man hat eine Fußsteuerung und braucht nicht erst die schwierige Handhabung
des gleichzeitigen Paddelns und Steuerns mit der Einblattpaddel
zu erlernen; außerdem sitzt man geschützter und sicherer, die
Wellen schlagen nicht so leicht herein. Das einzige, was sie dem
Kanadier zugute halten, ist die Tatsache, daß man leichter hinein-
steigen und mehr bunte Kissen hineinlegen kann. Daher gilt
der Kanadier heute in den weiten Kreisen der Unwissenden als
ein Fahrzeug für Nachmittagsspazierfahrten, die der vornehme
Kavalier mit der Dame seines Herzens unternimmt, wofür sie
zumeist die Kissen-Ausstattung zu übernehmen hat, auf der sie
sich malerisch niederläßt, während er lässig die Paddel handhabt.
Die Fährhausbucht an der Hamburger Außenalster liefert den
Beweis.

Und doch gibt es genug ernsthafte Wassersportler unter uns, die nicht vergessen haben, daß das kanadische Kanu alles andere als ein Lustfahrzeug war, ehe es zu uns kam. Sie ziehen zwar nicht damit auf die Jagd und auch nicht auf Kriegspfad wie jene Urbewohner Kanadas, aber sie nehmen frohen Herzens und frischen Mutes einen anderen Kampf im Kanadier auf, den Kampf mit Wind und Wellen. Denn das kanadische Kanu, von besonnener und kundiger Hand gesteuert, vermag dem Wellengang genau so gut zu trotzen wie ein gedeckter Kajak, und es gibt kaum ein Wetter, das der offene Kanadier weniger gut überstehen kann

Die Formenschönheit eines kanadischen Kanus.

als ein Kajak. Es ist eigentlich nicht weiter verwunderlich, denn die Höhe über der Wasserlinie, der sogenannte Freibord, ist bei ihm viel größer als beim Kajak, die beiden Enden sind stark hochgezogen und laufen sehr scharf zu, so daß der Schwall der anstürmenden Wellen auseinandergeteilt oder vom hohen Steven abgewehrt wird. Der Kanadier ist leichter im Gewicht als der Kajak und liegt durch seine völligeren Formen breiter und flacher im Wasser, so daß ihn die Welle auch leichter hochhebt. Er tanzt gewissermaßen oben drüber weg, wo der Kajak schon mit dem Vorschiff eintaucht. — Das Paddeln mit der Einblattpaddel ist durchaus nicht so einseitig, denn der sportgerechte Kanumann wird eben zur Vermeidung der Einseitigkeit abwechselnd auf der linken und rechten Seite paddeln, schon um die Drehwirkung starken Seitenwindes aufzuheben.

Das Paddeln selbst ist zwar nicht einfach, da mit jedem Paddelschlag gleichzeitig das Boot gesteuert werden muß; aber es läßt sich in seinen Grundzügen schnell lernen. In der Heimat des Kanadiers gibt es sogar eine hohe Schule der Steuerkunst mit vielen Feinheiten, denn dort wird der Kanadier auch auf reißenden Flüssen mit Stromschnellen gefahren, die bei uns noch das Vorrecht des Faltboots sind. — Der Hauptvorteil des Kanadiers liegt aber wo anders. Der offene Raum zwischen den beiden Fahrern bietet nämlich Platz für eine große Menge Gepäck, eine weit größere jedenfalls, als im Kajak untergebracht werden kann. Dieses Gepäck ist im Nu ein- und ausgepackt. Im Kajak dagegen muß der Unterbringungsort für jedes Teilchen genau überlegt werden. Der Stauraum ist beschränkt. Da man die Gegenstände einzeln herein- und herauszunehmen hat, dauert das Ein- und Auspacken entsprechend viel länger. —

Ein nicht zu verachtender weiterer Vorteil des Kanadiers ist die leichte Zugänglichkeit seines Innern für die notwendige Bootsreinigung nach jeder Fahrt. Schmutz und Feuchtigkeit können mit Leichtigkeit entfernt werden, eine Tatsache, die das Leben des Bootes beträchtlich verlängert und die Reinigung zum Vergnügen macht. Der Bootskörper eines Kanadiers wird infolge des einheitlichen Leinwandüberzuges auch niemals undicht werden, wogegen es kaum möglich ist, das aus Planken bestehende Gefüge eines Kajaks vollkommen wasserdicht zu bauen. Etwas Bilgewasser zieht erfahrungsgemäß fast jedes Plankenboot.

Nach dieser kleinen Ehrenrettung des kanadischen Kanus wenden wir uns dem Kajak zu. Einer seiner Hauptvorteile dürfte darin zu suchen sein, daß sein Insasse sehr viel mehr gegen die Unbillen des Wetters geschützt ist. Während beispielsweise die Insassen eines Kanadiers dem Regen in voller Größe ausgesetzt sind — es nutzt nicht viel, wenn sie sich die Beine mit einer Zeltbahn zudecken —, kann der Kajakmann seine Sitzluke durch eine sogenannte Persenning, die rund um den Körper geht, vollständig abschließen und damit auch sein Hab und Gut vor der Nässe schützen, und zwar so gut, wie man es im Kanadier kaum erreichen kann. Auch die Arbeit mit der Doppelpaddel wird in den meisten Fällen vorgezogen, ebenso der bequemere Sitz mit ausgestreckten Beinen. Hierbei ist allerdings zu bemerken, daß die Rückenlehne eines Kajaks keineswegs mit der Rückenlehne eines Klubsessels verwechselt werden darf. Wer sich bequem zurücklehnt (45° Rückenlage, sagt der Fachmann), wird nicht viel Fahrt in seinen Kahn kriegen. Erst wenn der Oberkörper um ein Weniges nach vorn geneigt wird, kann die volle Armkraft zur Ausnutzung gelangen. Ein anderer Grund für die größere

Beliebtheit ergibt sich aus der Tatsache, daß der Kajak bei Wellengang nicht dieselbe Vorsicht erfordert wie der Kanadier, und daß er sich letzten Endes doch etwas weiter hinaus wagen darf, wenngleich dieser Fall praktisch selten in Erscheinung tritt (mit Ausnahme vielleicht bei Seefahrten); denn bei einer bestimmten Sturmstärke suchen auch die geübten Kajakleute den Schutz des Ufers. Schließlich spielt die Fahrtgeschwindigkeit noch eine kleine Rolle. Die durchschnittliche Geschwindigkeit eines Kajaks ist etwas größer, so daß bei gemeinsamen Fahrten die Kanadier meist etwas

Zweierkajak auf dem Wannsee.

zurückliegen. Daher kann man oft genug feststellen, daß auf Grund dieser Verschiedenheit zum Beispiel in einem Kanu-Klub mit mehr Kajaks als Kanadiern die Kanadier nach und nach umgetauscht werden in schnellere Kajaks.

Auf die Kreditseite des Kajaks kann man noch folgendes buchen: Ein Kajak ist etwas Ähnliches wie ein Maßanzug, man kann sich sein Boot nach Maß bestellen, einfache oder Luxusausführung, eng oder bequem, aus feinem Stoff (Leinwandhaut) oder aus derbem Stoff (= Holz), leicht oder schwer, für ruhiges Wasser und für rauhes Wasser. Die persönlichen Eigenheiten des Besitzers haben also ein reiches Spielfeld zur Betätigung. Der Kajak ist ein individuelles Boot. Die Form des Kanadiers dagegen variiert, wie gesagt, nur wenig und gibt dem Eigner nur Gelegenheit zur Äußerung von besonderen Wünschen, wenn es gilt, den Farbanstrich der Außenhaut zu bestimmen.

Zusammenfassend wäre also zu sagen: Das kanadische Kanu ist infolge seines umfangreichen Stauraumes besonders gut geeignet für große Fahrten mit viel Gepäck. Bei besonnener und kundiger Führung läuft es im Wellengang durchaus sicher und trocken. Zu seiner Führung sind zwei Mann (sitzend oder kniend) erforderlich, jedoch nicht unbedingt. Von einem Fahrer ist der Kanadier bei windigem Wetter sehr schwer zu lenken und nur (kniend) von der Mitte aus, da der Wind den hoch aus dem Wasser hervor-

Faltboot mit Besegelung.

ragenden Steven des Bootes leicht wegdrückt. Seine durchschnittliche Geschwindigkeit beträgt etwa 5 km in der Stunde.

Der gedeckte Kajak bietet seinem Insassen größeren Schutz gegen schlechte Witterung und Spritzwasser. Seine Führung erfordert geringere Geschicklichkeit als die des Kanadiers. Seine durchschnittliche Geschwindigkeit erreicht etwa 6 km in der Stunde. Die Wissenschaft von den Formen des Kajaks ist so weit vorgeschritten, daß es möglich wurde, für die verschiedensten persönlichen Ansprüche und verschiedenartigsten örtlichen Verhältnisse jeweils bestgeeignete Boote zu konstruieren.

Aus dem Gesagten geht hervor, daß die Entscheidung über die Frage ,,Kajak oder Kanadier" dem Fragesteller überlassen bleiben muß, nachdem ihm die Vor- und Nachteile beider Bootsgattungen erläutert worden sind. Letzten Endes hat irgendeine persönliche Auffassung des Käufers den Ausschlag zu geben, sei es der verschiedenartige Sitz und die verschiedenartige Bewegung beim Paddeln, oder sei es die Vorliebe für die unvergängliche Formenschönheit des kanadischen Kanus beziehungsweise die Schlankheit der rassigen Linien eines Kajaks.

Eine besondere Stellung innerhalb der großen Familie der Kajaks hat sich das Faltboot erobert. Gestalt und Art der Fortbewegung hat es mit dem Kajak gemeinsam. Aber es ist ihm insofern überlegen, als seine Unterbringung nicht des kostspieligen Raumes im Bootshaus bedarf, und vor allen Dingen, weil es seinen Besitzer davon entbindet, auf seinen Wochenendfahrten immer in dem Bereich des Bootsstandes zu bleiben. Erst das Faltboot gibt dem Wasserwanderer die Möglichkeit, jedes schöne am Wasser gelegene Fleckchen Erde in seiner Heimat aufzusuchen und kennen zu lernen. Er kann seine Fahrt ganz nach Belieben näher oder weiter vom Heimatort ansetzen und kommt nie in die Verlegenheit, seine Reise zu Wasser in Hin- und Rückweg einteilen zu müssen. Wieviel Pläne für große Fahrten im Holzboot auf unbekannten Revieren scheitern an den Kosten und Schwierigkeiten des Bootstransportes, denn die Eisenbahnverwaltung zeigt dem Wasserwanderer wenig Entgegenkommen. Außerdem leidet ein Holzboot erfahrungsgemäß stets auf einem Bahntransport. Unentbehrlich wird das Faltboot für den Wassersportler, dessen Wohnort am Ufer eines Flusses oder Stromes mit stark fließendem Wasser liegt. Das Faltboot macht ihn von der Strömung unabhängig. Er paddelt mühelos große Strecken von seinem Standort stromabwärts, ohne an den Rückweg gegen die Strömung denken zu müssen, baut sein Boot am Reiseziel ab und kehrt mit der Bahn zurück. Oder er fährt mit der Bahn oder dem Dampfer ein Stück stromauf, baut sein Boot zusammen und kehrt paddelnd nach Hause zurück. In Bayern und Österreich, den Ländern der reißenden Gebirgsflüsse, trifft man daher nur das Faltboot, und auch in Mittel- und Norddeutschland nimmt die Zahl seiner Anhänger mit jedem Jahr bedeutend zu. Man kann es aus allen diesen Gründen heute schon als das Paddelboot der Zukunft bezeichnen.

Noch vor einigen Jahren entlockte die Gestalt des Faltbootes dem durch die schnittigen Holzboote verwöhnten Wassersportler nur ein mitleidiges Lächeln. Sie glich aber auch wirklich in den meisten Fällen mehr aufgeblasenen, schwimmenden Säcken als Sportfahrzeugen. Plünnenkreuzer und Hadernkahn nannte sie der Volkswitz, und die Bezeichnung Seelenverkäufer, die einst unsere Väter und Großväter für den Kajak erfanden, feierte ihre Auferstehung.

Wenige Jahre unermüdlicher Arbeit der Spezialwerften für Faltbootbau, vereint mit den Bestrebungen des Deutschen Kanu-Verbandes, haben jedoch diesen Hauptbehinderungsgrund für die Verbreitung des Faltbootes schnell beiseite geräumt. Das moderne Faltboot steht an Schönheit seiner Formen keineswegs hinter derjenigen seiner hölzernen Geschwister zurück. Sein

Faltbootwagen.

Gerüst ist steif, biegt sich im Wasser nicht durch und läßt sich in die Faltboothaut so straff einspannen, daß das ganze Boot ein durchaus festes und einheitliches Gebilde wird. Vielfach findet man noch bei Unwissenden den Glauben, das Faltboot sei gefährlicher als das Holzboot. Es wird aber niemand gelingen, diese Weisheit unter Beweis zu stellen, denn im Gegenteil, das Faltboot hat durch die Eigenart seiner Konstruktion eine Reihe von Eigenschaften, die ihm und seinem Insassen den Kampf mit den Wellen

10

erleichtern. Infolge seines geringen Gewichtes wird es von der Welle sehr viel leichter hochgetragen. Bei einer Folge von hohen, steilen Wellen schiebt es sich daher viel besser von einer Welle zur andern als das schwere Holzboot. Es hält dem Anprall der Wellen außerordentlich gut stand, da es den Stoß gleichsam federnd auffängt. Es ist ein eigenartiges Gefühl, bei einer Fahrt auf rauhem Wasser dieses Abfangen, Abbremsen der Wellen zu spüren. — Wie leicht bricht die Planke eines Holzkajaks beim Anfahren oder beim Auffahren auf Steine oder Holz. — Die Faltboothaut gibt in den meisten Fällen federnd nach. Davon weiß der Wildwasserfahrer ein Liedlein zu singen, denn wie oft schurrt er in der scharfen Strömung über flache Stellen des kiesbedeckten Flußbettes ohne Schaden und nur der aufrecht im Wasser stehende Ast oder der Nagel auf einem Brett können gefährlich werden.

So mancher junge Faltbootbesitzer verliert schnell die Lust, weil er sich an dem ziemlich erheblichen Gewicht des zusammengepackten Faltbootes stößt (gewöhnlich ein oder zwei Rucksäcke mit der Haut und den Spanten, sowie eine lange Stabtasche mit dem Gerüst und den Paddeln). Er hat vorher aus den Reklamebroschüren der Werften entnommen, daß man mit dem Faltbootgepäck auf dem Rücken große Wanderfahrten machen kann. Aber nach einer halben Stunde Marsch ist er am Ende seiner Kraft. Ihm kann sehr rasch geholfen werden. Zum Faltbootgepäck gehört nämlich ein kleiner zerlegbarer Bootswagen. Auf ihn schnallt man den großen Rucksack, obenauf die Stabtasche und benutzt diese als Deichsel. So hält man jeden Landtransport bequem aus! Die Empfindlichkeit seiner Haut ist allenfalls eine Schwäche des Faltbootes, die man bei allen Vorzügen gern in Kauf nehmen kann. Der Sand, der stete Begleiter des Wasserwanderers, der sich selbst bei sorgsamster Behandlung zwischen Holzgerüst und Haut drängt, rauht die Haut langsam auf und macht sie unansehnlich. Dazu kommen ein paar Löcher und Risse mit der Zeit, die man selbst sehr schön reparieren kann. Dennoch hält eine gut gepflegte Faltboothaut einige Jahre. Übrigens wird fast jede Faltboothaut neuerdings mit einem Kielstreifen verstärkt und dadurch schon bedeutend widerstandsfähiger.

Für den leidenschaftlichen Naturfreund gibt es kein geeigneteres Boot als das Faltboot. Nur es macht ihn zum wahren Wasserwandervogel, denn es bindet ihn nicht an den beschränkten Umkreis eines Bootshauses; macht ihn von einem Bootshaus überhaupt unabhängig, da es zu Hause in irgendeinem Winkel aufbewahrt werden kann. Für stark strömende Gewässer und für Wildwasser ist es die einzig mögliche Form des Kanus. Es besitzt dieselbe, wenn nicht eine größere Stabilität als das feste Holzboot, und es erfüllt neuerdings alle Ansprüche, die an äußere Formenschönheit gestellt werden. — Es fährt sich im allgemeinen leichter als ein Holzboot, ist aber bei starkem Wind infolge Fehlens eines Kieles etwas schwerer auf Kurs zu halten. Die Anschaffungskosten sind etwa dieselben wie die eines guten Klinkerkajaks. Die Erfahrung lehrte: Das Teuerste ist das Beste und das Billigste.

3. Einer oder Zweier?

In der Form des Einsitzerbootes kam der Kajak, wie an anderer Stelle schon erwähnt, zu uns nach Deutschland. Das erste, was man hier mit ihm gemacht hat, war, ihn zu einem Zweisitzerboot umzukonstruieren. Das ist dem Kajak nur in Deutschland passiert und dürfte die Veranlassung zu der ungeheuren Verbreitung geworden sein, die er dann später in Deutschland gefunden hat; entspricht doch das zweisitzige Boot sehr viel mehr dem geselligen Wesen des Deutschen als das einsitzige. Lange Jahre traf man nur selten einen Einerkajak auf deutschen Gewässern, und erst in den letzten beiden Jahren (1924—1925) beginnt langsam wieder das Interesse für den Einsitzer zu wachsen. Nicht wenig hat dazu die Teilnahme des Deutschen Kanu-Verbandes an den Gotenburg-Wettkämpfen des Jahres 1923 in Schweden beigetragen, bei welcher Gelegenheit die deutschen Kanuleute das vorbildliche Bootsmaterial der schwedischen Kanusportler kennen lernten: den schwedischen Einerkajak und den schwedischen Segelkajak, die bald die Entwickelung des deutschen Bootbaus sehr stark beeinflussen sollten und noch heute tonangebend sind. Schweden kennt den zweisitzigen Kajak überhaupt nicht, ebenso fehlt er auch in Dänemark und England.

Die Vorteile eines Zweierkajaks sind bestechend. Sie beginnen bereits bei den Anschaffungskosten. Es soll hier übrigens nicht die Rede sein von dem Jüngling, der einen Zweier anschafft, (Brautgondel), um darin auf Amors Pfaden zu wandeln. Uns interessiert nur der künftige Sportsmann zu Wasser. Zwei Einer kosten fast doppelt soviel als ein Zweier, dazu kommen — beim festen Boot — die doppelten Unterstandskosten im Bootshaus. Das Hantieren mit einem Boot, Heraus- und Hereintragen, Umsetzen erfordert zwei Menschen, einerlei ob Einer- oder Zweierkajak, eine Angelegenheit, die besonders schwer ins Gewicht fällt im Verlauf einer größeren Fahrt, während welcher oft die Hilfe von Kameraden fehlt, und die daher dem Zweier-Boot viele Anhänger verschafft. Unersetzlich ist in den meisten Fällen der Zweisitzer für das kanusporttreibende Braut- bzw. Ehepaar. Denn im großen ganzen liegt dem weiblichen Geschlecht das Fahren im Einerboot absolut nicht. Der weibliche Körper ist ja auch durchweg weniger widerstandsfähig und ausdauernd als der männliche. Die Frau hat im Zweierkajak immer wieder eine Gelegenheit, ihren Kräftevorrat zu schonen (wovon sie reichlich Gebrauch macht — sagen böse Zungen). Sie steht plötzlich auftretenden Gefahrmomenten selten mit derselben Kaltblütigkeit und mit derselben Geistesgegenwart gegenüber, die ein Mann aufzubringen vermag. Schließlich verlangt ja die Natur der Frau einen Führer, der sie durch die Fährnisse des Lebens steuert — wenigstens heute noch, denn die neue weibliche Generation wächst unter anderen Gesichtspunkten heran und neigt mehr zur Selbständigkeit. So wird der Zweierkajak des Ehepaares zum Symbol des Lebensschiffleins, wie einmal eine tüchtige süddeutsche Kajakfrau behauptet hat.

Wer aber frei von den (zarten) Fesseln der Ehe dem Kanusport huldigen kann, für den gibt es kein besseres Boot als den Einer. Unbeschwert mit der Verantwortung für ein zweites Menschenleben, unbelastet mit der notwendigen Aufmerksamkeit für die Tätigkeit des Mitfahrers, kann er den Kampf mit Wind und Wellen weit unternehmungslustiger aufnehmen. Er verwächst mit dem Boot wie der Reiter mit dem Pferd, er lernt sich und sein Boot genau kennen, weiß, was er leisten kann, und wie weit er der Gewalt der Elemente gewachsen ist. Ein solches Auf-sich-selbst-Angewiesensein ist eine vorzügliche Erziehung. Darin liegt der ungeheure sittliche Wert des Kanusports, daß er auf diese Weise seine Jünger im engsten Zusammenleben mit der Natur zu Führern heranreifen läßt, wie sie zur Wiedererstarkung des deutschen Vaterlandes so sehr notwendig sind.

Daß die Mitführung von Gepäck im Einer verhältnismäßig leichter zu lösen ist, bedarf wohl kaum besonderer Erwähnung.

Ein zu großer Fahrt ausgerüsteter Zweier zeigt oft bedenklichen Tiefgang. In zwei Einern verstauen sich die Ausrüstungsgegenstände rasch. Da die Ausmaße eines Einers nur wenig geringer sind als die eines Zweiers, der Stauraum daher kaum kleiner, kann der Eigner eines Einsitzers sein Tourengepäck noch reichhaltiger zusammenstellen und sich daher noch unabhängiger von den Wohltaten der Kultur machen, ebenfalls ein nicht zu verachtender Vorteil! Im schweren Wetter hält sich der Einer wegen seines leichteren Gewichts viel besser als der Zweier. Der schwere

Damenzweier des Berliner Damen-Kanu-Clubs (des 1. deutschen Damen-K.-Cl.).

Zweisitzer nimmt viel mehr Wasser über, steckt die Nase viel tiefer ins Wasser, weil ihn die Wellen nicht so leicht hochheben.

In Erkenntnis dieser Dinge und angeregt durch die Berührung mit den kanusportlich auf großer Höhe stehenden nordischen Kameraden hat also der Einsitzer im deutschen Kanusport wieder seinen Einzug gehalten. Es liegt in der Natur des Faltbootsportes, dem idealen Wasserwandern, daß hier diese Bewegung am meisten vorgeschritten ist. Der Kampf mit den Elementen kommt nicht besser zum Ausdruck als in einer Fahrt auf dem ungebändigten Wildwasser und da am packendsten im leicht wendigen von einem Willen gelenkten Einsitzer.

Der Einsitzer ist demnach mit zwingender Notwendigkeit das Boot für den Junggesellen. Es bewahrt ihn vor der Brautgondel, und es hält ihn in der ersten Zeit des Zweifels auf dem rechten Weg. Darüber hinaus ist der Einsitzer das Boot aller derjenigen, die körperlich kräftig genug sind, sich ohne die Hilfe und Arbeit eines zweiten Fahrers auf dem Wasser zu tummeln, also auch der körperlich geeigneten Damen. Der Zweisitzer sollte den ersten Versuchen der Jugend in den Kanuvereinen als Übungsboot vorbehalten sein. Im übrigen muß er das Boot derjenigen Eheleute bleiben, bei denen der weibliche Teil körperlich s o sehr hinter dem männlichen zurücksteht, daß ein Ausgleich bei der Benutzung von zwei Booten nicht geschaffen werden kann.

4. Der Wanderkajak.

a) Seine Bauarten und Bauformen.

Wir haben nun nacheinander die Hauptgattungen des Kanus
mit Ausnahme des reinen Segelkanus, mit dem wir uns an anderer
Stelle noch beschäftigen werden, kennen gelernt, und sind nun
schon eher in der Lage, zu entscheiden, welche Form des Kanus
wir uns auswählen, Kajak, Kanadier oder Faltboot. Wir hörten,
daß an der Form des kanadischen Kanus nur sehr wenige Ände-
rungen vorgenommen wurden, daß dagegen die Form des Kajaks
um so mehr Gegenstand des Interesses der Bootskonstrukteure
geworden ist. Abgesehen davon, daß aus dem Einmannboot des
Eskimos und dem „Rob-Roy" des Engländers der Zweisitzer
entstand, hat man die ursprüngliche Grundform als Schwerwetterboot für den Gebrauch auf Seereisen an den Küsten gründlich,
vielleicht oft zu gründlich, den leichteren Wasserverhältnissen
unserer Flüsse und Binnenseen angepaßt. Man hat auf Kosten
der guten Eigenschaften im schweren Wasser die völligen, stabilen
Formen und die wenig elegante aber zweckmäßige Linienführung
verändert, veredelt, wenn man so sagen darf. So entstand der
Kajak des Jahres 1925, lang, schmal, schnittige Linien, gewölbtes
Deck, gerade Deckslinien in der Seitenansicht, niedrig, schnell.
Ursprünglich nur als Wanderboot mit Stauraum für größeres
Fahrtengepäck gedacht, wird der Kajak heute je nach Wunsch
des zukünftigen Besitzers gebaut: für kleine Tagesfahrten anders
als für längere Ferienfahrt, für leichtes Wasser anders als für
schweres. Während früher die Geschwindigkeit des Bootes keine
Rolle spielte, der Paddler in beschaulicher Ruhe seines Weges
zog, prägt sich heute die Unrast unseres Zeitalters in dem Wunsch
nach möglichst schnellen Booten aus und führte zum Bau von
sehr langen Booten (6 m und mehr, Länge läuft!), was ebenfalls
wieder auf Kosten der Sicherheit im Seegang geht. Der Wunsch,
die billige Motorkraft des Windes mehr auszunützen, als durch

das Treibsegel möglich ist, führte dazu, eine Reihe von Kajaks mit Innen- oder Außenschwertern zu versehen, die gestatten, auch gegen den Wind zu segeln.

Die Begriffsbestimmung des sportgerechten Kanus, wie sie der Deutsche Kanu-Verband in seinen Bootsvermessungsbestimmungen festgelegt hat, besagt: Ein Kanu ist ein aus beliebigem Material vorn und hinten auf Steven gebautes (d. h. spitz zulaufend, nicht mit einem sogenannten breiten Spiegel wie Segel- und auch Ruderboote) paddelbares bzw. segelbares Boot. Das Paddel, so heißt es weiter, ist ein frei in der Hand des Bootsinsassen geführtes Schaufelruder mit einem oder zwei Blättern. Wenn man also

Scharpie-Kajak.

irgendein Boot mit Paddeln vorwärtsbewegt, so wird es deshalb noch lange nicht zum Kanu. Wer also Wert auf ein sportgerechtes Kanu legt, muß sich diese Definition zunächst einmal vor Augen halten, denn es befinden sich eine erhebliche Zahl von Paddelbootstypen im Handel, die dieser Begriffsbestimmung nicht standhalten und trotzdem als Kanu verkauft werden.

Über die verschiedenen Bauarten ist das Wesentliche zumeist bekannt. Die billigste Bauart ist die des Scharpiekajaks oder Flachbodenkajaks. Auf einem flachen an beiden Enden ein wenig aufgebogenen Boden setzen sich recht- oder stumpfwinklig die aus je einer Planke bestehenden Seitenwände auf. Sie eignet sich am besten für Anfänger und Jugendliche. Der Stauraum ist groß, der Tiefgang gering, die Stabilität infolge der breiten Auflage auf dem Wasser gut. Das Scharpieboot kann ohne besondere Kenntnisse nach Zeichnungen leicht hergestellt werden und hat daher eine ungeahnte Verbreitung gefunden. Außer diesen sportfreudigen Selbstbauern beschäftigen sich auch zahllose Unberufene mit seinem fabrikmäßigen Bau, deren häßliche, unproportionierte und plumpe Erzeugnisse viel dazu beigetragen haben, den Kanusport als ebenbürtigen Sport in Mißkredit zu bringen. Eine auch für den Laien unschön wirkende Eigenschaft eines schlechtgebauten Scharpiekajaks ist das geräuschvolle Aufplatschen des Vorschiffs auf das Wasser beim Fahren. Liegt dem Bau jedoch der Riß eines

Der Riß in der Haut eines Leinwandkajaks wird gleich nach dem Unfall geflickt.

erfahrenen Konstrukteurs zugrunde, so befriedigt das fertige Boot auch das verwöhnte Auge und zeigt gute Fahreigenschaften. Eine Abart des Scharpiebootes, die sogenannte Schipjack-Form, kommt praktisch heute bei Neubauten kaum noch in Frage. Bei ihr zeigt der Spant eine einmal gebrochene Linie, an den schmalen Boden setzen sich je zwei Planken an. — Die Geschwindigkeit des Scharpiebootes ist infolge seiner etwas ungeschickten Kastenform, die dem Wasser mehr Widerstand bietet als die U- oder V-förmige Gestalt eines Rundspantbootes, geringer. Der Preisunterschied zwischen einem guten Scharpieboot und einem guten

Rundspantboot ist heute nicht mehr so groß, so daß man wenn irgend möglich die Beschaffung des Rundspantbootes vorziehen sollte. Der Anschaffungspreis eines starren Leinwandkajaks dürfte etwa der gleiche, wenn nicht der niedrigere sein (guter Bauriß vorausgesetzt!).

Ein wenig begründetes Vorurteil hat der Verbreitung des Leinwandkajaks viel Abbruch getan. Da seine Außenhaut nur aus mit dicker Ölfarbe gestrichener Leinwand über einem Lattengerüst besteht, befürchtet der Laie mit Unrecht, sie sei nicht haltbar und nicht widerstandsfähig, aber sehr leicht verletzbar und bringe den Insassen daher oft in Gefahr. Die Erfahrung hat das Gegenteil längst bewiesen. Nur aufrecht stehenden Ästen und Nägeln (s. auch Faltboot) muß sein Insasse aus dem Wege gehen. Harte Grundberührungen schaden selten, da Haut und Gerüst nachgeben. Ein großer Vorteil steckt in dem leichten Gewicht des Leinwandkajaks, der sich in der Schnelligkeit gegenüber einem gleich gebauten Holzboot auswirkt. Diese letzten Eigenschaften, verbunden mit dem geringeren Preis und der Möglichkeit des Selbstbaus, sind die besten Empfehlungen des Leinwandkajaks. Damit sei gesagt, daß nicht nur der Minderbemittelte gut fährt, wenn er es wählt. Schweden und Dänemark kennen heute noch keine anderen Paddelboote als starre Leinenkajaks.

Die beliebteste und mit Recht am häufigsten angewendete Bauart bei Rundspantbooten ist der Klinkerbau (dachziegelartig übereinanderliegende Planken). Er gibt dem Boot die beste Festigkeit, macht es am widerstandsfähigsten gegen heftige äußere Einwirkungen, Grundberührungen, Stöße. Daher wird er am liebsten beim Bau von Wanderbooten angewendet. Ein klinkergebautes Boot mit Eichenplanken kann schon tüchtig strapaziert werden. Eine gebrochene Planke läßt sich unschwer ausbessern.

Die ferner noch bekannte Karweel- oder Nahtspant-Bauart wird praktisch fast nur beim Bau von Segelkanus und Rennkajaks angewendet. Bei ihr stoßen die Planken mit ihren Kanten aneinander, wodurch die Außenhaut des Bootes vollständig glatt wird und dem Wasser glatten Abfluß gewährt, so zur Vergrößerung der Schnelligkeit beitragend. Das Dichthalten der Nahtstellen ist nicht ganz einfach. — Neuerdings wird auch vereinzelt für den Kajak (ebenfalls insbesondere für Rennkajaks und Segelkanus) eine etwa der Bauart des Kanadiers gleichende Bauweise angewendet: Über einen Karweelbau kommt eine Leinwandhaut, wodurch das Boot vollkommen dicht bleibt und die Nachteile des Nahtspantbaus aufgehoben sind. Für Wanderboote kommen die letztgenannten Bauarten praktisch kaum in Frage. Wer ein Holzboot für Wasserwanderungen anschafft, wählt am besten die Klinkerbauart. — Soviel über die Bauarten.

Zu den Schlagworten im Kanubau gehören heute die so häufig genannten Bezeichnungen: Fischform und Schwedenform, und in den Spalten der Fachzeitschriften wird das Für und Wider oft in langen Erörterungen erwogen. Die Bezeichnung Fischform oder Tropfenform geht zurück auf wissenschaftliche Untersuchungen über die Strömungswiderstände von Körpern (z. B. Flugzeug- und Luftschiffkörpern). Ein Körper in Tropfenform verhielt sich dabei am vorteilhaftesten. Überträgt man diese Erfah-

Einer in Fischform.

rungen auf den Kanubau, so erhält man ein Boot mit der größten Breite und größten Völligkeit der Spanten im unter Wasser befindlichen Teil des Vorschiffs (vorderes Drittel der Bootslänge), während die Spanten des unter Wasser befindlichen Teils des Achterschiffes sich stark verjüngen, das letzte Drittel des Bootes, zum mindesten unter Wasser, also sehr spitz zuläuft. Der Kiel ist nach dem Achtersteven zu stark aufgeholt, um einen guten Abfluß des Wassers zu erzielen. Das Achterschiff wird dadurch sehr niedrig und kommt bei extremen Fischformbauten leicht in Gefahr, im Wellengang überflutet und bei gesteigerter Geschwindigkeit unter Wasser gedrückt zu werden. Bei den weniger extremen Formen fällt der Spant des Achterschiffs über Wasser stark aus und vermeidet daher das Einsinken. Der Hauptstauraum eines extremen Fisch-

21

formbootes liegt im völligen Vorschiff. Da bei einem modernen Boot die Ladeluke im Vorschiff weggelassen wird, um den überflutenden Wellen keine Gelegenheit zu Brechern zu geben, ist dieser große Stauraum verhältnismäßig schwer zugänglich.

Die Fischform gilt heute im allgemeinen als überholt, und zwar durch die „Schwedenform", die uns der schwedische Kanusport übermittelt hat. Der schwedische Kanusport spielt sich in den Küstengebieten des Landes, den Schären, also auf ziemlich rauhem Wasser ab. Das Schwedenboot zeigt ein langes, schlankes Vorschiff, das die Wellen ausgezeichnet schneidet, und ein völliges Mittel- und Achterschiff mit außerordentlich stabilen Spanten und bewährt sich im schweren Wasser ganz ausgezeichnet. Der Stauraum im breiten Achterschiff ist geräumig und kann hier durch eine Luke zugängig gemacht werden. Auch das völlige Mittelschiff bietet reichlich Platz.

Ein Kajak dürfte eigentlich nur als Schwerwetterboot gebaut werden, denn in diesen Eigenschaften liegt sein Hauptvorzug vor den anderen durch Ruder fortbewegten Booten. In der Schwedenform haben wir eine Form, die bezüglich dieser Eigenschaften nicht übertroffen werden kann! Ein Kennzeichen der Schwedenform, der geringe Sprung der Deckslinie (höherer Freibord am Vordersteven als in der Bootsmitte), ist leider bei den deutschen Nachkonstruktionen bereits mehr oder weniger verschwunden, obwohl sein Vorhandensein den Lauf des Bootes im Wellengang verbessert, und die Eleganz der Linien dabei keineswegs beeinträchtigt. Ehe Fisch- und Schwedenform ihren Einzug hielten, baute man den Kajak in der hinteren Hälfte mit etwas völligeren Spanten als in der vorderen; in der Ansicht des Decks von oben erschienen vordere und hintere Hälfte des Bootes symmetrisch.

Verschiedenartige Formen des Vordersteven finden sich bei allen Bauarten und Bauformen des Kajaks, und zwar gerade Steven und gezogene Steven.

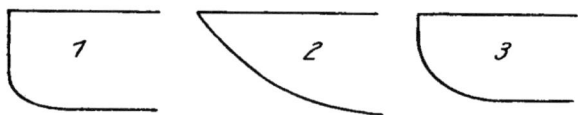

Ihre Auswahl kann dem persönlichen Geschmack des einzelnen überlassen bleiben. Einen nachhaltigen Einfluß auf den Lauf des Bootes haben sie nicht.

Wenn behauptet wird, mit gezogenem Steven schneidet das Boot die Wellen besser, arbeitet sich besser durch verkrautetes Wasser, so kann dem entgegengehalten werden, daß für diese

Eigenschaft die Spantform des Vorschiffes und die Biegung des Kiels zu den Steven ausschlaggebend ist. Da bei gezogenem Steven die Wasserlinie verkürzt wird, nimmt man bei seiner Anwendung die Länge über alles entsprechend größer.

Wanderkajak: Schwedenform.

b) Seine Ausmaße.

Der gute Lauf eines Kajaks hängt von dem richtigen Verhältnis seiner Länge zur Breite ab, seine Stabilität (Widerstandsfähigkeit gegen eine drehende Bewegung um die wagerechte Achse, auf hochdeutsch die Eigenschaft, schwer kenterbar zu sein), von der mehr oder weniger völligen Form seiner Spanten und von deren Breite, die ja auch die jeweilige Breite des Boots bestimmen, und nicht zuletzt von seiner richtigen Belastung. Während man in früheren Jahren Boote (Einsitzer) von einer Länge von 3 m ab gebaut hat, läuft heute kaum noch ein Boot vom Stapel von weniger als 4,85 m Länge (Faltbooteinsitzer ausgenommen). Die Erfahrung hat uns gelehrt, daß das längere Boot sehr viel besser im Wellengang liegt und schneller läuft. Ein kurzes Boot hat demgegenüber als Vorteil nur eine vorzügliche Wendigkeit (ohne Fußsteuerung) aufzuweisen, die aber bei jedem Paddelschlag als sogenanntes Ausscheren (Zickzack-Kurs) zu verspüren ist. Man kann nun wirklich nicht behaupten, daß ein Boot von 5 m und mehr Länge schwer wendbar sei. Durch Aufholen des Kiels nach beiden Steven wird eine vorzügliche Drehfähigkeit erzielt. Erst bei dem 6 m-Boot, dem längsten zweisitzigen Kajak des D. K. V., steht es mit der Wendigkeit naturgemäß wieder etwas weniger gut. Die Höchstgeschwindigkeit des 6 m-Bootes dürfte nur bei gutem Wetter herauszuholen sein.

Zusammenfassend kann man feststellen: Die günstigste Länge für ein Einsitzer-Kajak ist 4,85—5 m, für den Zweisitzer 5,20 bis 5,50 m.

Kürzere Boote als 5 m liegen in der Welle weniger ruhig (stampfen stark), längere Boote (6 m und mehr) sind zwar sehr schnell, nehmen aber bei rauhem Wetter viel Wasser über, insbesondere bei kurzem, steilen Wellengang, dem das kürzere Boot eher nachgeben kann. Boote unter 5 m eignen sich für hindernisreiches Wasser, wo gute Manöverierfähigkeit verlangt werden muß.

Die Breite des Kajaks richtet sich nicht zuletzt nach seiner Zweckbestimmung; denn sie spielt im Verein mit dem völligen oder weniger völligen Spant eine erhebliche Rolle in bezug auf den Stauraum. Als vorzügliche Richtschnur für diese (und alle übrigen Maße) ist die Bootstabelle des Deutschen Kanu-Verbandes zu betrachten (s. Abdruck im Anhang). Ihre Durchsicht erspart viele Ausführungen.

Die Breite der Kajaks für Übungs- und Tagesfahrten, auf denen wenig oder gar kein Gepäck mitgeführt wird, beginnt bei einer Mindestbreite von 0,60 m für den Einer und 0,65 m für den Zweier. Zu einer größeren Breite als 0,70 m braucht man bei diesen leichten Booten (Klasse IIa) nicht zu gehen. (Länge wie oben: 5—5,50 oder 6 m.) Eine Besegelung, auch mit Treibsegel, ist für diese Boote keineswegs anzuempfehlen. Die Boote der nächsten Klasse — II b — sind ebenfalls für Tagesfahrten mit wenig Gepäck bestimmt. Ihre Breite darf 0,65—0,75 m für den Einer, 0,70—0,80 m für den Zweier betragen und macht das Boot schon so stabil, daß es eine Segel- bzw. Treibsegelfläche von 2—2½ qm trägt. Das Boot für die große, mehrtägige Wanderfahrt finden wir in Klasse IIc. Die Mindestbreite von 0,76 m genügt bei völligen Spanten (z. B. ausgeprägter Schwedenform!) für ausreichenden Stauraum. Das kommt auch in der geforderten Vermessungsbelastung zum Ausdruck, die mit 100—220 kg schon auf ein ansehnliches Gepäck schließen läßt. — Boote der Klasse II c werden selten verlangt und sind fast nur auf der rauhen Unterelbe und in den Küstengewässern im Gebrauch.

Wenn übrigens die Belastung für einen II a-Einsitzer mit 65 kg angegeben wird, so heißt das, ein Sportsmann mit einem Gewicht von rund 85 kg wird mit diesem Boot wenig Freude erleben. Die am Ufer stehenden Zuschauer könnten der Meinung werden, er habe ein Unterseeboot erworben. Breiter als 0,80—0,85 m baut man kaum noch ein Wanderboot. Die Boote der II c - Klasse tragen 3 — 4 qm Segelfläche. Annehmbare Segeleigenschaften beginnen aber erst bei einer Breite von etwa 0,85 m. Über die Segelbarkeit wird jedoch an anderer Stelle zu schreiben sein.

Einzelheiten über die Ermittelung der Länge, Breite, Raumtiefe usw. sind ohne weiteres aus den ebenfalls im Anhang abgedruckten Vermessungsbestimmungen des Deutschen Kanu-Verbandes zu entnehmen.

c) Bootseinrichtung und Zubehör.

Während die Inneneinrichtung eines offenen kanadischen Kanus lediglich aus den beiden (abnehmbaren) Sitzen und allenfalls einem Bodenrost besteht, ist sie bei einem Wanderkajak schon

Das muß alles in den Stauraum!

etwas reichhaltiger. Der Hauptstauraum an den beiden Enden des Boots liegt unter dem Deck und wird heute fast bei jedem besseren Boot durch Luken zugänglich gemacht, die mit einem verschließbaren Deckel versehen sind. Das Hinterschiff schottet der Bootsbauer meist am Anfang des Kokpitausschnittes vollständig ab, so daß es mit verschlossenem Lukendeckel wie ein Luftkasten wirkt und im Notfall dazu beiträgt, das Boot vor dem Absacken zu bewahren. Es empfiehlt sich, die Luken als sogenannte versenkte Luken bauen zu lassen, so daß der Deckel nur um weniges über dem Deck hervorragt. Das sieht eleganter aus und bietet etwa heranflutenden Wellen weniger Anlaß zu einem feuchten

Spritzer. Ganz besonders gilt dies für die Luke des Vorschiffs. Fährt der Paddler gegen Wind und Wellen an, so brechen sich die das Deck überlaufenden Wellen regelrecht an dem vorstehenden Deckel, und der Vordermann ist in wenigen Minuten durchnäßt vom Gürtel aufwärts. Da der Vordermann aber nicht selten dem weiblichen Geschlecht angehört, so entsteht sehr schnell eine Meuterei, die das Vergnügen an der Sturmfahrt stark mindert und den Kapitän meist zu ungewollter Binsenbummelei zwingt. Daher läßt man im Zweier und im Einer jetzt durchweg die Luke im Vorschiff weg, das dafür durch seinen glatten Verlauf einen unbedingt eindrucksvolleren Anblick bietet. Die im Vorschiff zu verstauenden Gegenstände (meist Decken, Kleidungsstücke und dergleichen. Küchengerät und Lebensmittel kommen ins Hinter-schiff) werden erwiesenermaßen ohne sonderliche Mühe mit dem Bootshaken, an dessen Ende allerdings Kugeln, keine Spitzen sein müssen, nach hinten geschoben und bei Bedarf herausgezogen. Man kann auch die einzelnen Teile an einem bis zur Sitzluke reichenden Bindfaden befestigen und hat damit für das Heraus-holen eine neue, einfachere Möglichkeit.

Neuerdings erfreut sich steigender Beliebtheit die Boots-schublade oder Kommodenkiste, welche die Luke samt Deckel überflüssig macht, und sowohl im Vorschiff als im Achterschiff anwendbar ist. Welche Vorteile sie bietet, das vermag insbesondere die Kajakfrau zu schätzen, die nun nicht mehr jedes Stück einzeln in die Luken verstauen oder herausholen muß. Man packt die

Kommode im Achterschiff eines Schwedenbootes.
Doppelter Plichtrand mit Persenningfalz.

Kiste da, wo die Vorräte liegen, und spart sehr oft das Hin- und Herlaufen zwischen Boot und Gepäck.

Die Kommode wird ausgeladen: („Albert mit die Molle").
Der Inhalt braucht nicht einzeln zum Lagerplatz gebracht zu werden.

Diese Schubkästen laufen auf einer hölzernen Führungsschiene am Bodenbrett. Die Stirnwand steht etwas seitlich vor. An dem Spant, bei welchem sie endet, läßt man einen Rahmen anbringen. Durch diese Vorrichtungen bleibt der Kasten in seiner Lage und rutscht nicht nach hinten oder seitlich beim Tragen des Bootes auf schiefer Ebene. Die zur Aufbewahrung von Kleinigkeiten gebräuchlichen kleinen Kästen (Schwalbennester) unter den seitlichen Deckstreifen werden neben den Sitzen

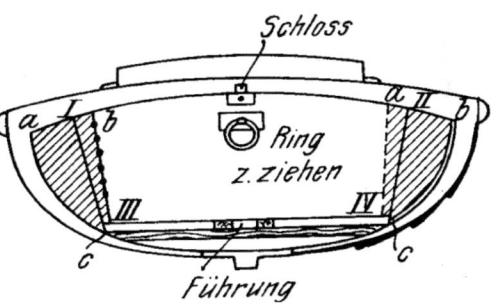

I, II, III, IV Stirnwand des Kastens, a, b, c Rahmen.

angebracht, und zwar zu beiden Seiten. Das eine davon kann man verschließbar anfertigen lassen zur besseren Sicherung des Photoapparates und der Brieftasche. Diese Anordnung verursacht dem Bootsbauer keine Schwierigkeiten. Nicht zu vergessen ist im Boden des Schwalbennestes eine kleine Öffnung zum Abfluß des Wassers beim Großreinemachen. Bei einem sehr schmalen Boot mit weniger

27

völligen Hauptspanten läßt man besser die Seitenkästchen auf der einen Seite fort und kann dann längere Gegenstände (Treibsegeleinrichtung) glatter und nicht störend verstauen.

Die Öffnung für den Mast des Treibsegels verlegt man, wenn irgend-

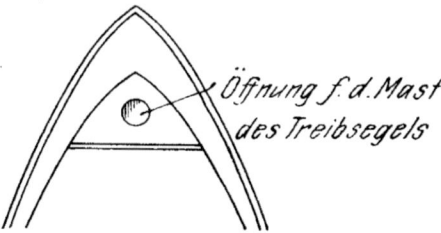

Spitze des Cockpit

Öffnung f. d. Mast des Treibsegels

möglich, etwas hinter die Spitze des Kokpitausschnittes, denn erfahrungsgemäß dringt durch das mit einem Knebel verschlossene Mastloch im Vorschiff stets doch noch etwas Wasser ins Bootsinnere.

Die Rückenlehne ist, wie früher erwähnt, keine Sessellehne! Sie kann daher einfach konstruiert und klein sein, steckt in Knaggen mit rundem Ausschnitt und muß um ihre

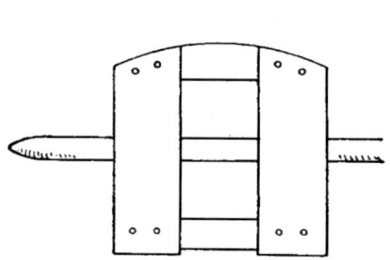

Rückenlehne

Zweier als Einer gefahren.
Offener Teil der Sitzluke hinter dem Fahrer durch Persenning gedeckt.

Achse drehbar (schwingend) sein. Weniger beliebt sind Rückenlehnen, die mit einem ausgekehlten Holzstreifen auf die Achse bzw. auf den hinteren Rand des Kokpitausschnittes gehängt werden. In keinem Zweierkajak dürften übrigens die Knaggen zur Aufnahme der Rückenlehne beim Fahren als Einer fehlen. Ein Zweier läßt sich stets gut als Einer fahren, wenn er nicht gerade zur Klasse II c gehört, dann aber vom richtigen Platz aus und nicht vom hinteren Sitz, daß das Vorschiff zum Himmel ragt.

Fußsteuerung und Stemmbrett müssen, da sie stark beansprucht werden, stabil gebaut werden und dürfen nicht als Nebensächlichkeiten behandelt werden. Sie sollen verstellbar sein. Sehr gut bewährt hat sich eine Führung über eine Messingschiene, wie aus der Zeichnung ersichtlich ist. Die am Bodenbrett befestigte Mes-

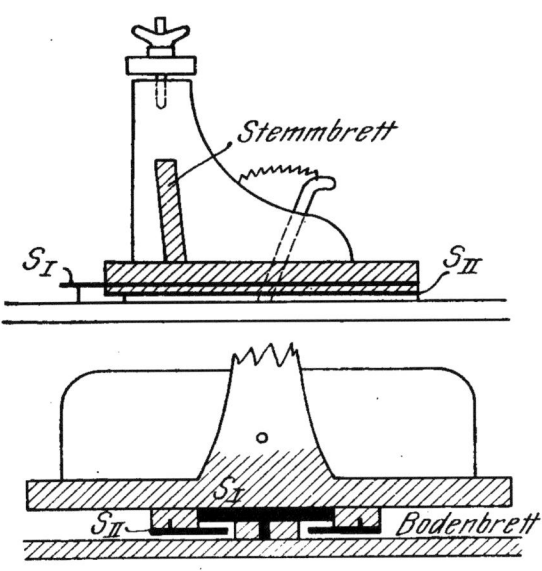

singschiene hat Löcher, in die ein durch das Fußsteuer gesteckter Stift eingreift und es somit festhält. Fußsteuer und Stemmbrett, die nur durch Stifte in das Bodenbrett gesteckt werden, halten nie.

Der Beschlag des Ruders selber besteht möglichst aus einer am Achtersteven angeschraubten Messingstange, über die der entsprechende Beschlag des Ruderblatts geschoben wird.

Das Ruderblatt selbst braucht nicht tiefer zu gehen als die tiefste Stelle des Außenkiels. Senksteuer sind daher beim Wanderkajak nur in Ausnahmefällen notwendig, z. B. bei ausgesprochenen Fischformbooten, deren Achterschiff nur eine geringe Höhe hat. Das Joch des Ruders erhält an den äußersten Enden Bohrung für zwei Schäkel, in die man das Drahtseil der Steuerung einhakt. Viel im Gebrauch ist folgende Ausführung: Der Rand des (bogenförmigen) Jochs erhält eine Auskehlung, in welcher ein Stück Drahtseil mit Schlingen an beiden Enden festgenagelt wird. Bei dieser Ausführung verteilt sich der Zug auf das gesamte Joch im Gegensatz zur Befestigung des Drahtseils an den durchbohrten Stellen des Jochs. Doch sind die Stellen des Drahtseils, bei denen es das Joch verläßt, bei unvorsichtiger Behandlung bald durchgebrochen.

Das Steuerruder ist auch eine sehr geeignete Stelle zur Aufnahme des Flaggenstocks. Das Joch wird dicht neben der Aussparung für das Ruderblatt kreisförmig in der Stärke des Flaggenstocks ausgeschnitten und die Wandung (nach dem Boot zu) schräg abgefeilt. An der passenden Stelle erhält das Ruderblatt unterhalb des Jochs einen Messingbügel für den Fuß des Flaggstocks. Diese Vorrichtung hat vor den Flaggstocktüllen den Vorzug, daß der Stock fest sitzt. Am besten bewähren sich jedoch Messingflaggstöcke, die in einer Feder sitzen und daher bei Berührung mit Hindernissen nicht gleich abbrechen.

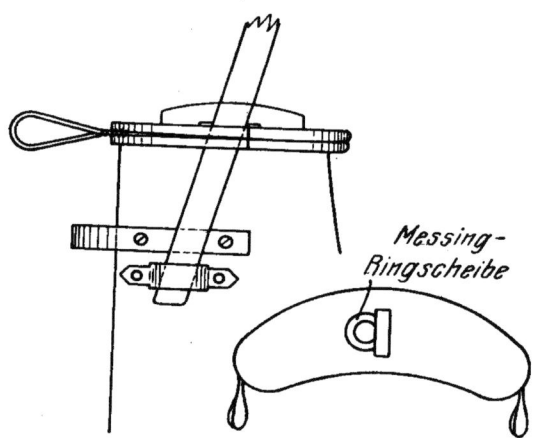

Messing-Ringscheibe

Die Doppelpaddel soll möglichst leicht sein (hohl), besonders für den Fahrer auf stehenden Gewässern, der ohne Hilfe der Strömung seine Kilometer erpaddeln muß. Die Länge einer Doppelpaddel schwankt zwischen 2,30 m für schmale und Rennboote, bis zu 2,60—2,80 m für das Wanderboot. Länger braucht sie keinesfalls zu sein.

Eine der wichtigsten Einrichtungen des Kajaks ist die Persenning für den Kokpitausschnitt, Spritzdecke oder Paddelschürze genannt, die den Kajak für das schwerste Wetter geeignet macht. Von ihrem guten oder schlechten Sitz hängt manchesmal das Leben der Insassen ab. Sie muß zwei Haupteigenschaften erfüllen: 1. dicht schließen, d. h. den offenen Teil der Sitzluke abdecken, so daß zwischen dem Körper des Insassen und dem Rand des Ausschnittes möglichst wenig Raum zum Eindringen des Wassers bleibt, und 2. mit einem Ruck bei eintretender Gefahr abreißbar

Gutsitzende Spritzdecke.

sein. Diese zweite Eigenschaft ist die wichtigere. Ihre ideale Lösung steht noch aus. Bis vor nicht allzulanger Zeit war am gebräuchlichsten ein Druckknopfverschluß, bei welchem der eine Teil des Druckknopfes an der Persenning, der andere an dem Lukenrand oder auf dem Deck dicht bei dem Rand befestigt war. Er erfüllte seinen Zweck recht gut, schloß jedoch nicht dicht, da heranschlagendes Wasser stets einen Weg zwischen Lukenrand und Spritzdecke fand. Inzwischen wurde aber ein weit besserer Spritzdeckenverschluß gefunden, der bis heute noch nicht übertroffen ist. Neben den hochstehenden Rand der Sitzluke wird durch Zwischenschalten einer niedrigen Leiste ein zweiter Randstreifen geschraubt bis kurz vor die Spitze (oder an die Spitze).

Dadurch entsteht ein Falz. In den seitlichen Enden der Persenning wird nun eine gestückelte Leiste eingenäht, gerade so stark, daß sie sich zusammen mit dem Persenningtuch in dem Falz leicht einklemmt. Nur der Teil gegen die Spitze des Ausschnittes bleibt ohne Leiste und erhält eine Gummischnur oder wird mit einem Druckknopf befestigt. Vor der Rückenlehne des Fahrers kann man eine dem Leibesumfang entsprechende Rundung ausschneiden und einen hochstehenden Stoffrand als Bauchschutz annähen. Es genügt auch (außer bei Wildwasser - Fahrten) die Stückelung der Leisten so vorzunehmen, daß

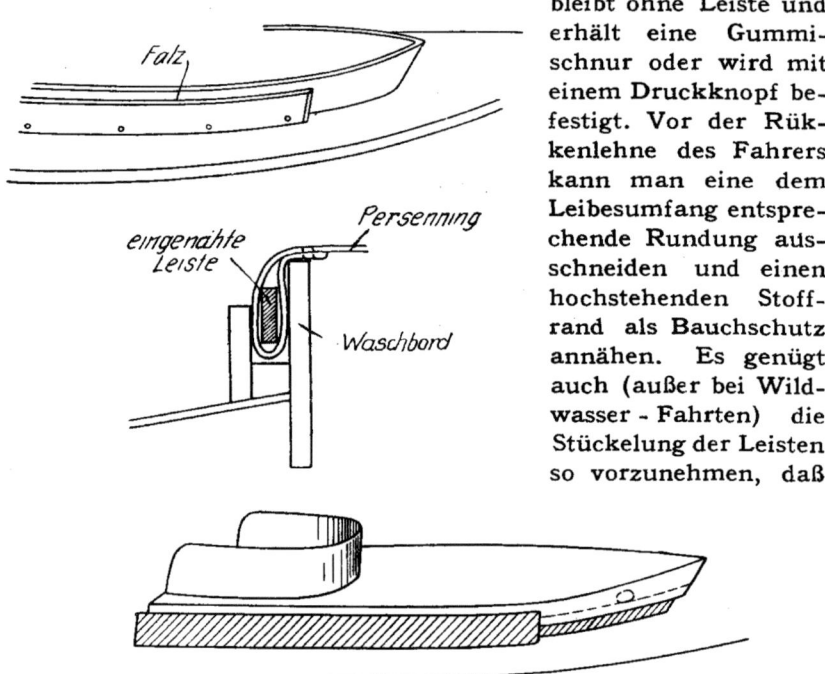

ein beliebig langes Stück der Persenning aufgeklappt und wulstförmig zusammengefaltet werden kann.

Eine solche Spritzdecke ist mit einem Ruck aufreißbar und hält sehr dicht. Es empfiehlt sich, die Spritzdecke gleich vom Bootsbauer anfertigen zu lassen. Das gleiche gilt für die Kissen zu den Rückenlehnen, die ebenfalls aus Persenningstoff sein sollen, und eine Tasche zum Überstreifen über die Lehne haben müssen. Die Füllung wird am besten an verschiedenen Stellen mit dem Bezug zusammengesteppt, denn sie verschiebt sich sehr leicht. —

Wenn alle diese Ausrüstungs- und Zubehörteile hier etwas ausführlich beschrieben worden sind, so ist dies darauf zurückzuführen, daß ihre Ausbildung oftmals vom Bootsbesitzer und vom Bootsbauer vernachlässigt wird, vom Bootsbauer nicht selten, um die in einem niedrigen Kalkulationspreis enthaltene Gewinnspanne mühelos zu erhöhen.

Auffahrt Berliner Kanu-Vereine.

5. Der Kanadier.

Wesentlich einfacher gestaltet sich der Bau des kanadischen Kanus. Infolgedessen eignet es sich hauptsächlich für den Serienbau, der wie folgt vor sich geht: Es wird eine feste Form in der Gestalt des Bootskörpers hergestellt, über die Form die mit geringem Zwischenraum nebeneinandersitzenden Spanten gebogen, diese in der Art des Karveelbaus beplankt und mit fester Leinwand überzogen. Die Leinwand wird nach besonderem Verfahren gespachtelt, abgeschliffen und mit Lackfarbe gestrichen. — Verwendung von Edelhölzern, die beim Kajakbau eine große Rolle spielen, ist nicht erforderlich. Für die Spanten nimmt man zumeist Eschenholz, für die Planken Kiefer, Spruce oder Yellowpine, für die Dollbordleiste ein Hartholz. Das Holz für Spanten und Planken muß ausgesucht sein und darf nicht von Anfang an durch sogenannte schwarze Stellen unansehnlich erscheinen.

Zu beachten beim Kauf eines Kanadiers ist insbesondere die Leinwandhaut. Sie muß aus einem Stück bestehen, unter dem aufgeschraubten Außenkiel darf keine Naht liegen, die zu Undichtigkeiten führen würde. Die Haut muß dann ferner an allen Stellen des Bootskörpers fest anliegen und soll keinerlei blasenartige Gebilde zeigen. Der Außenkiel soll eine Messingschiene als Schutz tragen. Nützlich sind des weiteren zwei Kielleisten, parallel zum Außenkiel als Schutz der Bootshaut bei Grundberührung, da der

Verteilung der Sitzplätze im kanadischen Kanu.

Kanadier durchweg infolge seiner ausgeprägt U-förmigen Mittelspanten breit auf dem Wasser liegt. Die halbrund aufgebogenen Stevenenden sollen nicht zu flach sein, da ihre Höhe mit dazu beiträgt, das offene Boot vor überkommendem Wasser zu schützen. Sind die Steven jedoch zu hoch gezogen, dann bieten sie dem Wind eine zu große Angriffsfläche und erschweren das Steuern.

Eine mit Recht beliebte Form der Dollbordleiste ist der sogenannte offene Dollbord: Einzelne Klötzchen zwischen zwei Dollbordleisten, wodurch Spritzwasser und Reinigungswasser beim Umkehren des Bootes ungehindert von der inneren Dollbordleiste herausfließen kann. — Die Sitze der Insassen sollen abnehmbar sein, damit man gut in die sehr schmalen Enden des Bootes hineinlangen kann. Die Sitzfläche wird entweder aus Gurten geflochten oder ganz aus Holz gefertigt, Rohrgeflecht hat keine lange Lebensdauer. Mastfuß und Mastschelle zur Aufnahme des Treibsegelmastes ordnet man hinter dem Sitz des Vordermanns an, damit der Mast als Laternenhalter benutzt werden kann, ohne daß der Vordermann beim Paddeln gestört wird. Das gilt gleichzeitig auch für die Fahrt unter Treibsegel. Beim Wan-

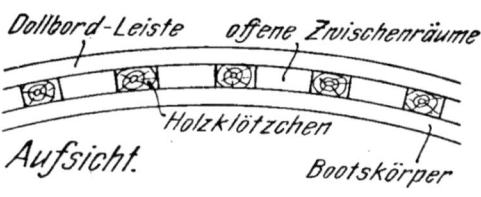

Dollbord-Leiste   offene Zwischenräume

Holzklötzchen

Aufsicht.   Bootskörper

derkanadier nimmt man gern einen Bodenrost, der den Lackanstrich schont und das Gepäck etwas höher lagert, es so vor dem überkommenden Spritzwasser oder Regenwasser schützend, das sich an der tiefsten Stelle des Bootes ansammelt.

Unter Treibsegel.

Als Anstrichfarbe für den Kanadier bewährt sich ein dunkles Saftgrün oder die weiße Farbe (bzw. elfenbeinweiße), wohl auch ein mittleres Zinnoberrot. Angemalte Längsstreifen lassen meistens die schöne Form des Bootes dem Auge als verzerrt erscheinen.

Über Länge und Breite gibt wieder die Bootstabelle des D. K. V. Auskunft: 5,00—5,20 m × 0,80—0,85 m. In größerer Breite wird der Kanadier zum Familienboot. Die kanadische Einblattpaddel muß bis zur Augenhöhe des Paddlers reichen. Die größte Breite des Blatts beträgt etwa 21 cm.

Ein Treibsegel von 1½—2 qm sollte zur Wanderausrüstung gehören, um den von achtern kommenden Wind ausnutzen und den Genuß der durchfahrenen Landschaft vertiefen zu können. Eine ganze Segeleinrichtung auf Wanderfahrt mitzuschleppen (Seitenschwerter, Anhängeruder) ist keineswegs zu empfehlen. Über die Segelbarkeit des kanadischen Kanus an anderer Stelle! Auf rauhem Wasser bewährt sich eine Persenning über das ganze Boot mit zwei Öffnungen für die Fahrer. Die Persenning wird dabei nicht angeknöpft, sondern über die hochstehenden Steven gestülpt. Auch eine kurze Persenning über dem Vorschiff allein zum Schutz des am meisten dem Spritzwasser ausgesetzten Vordermannes tut gute Dienste.

6. Das Faltboot.

Auch das Faltboot wird vorzugsweise im Serienbau fabrikmäßig hergestellt. Die Erzeugnisse der einzelnen Firmen sind
teilweise sehr verschieden voneinander, obwohl sie letzten Endes
alle in ihrer Bauart auf einen Typ, das in München 1905 von dem
Ingenieur A. Heurich herausgebrachte, ,,Delphin'' benannte, Boot
zurückzuführen sind. Von der heute noch führenden Faltbootwerft
Klepper in Rosenheim a. I. wurde die Fabrikation zuerst aufgenommen, und man kann wohl behaupten, daß die Klepperboote
zu den von den Kennern am meisten geschätzten gehören und auch
kaum bisher von einem anderen Fabrikat in Bezug auf Zuverläs-
sigkeit und Güte des verwendeten Materials übertroffen worden sind.
Faltbootkauf ist Vertrauenssache, ein gutes Faltboot muß in allen
Teilen sehr sorgfältig gearbeitet sein und kostet daher ebenso viel
wie ein gutes Holzboot beim Bootsbauer!

Das gute Aussehen und die guten Fahreigenschaften eines
Faltbootes hängen viel von der Festigkeit des Stabgerüstes und
von dessen gutem Sitz in der Faltboothaut ab. Fast bei allen
modernen Systemen wird dieser gute Sitz durch eine Hebelspannung
erzielt, die das Stabgestell in die Haut hineinspannt, und die so
eingerichtet ist, daß sie beim späteren Nachgeben der Haut durch
die Benutzung nachgestellt werden kann. Bei den älteren Systemen
wird die Haut über das fertig aufgebaute Gestell gezogen, eine

Arbeit, die viel Schweißtropfen kostet, weil die Hülle naturgemäß so knapp wie möglich bemessen ist, was oft genug zu ihrer Beschädigung führt.

Die Faltboothaut ist der wichtigste Teil des Faltbootes. Ursprünglich aus Leinewand, wird sie heute nur noch (mit Ausnahme der Deckteile) aus dickem Gummistoff, bestehend aus Schichten

phot. C. J. Luther.
Schwedenfaltboot (Amansis) im Rennen.

von Gummi und Leinwand, gefertigt. Dieser Gummistoff darf nicht nur im Werftprospekt aus 4 oder 6 Schichten bestehen. Von großem Vorteil ist ein auf die am meisten beanspruchte Unterseite aufvulkanisierter Extrastreifen. Die Naht am Bordrand, an der sich die Leinwandteile des Decks ansetzen, muß ebenfalls sehr stark und fest, das Deck an den beiden Steven doppelt, zum mindesten gut unterlegt sein.

Das Stabgerüst erfordert ziemlich hartes, gut lackiertes Holz (meist wird Esche benutzt). Alle Metallteile, von der kleinsten

Schraube bis zur letzten Hülse, müssen auf alle Fälle aus Messing, Bronze oder Aluminium sein, keinesfalls aber aus Eisen; auch nicht aus verzinktem Eisen. Die Konstruktion des Stabgerüstes darf nicht zu kompliziert sein. Länger als eine halbe Stunde soll die erforderliche Aufbauzeit eines Bootes nicht dauern. Unbesehen ein unbekanntes Fabrikat zu erwerben, rächt sich meist.

Was nun Längen- und Breitenmaße für das Faltboot anbelangt, so entscheidet beim Faltboot, für das infolge seiner Eigenart auch heute noch geringere Längen in Frage kommen, zunächst der Zweck. Stark fließendes (Wild-) Wasser verlangt ein sehr wen-

Faltbootgepäck (Stabtaschen, Rucksack).

diges, daher kurzes Boot, angesichts der vielen plötzlich auftretenden Hindernisse. Von Vorteil ist ein breites Boot, denn durch die Breite erhält das Boot den Auftrieb, den es benötigt, wenn zum Beispiel die Wassermasse einer hohen Widerwelle auf das Vorschiff drückt. Die Faltboottabelle des Deutschen Kanu-Verbandes gibt die größte Länge für den Einsitzer mit 4,50 m, für den Zweisitzer mit 5,20 m an. Die Breite der auf den Gewässern der süddeutschen Faltbootfahrer (der im Faltbootsport tonangebenden) gebräuchlichen Boote schwankt zwischen 60 und 90 cm. Für längere Fahrten mit umfangreichem Gepäck (Donau) wird bisher sehr gern das (90 cm) breite Klepperboot wegen seines großen Stauraumes benutzt. Für

Tagesfahrten findet man fast alle bekannten Systeme und neuerdings viele Selbstbauten.

Mit dem Fortschreiten der Faltboot-Industrie kamen sehr bald Boote auf den Markt, die mit dem ursprünglichen Faltboot nur noch die Zusammenlegbarkeit gemeinsam hatten, im übrigen aber durch Einlage von Schalen aus Leichtmetall oder Furnierholz zwischen Gerüst und Haut mehr als starre Boote anzusehen waren.

Der Deutsche Kanu-Verband hat sich daher veranlaßt gesehen, den Begriff Faltboot näher festzulegen. Er trennt scharf in Schalenfaltboote und Stabfaltboote.

Das sportgerechte Faltboot besteht aus einem zerlegbaren Gerüst und einer Stoffhaut. Der Wasserdruck erzielt zwischen Gerüst und Haut Einbuchtungen, die dem Bootskörper eine ähnliche Form verleihen, wie sie als Schipjakform (Knickspant) bekannt ist.

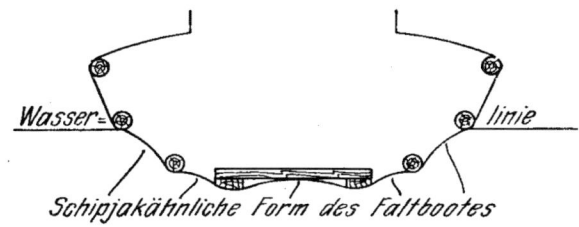

Schipjakähnliche Form des Faltbootes

Schalenfaltboote werden von den ausgesprochenen Faltbootfahrern nicht als Faltboote betrachtet und zu den Faltboot-Wanderwettfahrten nicht zugelassen.

Zur unmittelbaren Ausrüstung eines Faltbootes gehört, wie früher schon erwähnt, unbedingt ein zusammenlegbarer Bootswagen, ohne den ein längerer Transport des Bootes über Land ein zweifelhaftes Vergnügen bedeutet.

Beim Vergleich der Preise verschiedener Werften sollte man sich vergewissern, wie weit jeweils das Zubehör (Paddeln, Rucksack, Stabtasche, Rückenkissen, Reparaturbeutel, Flaggenstock) im Preis mit einbegriffen ist. Das Boot einer unbekannten Werft soll man sich vorher bemannt und belastet im Wasser ansehen und dabei auf Durchbiegung und Freibord achten. Auffallend niedriger Preis ist keine Empfehlung für ein Faltbootsystem, das teuerste Boot wird durch seine längere Lebensdauer allein zum billigsten!

Sportliches Segeln (nicht Treibsegeln) im Faltboot kann nicht empfohlen werden. Eine reine Freude oder gar seglerische Eigenschaften wird man nicht konstatieren können, dazu sind die Maße des Faltboots zu wenig geeignet, noch weniger aber sein Gefüge. Selbst ein Treibsegel, gut verstaubar, lohnt das Mitnehmen auf größerer Fahrt nicht immer.

Faltboot beim Einfahren in eine Floßgasse.

Schwed. 10-qm-Segelkajak in den Schären.

7. Das Segelkanu.

Gerade bei einem Neuling im Kanusport stellt sich mit dem Wunsche nach einem Boot auch gleichzeitig der Wunsch ein, damit segeln zu können. Er glaubt dieses Ziel zu erreichen, wenn in seinem Boot ein Senk- oder Steckschwert eingebaut ist oder Vorrichtungen zur Anbringung von hölzernen Seitenschwertern vorhanden sind. Aber bei dem ersten Versuch, gegen den Wind anzukreuzen, wird er in den meisten Fällen die erste Enttäuschung erleben. Das Boot wendet nur sehr schwer und langsam mit viel Fahrtverlust oder nur mit Hilfe der Paddel.

Zu guten Segeleigenschaften gehört mehr als Leinewand und Schwert, nämlich vorerst eine wohl durchdachte Konstruktion der Formen des Bootskörpers, die für ein Segelkanu wesentlich anders ausfallen als für die eines nur zum Paddeln bestimmten Bootes. So wird denn der Anfänger sehr bald zum Paddeln zurückkehren oder aber sich ein reines Segelkanu bauen lassen. Im ersten Fall bleibt ihm zum Trost das Treibsegel, das ihm bei achterlichem und halb von hinten kommendem Wind ein gutes Hilfsmittel zur anstrengungslosen Fortbewegung bietet und Mittel- oder Seitenschwert nicht erfordert. Ein solches Treibsegel sollte $1\frac{1}{2}$—$2\frac{1}{2}$ qm Größe nicht überschreiten, einmal weil es in dieser Größe leicht im Boot zu verstauen ist (nötigenfalls zusammensteckbarer Mast mit Messinghülse, ähnlich der Paddel), und zum andern Mal weil es so Boot und Inhalt nicht unnötigerweise Gefahren bei Böen und Sturm aussetzt.

Als Segelform wählt man gern die des steilen Luggersegels (s. Zeichnung), eben wegen der leichten Verstaubarkeit — an Stelle des dreieckigen am Mast angereihten Spitzsegels. Wenig Anklang

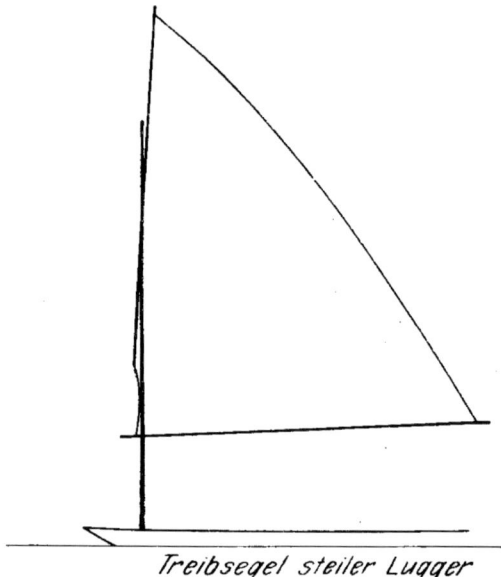

Treibsegel steiler Lugger

hat der Segelschirm gefunden, dessen Verbreitung wohl jedenfalls an der spießbürgerlichen Regenschirmform gescheitert ist.

Von dieser kleinen Abschweifung kehren wir zurück zum Segelkanu, das den seglerischen Anforderungen entsprechen soll, und betreten damit ein Spezialgebiet des Kanusports, das sich in Deutschland erst wieder seit etwa 1 ½ bis 2 Jahren durch die Bestrebungen des Kanu-Verbandes belebt hat, nicht zuletzt durch die Berührung mit dem schwedischen Kanusegelsport in Gotenburg 1923.

Die von einem brauchbaren Segelboot geforderten Eigenschaften, die naturgemäß auch für das Segelkanu gelten, sind große Wendigkeit, gutes Segeln am Wind (auf den Kreuzstrecken) und ein gewisses Maß von Stabilität, das ein Kentern in nicht allzu große Nähe rückt. Die ersten Eigenschaften werden durch die entsprechende Form des Bootsrumpfes (stark aufgeholter Kiel, völliges Hinterschiff) und die richtige Anordnung des Schwertes und seiner richtigen Flächengröße erzielt und wirken sich auch auf die Stabilität aus. Schwierigkeiten in der Anpassung des Segelkanus — praktisch kommt hier nur der Segelkajak in Frage — an diese

Erfordernisse gibt es höchstens bei dem Einbau des Schwertes, da ja der Kokpitausschnitt wesentlich kleiner als bei einer Jolle ist, und der Raum sehr genau eingeteilt werden muß. Bei der an und für sich geringen Gewichtsmasse des Bootes läßt sich ein Ausbalancieren bei starker Krängung (Lage) durch das Körpergewicht ausgezeichnet bewerkstelligen, so daß auch die Stabilitätsfrage gelöst wird. Der Segelschwerpunkt liegt bei dem zweimastigen Boot ziemlich niedrig, eine Tatsache, die die Stabilität ebenfalls günstig beeinflußt. Das übrige tut dann ein stark U-förmiger Hauptspant. —

Gekentert.

Das Kanusegeln erfordert von dem Steuermann allerdings eine außerordentliche Geschicklichkeit und ein umfassendes Können, denn er hat sein Augenmerk auf Vielerlei zu richten, will er aus seinem Fahrzeug etwas herausholen. Dies gilt besonders für die von den Schweden übernommenen 10 qm-Typen, die von einem Mann zu fahren sind. Die in England gebräuchlichen ebenfalls von einem Mann zu steuernden Renn-Segelkanus benötigen zu ihrer Meisterung einen wahren Segelvirtuosen, derart zahlreich sind die von ihm zu bedienenden Falls und sonstigen Enden. Die englischen Klassenboote (s. Riß S. 186) haben übrigens bei uns bis jetzt keinen Anklang gefunden. Auskunft über die im deutschen Kanusport eingeführten Segelkanus gibt die Tabelle des Deutschen Kanu-Verbandes. Sie beginnt mit dem 5 qm-Segelkajak (Höchstlänge 5,20 m, Mindestbreite 0,80 m), dessen Segeleigenschaften zwar nicht ganz unbestritten geblieben sind, aber sicher zufriedenstellen. In Berlin und im Rheinland gibt man ihm jedenfalls das beste Zeugnis. Sein größter Vorteil dürfte darin zu suchen sein, daß er noch ausgezeichnete Paddeleigenschaften hat, was ihm auch sicherlich das Dasein erhalten wird. Für die Wassersportgebiete mit fließendem Wasser, z. B. am Niederrhein, hat sich eine Takelung

$7\frac{1}{2}$ qm-Segelkajak. Auf der Suche nach einem Landeplatz.

mit $6\frac{1}{2}$ qm Segelfläche als sehr geeignet erwiesen; das Boot läßt sich ebenfalls gut paddeln und hat dadurch bei den besonderen Verhältnissen von Wind und Strom, vereint mit der etwas größeren Segelfläche, seine Anhänger.

Allgemeiner Beliebtheit erfreut sich der $7\frac{1}{2}$ qm-Kajak, der bei einer Mindestbreite von 0,90 m gute Segeleigenschaften zeigt, aber schwer und keineswegs für größere Strecken paddelbar ist. Er verdient es daher, das verbreitetste Segelkanu zu werden, da er seinem Besitzer bei Flaute und Windstille immerhin das Weiterkommen nicht zu schwer macht. Ihm folgt der Zehner, der als Klassenboot in allen Bau- und Maßvorschriften von Schweden übernommen wurde. Bei einer Mindestbreite von 0,95 m ergibt er ein vorzügliches Segelboot von außerordentlich reizvollem rassigem Aussehen. Infolge seiner Breite ist er mit der Doppelpaddel kaum noch paddelbar. Die Reihe der Klassenboote beschließt der 13 qm-Segelkajak, zu Unrecht Kanukreuzer genannt, denn ihm fehlen die Hauptmerkmale eines Kreuzers, Ballast und Kajüte.

Älteres Boot der Ausgleichsklassen.

Sämtliche Klassen können ein- oder zweimastige Besegelung tragen, wobei der letzteren in der Praxis der Vorzug gegeben wird, sind für Wanderfahrten und Regatten verwendbar und haben 1—2 Mann Besatzung mit Ausnahme der 10 qm-Klasse (international) im Rennen. Die zwischen den genannten Klassen liegenden Größen

Kanusegelregatta bei Potsdam.   An der Wendeboje.

45

rechnet der Kanu-Verband bis zum Jahre 1928 zu den Alters-klassen und läßt sie bis zur genannten Zeit auch so auf Regatten starten. Noch fehlt in dieser Klasseneinteilung der eigentliche Kanukreuzer, wie er in England viel gebaut wird, mit größerer Segelfläche, Kajüte, Ballast, Hilfsmotor. Er könnte das Boot der älter (und bequemer) gewordenen Kanusegler werden, die heute in Deutschland wenigstens zumeist zu den Segelvereinen mit ihren Yachten übergehen und damit dem Kanusport verloren sind. Studieren wir die im zweiten Teil veröffentlichten Risse, so muß man das Fehlen dieser Boote aufrichtig bedauern.

Auch das kanadische Kanu begegnet uns als Segelkanu. Da jedoch die leichten Verbände seines Bootsgefüges den Einbau eines Mittelschwertes sehr erschweren, wird er durchweg mit Seiten-schwertern ausgerüstet, was eine nicht unerhebliche Beeinträch-tigung der Segeleigenschaften zur Folge hat. Als offenes Boot bedingt seine Führung besondere Geschicklichkeit, die noch aner-kennenswerter erscheint, wenn als Ruder die Einblattpaddel an Stelle eines angehängten besonderen Ruders mit Pinne dient. Der zum Segeln bestimmte Kanadier wird etwas länger und breiter als der Wanderkanadier gebaut, die Besegelung (5—7 qm) an einem Mast geführt. Segeln im Kanadier kann man als eine der höchsten sportlichen Leistungen im Kanusport betrachten.

Der Bau eines brauchbaren Segelkanus im allgemeinen dürfte nicht ohne die Zeichnung eines anerkannten Konstrukteurs als Unterlage bewerkstelligt werden. Der Unterschied zwischen einem segelbaren Kajak und einem Segelkajak ist kein geringer, und wenn von dem Jollensegler heute noch oft abfällig über die Kanu-segelei gesprochen wird, so mag das Fehlen von Klassen-Segel-kanus und die Benutzung ungeeigneter Paddelkajaks mit Schwert zum Segeln nicht wenig Schuld daran tragen.

8. Das Kanu als Rennboot. — Spezialboote.

Wenn auch die besten Seiten des Kanus in seiner Eignung zum Wanderboot liegen, so darf seine Eignung zum Boot für den frisch-fröhlichen Wettkampf zwischen Mann und Mann, Mannschaft und Mannschaft nicht außer acht gelassen werden. Daher hat sehr bald nach dem großen Aufschwung des Kanusports nach dem Kriege die Entwicklung von Rennboot-Typen eingesetzt, und zwar zunächst beim Kajak. — Einen ersten vorläufigen Abschluß fand diese Entwicklung mit der Einführung des schwedischen Rennkajaks für die Kreis- und Verbandsmeisterschaften des Deutschen Kanu-Verbandes auf dem Verbandstag in Dresden 1924. Damit wurde ein Boot übernommen, das durch seine Brauchbarkeit auf schwerem Wasser unbedingt dem Grundgedanken des Eskimokajaks und damit des Kajaks überhaupt am nächsten kommt: möglichste Schnelligkeit und Sicherheit auf rauhem Wasser. Seine

„Linzer Schnecke". Spezialboote auf der Donau.

Maße finden wir in der Bootstabelle des D. K. V. (internationaler Einer und Zweierkajak) im Anhang. Die im zweiten Teil des Buches wiedergegebenen Risse und Photos zeugen von seiner Rassigkeit.

Der bis dahin bei uns entwickelte Typ war wohl schneller, aber wenig für Regatten im Wellengang geeignet, ein ausgesprochenes Schönwetterboot. Der Zweck einer Kreis- und Meisterschaftsregatta ist aber in erster Linie die Feststellung des besten Mannes, und erst in zweiter Linie die Feststellung des besten Bootes. Ließe man zur Meisterschaft die Bootsfrage offen, so wäre es sehr leicht möglich, daß der Verein

Rennkajak in Schwedenform.

mit dem größten Geldbeutel auch die größten Aussichten auf den Sieg hätte, da er in der Lage wäre, jedes Jahr verschiedene neue Typen bauen zu lassen und zu jeder Regatta verschiedene Boote mitzubringen, um jeder Sonderheit des Gewässers oder des Wetters gerecht werden zu können. Einwandfreie Ergebnisse können aber nur in gleichen Booten erzielt werden. Ob später einmal, wenn die Entwicklung des deutschen Rennkajaks als vollendet angesehen werden kann, die deutschen Meisterschaften auch noch in Schweden-booten ausgetragen werden, bleibt eine andere Frage. Vorläufig ist die Entwicklung noch im Fluß. Den Forderungen nach der Entwicklungsmöglichkeit des deutschen Rennkajaks hat der Verband durch Erweiterung seiner Rennboot-Tabelle um die

„unbeschränkten Rennkajaks" Genüge getan, und auf jeder Regatta werden Rennen für diese Boote offen gelassen.

Die Ausbildung des Rennkanadiers hat im Deutschen Kanu-Verband erst 1924 begonnen, und zwar von Hamburg, der Hochburg des Kanadiersports, ausgehend. Die ersten Rennkanadier waren ihren Maßen nach noch Wanderkanadier und konnten daher in den für diese ausgeschriebenen Rennen starten. Jedoch wurde die Aufbiegung des Stevens auf ein Minimum beschränkt, um dem Winde die Angriffsfläche zu nehmen, und die Linien auf Kosten der Stabilität zugunsten der Schnelligkeit verändert.

Im Jahre 1925 kamen die ersten reinen Rennkanadier heraus. Im nächsten Jahre dürften solche in fast allen Gebietshoheiten des Deutschen Kanu-Verbandes vorhanden sein, so daß auch die Meisterschaften im Kanadier bald in ausgesprochenen Rennbooten ausgefahren werden können.

Was den Kanuregatten in den Augen des Publikums fehlt, das ist der bezwingende Anblick eines in voller Fahrt befindlichen Mannschaftsbootes, wie ihn beispielsweise der Rennachter auf der Ruderregatta bietet. Rennen im Dreierkajak werden schon längere Zeit ausgetragen. Vom rheinischen Kanusport wurden vor etwa zwei Jahren die ersten Kajakvierer und Kajakachter herausgebracht und Städtewettkämpfe darin ausgetragen. Hamburg ist im Jahre 1925 gefolgt, so daß auch hier eine Belebung der Regatten und eine Erhöhung ihres sportlichen Wertes und ihrer Werbewirkung eintreten wird.

Die Konstruktion eines Rennbootes muß einem erfahrenen Fachmann überlassen bleiben, der Bau einer sehr zuverlässigen Werft. Im Serienbau wurde bisher nur der internationale Schweden-Einer-Rennkajak hergestellt, und auch wohl nur von einer bekannten Hamburger Werft. Die Bauart der Rennkajaks ist durchweg der Nahtspantbau oder Karweelbau mit gespachtelter Leinwandhaut. Das Deck wird oft zur Verminderung des Gewichts teilweise mit geölter Leinwand bezogen. Große Sorgfalt muß auf die Festigkeit der Stemmbrettvorrichtung verwendet werden. Zur Stabilisierung der außen kiellosen, durchweg ohne Fußsteuerung gefahrenen Rennkajaks dient eine Metallflosse unter dem Heck. Die Bauart des Rennkanadiers ist dieselbe wie beim Wanderkanadier, nur in leichterer Ausführung unter Verwendung leichter Holzarten. Das Segelkanu als Rennfahrzeug auch in den Ausmessungen und Bauarten verfeinert, ist bei uns noch nicht im Gebrauch, denn der deutsche Kanusegelsport steckt noch in den Anfängen; unsere Klassen-Segelkajaks sind zugleich Wander- und Regattaboote. Daher dürften die im Buche wiedergegebenen Risse von englischen und schwedischen Rennsegelkajaks viel Interesse finden.

Im Rennkanu, insbesondere im Rennkajak, nähern wir uns wieder der Urform des Kanus.

Wenn man das Rennkanu als Spezialboot der Spezies Kanu betrachtet, so verlangen schließlich noch zwei andere Bootstypen diese Bezeichnung: das Motorkanu und der Punt. — Vom Motorkanu treffen wir auf unseren Gewässern kaum ein besonderes Exemplar, wenn es nicht irgendein von seinem Besitzer in ein Motorboot umgewandeltes schweres Kanu mit festen Verbänden ist. Daß ein brauchbarer Typ geschaffen werden kann, zeigen die im zweiten Teil des Buches veröffentlichten Risse. Die weitaus größte Mehrzahl der Paddler hat jedoch für das Motorkanu kein Interesse und bleibt beim Muskel- oder allenfalls Windmotor.

Von der Themse kam eine Abart der Kanus zu uns, das Punt. Seine viereckige breite Figur findet bei dem sportgerechten deutschen Paddler keinen Anklang. Daher ist es ein Promenaden- und Familienboot geblieben, eine Rolle, welche die Feinde des kanadischen Kanus diesem oft genug zuschreiben möchten. — Das Punt wird bei uns mit der kanadischen Paddel fortbewegt, in England durchweg gestakt.

Renn- und Wander-Kanadier.
Verschiedene Aufbiegung der Steven.

9. Serienboot und Neubau.

Wenn der Kanusport nach dem Kriege einen so ungeheuren Aufschwung nahm, so ist dies nicht zuletzt darauf zurückzuführen, daß eine Reihe von Kriegsmaterialfirmen, darunter viele Flugzeugwerften, sich auf den Bau von Kanus umstellten, und zwar von Kanadiern und Flachbodenkajaks. Während die Serienfabrikation des kanadischen Kanus auch heute noch lohnend ist, die Scharpiekajak-Industrie sogar ungeahnte Blüten und noch dazu mit bootstechnisch unmöglichen Erzeugnissen getrieben hat, ist die fabrikmäßige Herstellung brauchbarer Rundspantkajaks sehr stark zurückgegangen. Nicht zuletzt mag neben der Überproduktion von billigen Scharpiebooten die ungeheuer rasche Entwicklung der Bootstypen durch die Bestrebungen des Deutschen Kanu-Verbandes daran schuld gewesen sein, welche die Anlage eines größeren Vorratslagers von selbst verbot; kamen doch in einer Saison oft mehrere grundlegende Neubauten heraus. Bei einer geringen Auflage lohnt aber die fabrikmäßige Herstellung kaum, weil die handwerksmäßigen Arbeitsverrichtungen dann nicht mehr viel anders sind als die des Bootsbauers, der Boot nach Boot auf Kiel legt, und von Ersparnissen bzw. Verbilligung nicht mehr die Rede sein kann. Ein gutes Serienboot ist daher nicht nennenswert billiger als das bei einem Bootsbauer bestellte, nach dem vorher besorgten Riß eines Konstrukteurs gebaute Boot, bei dem noch eine Reihe von Wünschen des Bestellers berücksichtigt und ein Boot aus einer großen Reihe von Rissen ausgesucht werden kann. Eine Großwerft baut aber meist nur zwei oder drei verschiedene Typen.

So nimmt es denn kein Wunder, wenn die Mehrzahl der sportgerechten Kajaks bei den kleineren und mittleren Werften Stück für Stück nach den verschiedensten Rissen gebaut werden. Da die Entwicklungszeit des deutschen Kajaks noch nicht abgeschlossen ist und einige wenige Einheitstypen noch nicht festliegen, wird es auch vorläufig noch eine Weile dabei bleiben.

Wer den Erwerb eines Bootes beabsichtigt, tut am besten, erst einmal auf den Gewässern, auf denen er Wassersport treiben will, die vielen Spezies der Gattung Kanu zu beaugenscheinigen. Er kommt auf seinen Sonntagsspaziergängen auch an die Lande- und Lagerplätze oder Bootshäuser der Kanusportler und kann sie befragen und seine theoretisch erworbenen Kenntnisse erweitern. Er wird hoffentlich nicht nur dort, wo der Wimpel des Deutschen Kanu-Verbandes weht, die erbetene Auskunft erhalten. Wird ihm ein gebrauchtes Fahrzeug zum Kauf angeboten, so soll er es in jedem Fall vorher von einem sachverständigen Sportskameraden

7½-qm-Segelkajak.

begutachten lassen und sich nicht nur auf seine neu erworbenen Kenntnisse verlassen. Denn ein gebrauchtes Boot hat meist seine äußerlich nicht sichtbaren Spezialfehler.

Ob nun ein gebrauchtes Boot, das Serienboot einer Werft oder ein Neubau in Frage kommt, in jedem Fall sollte es den Anforderungen der Bootstabelle des Deutschen Kanu-Verbandes entsprechen (s. Bootstabelle im Anhang), selbst wenn der Besitzer vorerst nicht beabsichtigt, das Boot als ein sportliches Werkzeug zu benutzen. Für die größeren Segelkanus, die über 13 qm Segelfläche haben und die der D. K. V. noch nicht klassifiziert hat, gibt es vorzügliche schwedische und englische Klassenboote als Vorbilder.

Haben wir uns entschlossen, ein Boot nach dem Riß eines Konstrukteurs bauen zu lassen, so suchen wir einen Konstrukteur auf und geben ihm an, zu welcher Verwendung wir das Boot brauchen wollen, ob Wanderboot, für große oder kleine Fahrt, ob für rauhes oder ruhiges Wasser, ob segelbar oder Segelkanu, ob leicht oder schwer gebaut. Finden wir unter den vorgelegten Rissen nicht das gedachte Boot, so können wir uns eine neue Zeichnung anfertigen lassen, wobei der Konstrukteur unsere Sonderwünsche für Form und Ausbau nach Möglichkeit berücksichtigt. Er kann diesem Boot aber nicht alle guten Eigenschaften ankonstruieren, die es für ein Kanu gibt. Einem breiten Wanderboot mit viel Stauraum kann er nicht die Schnelligkeit eines Rennbootes verleihen, einem schmalen segelbaren Boot nicht die Eigenschaften einer Segeljolle. Der neue Entwurf kostet etwa 10—20% des Anschaffungspreises für das nach ihm gebaute Boot, die Erlaubnis zum Nachbau eines vorhandenen Risses etwa 15—20 Mark bei einem Paddelkanu und entsprechend mehr für ein Segelkanu. Es ist nicht anzuempfehlen, den Bootsbauer nach eigenem Ermessen ein Boot bauen zu lassen („nach Schnauze bauen" heißt es im Sprachgebrauch). Wir werden uns im nächsten Kapitel mit dem Riß beschäftigen und einsehen, daß zur Anfertigung eines Risses hohe technische Kenntnisse gehören und daß in jedem Riß eine besondere Idee seines Urhebers steckt.

Ein nicht zu verachtender Vorteil bei der Bestellung eines Neubaus ist die damit verbundene Bezahlung des Bootes in Raten. Wenn also das Boot im Herbst bestellt u nd die Abnahme im Frühjahr vereinbart wird, verteilt sich der Anschaffungspreis auf mehr als ein halbes Jahr. Das dürfte der meist sehr schmale Geldbeutel des Kanumanns schließlich einmal verwinden. Die Freude am Boot ist gewiß größer, wenn der Besitzer sein Entstehen in allen Phasen verfolgen kann.

10. Die Rißzeichnung des Bootskonstrukteurs.

Die zeichnerische Darstellung eines Bootes, der Bootsriß, enthält alle diejenigen Linien, deren Kenntnis die Eigenschaften des Bootes bestimmen läßt. Zu einem Riß gehören folgende Zeichnungen:

I. der Linienriß, bestehend aus:
- a) Spantenriß,
- b) Seitenansicht,
- c) Ansicht von oben (Draufsicht);

II. der Bauplan, bestehend aus:
- a) Längsschnitt, vertikal zur Mittellinie, mit den Spanten,
- b) Deckansicht (Deckbalken, Verstärkungen usw.),
- c) Querschnitt durch den Hauptspant und etwa erforderliche Querschnitte durch andere Spanten (Holzstärken, Plankenzahl usw.).

Nehmen wir uns zunächst einmal den Spantenriß des Linienrisses von irgendeinem der im zweiten Teil des Buches wiedergegebenen Risse vor. Er wird stets so gezeichnet, daß auf der linken Hälfte die Spanten der hinteren Hälfte des Bootes, auf der rechten die Spanten der vorderen Hälfte dargestellt sind, und zwar infolge der völligen Symmetrie zweier Spanthälften nur halb. Sie tragen eine Numerierung, beginnend mit 1. beim ersten Spant des Vorschiffs, der durchweg V-förmig = scharf sein wird, und endend beim letzten Spant im Achterschiff, gegen die Bootsmitte, meist stark U-förmig = völlig. Wir finden dann ferner noch im Spantenriß quer durchgehende wagerechte Linien, zu oberst eine gestrichelte, die Linie des Überwasserschiffs, darunter eine ausgezogene, die sogenannte Konstruktionswasserlinie (C. W. L. oder K. W. L.), die uns zeigt, wie tief das normal belastete Boot im Wasser liegen wird, und unter dieser wieder eine ausgezogene Linie, die des Unterwasserschiffs. Von Interesse für uns sind im Spantenriß noch die auf jeder Hälfte vorhandenen senkrechten Linien, die Schnitte. Sie kehren in der Seitenansicht als Kurven wieder, die vom Boden nach Achterteil und Vorschiff zur Bordkante verlaufen und in der Draufsicht als Parallellinien zur Mittellinie erscheinen. Die Wasserlinien, Konstruktionswasserlinie, Überwasserschiffs- und Unterwasserschiffslinien sind in der Seitenansicht ohne weiteres, in der Draufsicht als Kurven zwischen den Bootsenden erkennbar. Die Lage der Spanten in Seitenansicht und Aufsicht finden wir leicht, sie tragen dieselbe Numerierung und sind wohl bemerkt nur Konstruktionsspanten. Die einzubauenden Spanten werden erst im Bauplan vorgezeichnet. Was der Linienriß noch enthält, braucht hier nicht besonders erläutert zu werden, da die Zeichnung deutlich genug beschreibt. (Sitzlukenausschnitt, Wölbung des Decks, Schwung der obersten Planke, Knaggen für die Rückenlehne usw.) Die übrigen Linien haben nur Bedeutung für den Konstrukteur. Aus dem Abstand der Spantlinienausgangsstellen im Spantriß vom untersten Punkt der Mittellinie erkennt man die Biegung des Kiels, von der die gute Drehfähigkeit des Bootes abhängt. Aus der mehr oder weniger völligen Form der Spanten kann auf größere oder geringere Stabilität geschlossen werden. Fallen die Spantkurven des Vorschiffs über Wasser stark aus und sind sie unten scharf V-förmig, so wird das Boot die Welle gut schneiden, und das Vorschiff wird nicht so leicht überflutet. Ein schnelles Boot zeigt vorn scharf zulaufende Wasserlinien in der Draufsichtzeichnung. Ein gegen den Achtersteven stark aufgeholter Kiel sowie ein flaches aber völliges Achterschiff deuten auf guten Wasserablauf hin.

Der Bauplan des Risses erläutert das Gerippe des Bootes, von dem wir ja im Linienriß erst die äußere Form kennen gelernt haben. Zuerst wieder ein Schnitt senkrecht durch die Mittellinie gelegt; er gibt uns die Anordnung der Bauspanten (im Gegensatz zu den Konstruktionsspanten) an, ihre Entfernung voneinander, die Anordnung der Decksbalken, die verstärkten Teile des Decks am Vorder- und Achtersteven und am Mastloch, den Waschbord (Rand des Kokpitausschnittes), die Deckslukenkonstruktion, die Anordnung der Knie zur Stützung des Decks, der Bodenwrangen und Bodenbretter und so fort. Die notwendige Ergänzung dieses

11. Bauauftrag und Bauzeit.

Der Riß ist ausgewählt. Durch Umfrage bei den Kameraden haben wir die Anschrift eines Bootsbauers erfahren, der eine saubere Arbeit zu annehmbarem Preis liefert. Wir haben uns auch einige der von ihm gebauten Boote zeigen lassen und festgestellt, daß die Arbeit den Erwartungen entspricht. Wir geben nun dem Bootsbauer unseren Riß und lassen ihn ein Angebot machen. Vorher

Geklinkertes Boot, aufgeplankt.

müssen wir uns jedoch für die Holzart entscheiden, aus welcher der Rumpf unseres Neubaus bestehen soll. Wenn das Boot sehr stark strapaziert werden wird, empfiehlt es sich, den Bootsrumpf aus Eichenplanken bauen zu lassen. Für das Deck und die oberste Planke nimmt man dann gern Mahagoni oder Gabun. Der helle Farbton der Eiche bildet mit dem dunklen Rot des Mahagoniholzes

Kanusegelregatta auf der Außen-Alster in Hamburg
(im Vordergrund: Regattabummler in unsportlicher Kleidung).

Längsschnittes ist wiederum eine Aufsicht, deren weitere Erläuterung am besten die Zeichnung selber zeigt.

Die Holzstärken der verschiedenen Teile bestimmt ein Querschnitt durch den Hauptspant. Die notwendigen Maße sind in den Zeichnungen des Bauplans enthalten. Der Bauplan verschafft uns den Aufschluß über die Festigkeit der Verbände des Bootes und über die Verstauungsmöglichkeiten.

Zur Prüfung eines Risses müssen stets alle Zeichnungen zur Hand sein, die ja, wie wir nun gelernt haben, sich gegenseitig ergänzen. Wenn sie bei einem der im Buche befindlichen Risse fehlen, so sind sie auf Wunsch des betreffenden Konstrukteurs weggelassen, der seine Geistesarbeit vor unbefugtem Nachbau bewahren will. Notwendig sind ferner für eine Prüfung die Bootstabelle und insbesondere beim Segelkanu die Vermessungsvorschriften des Deutschen Kanu-Verbandes, sofern der Besteller ein Klassenboot in Aussicht genommen hat.

Die Erlaubnis für einen Nachbau ist, wie gesagt, von der Zahlung eines Honorars an den Konstrukteur abhängig. Die Gebühren für den Nachbau kann jeder Anwärter auf ein schönes Boot tragen, denn sie belaufen sich ja nur auf einen Bruchteil des Honorars für die Anfertigung eines neuen Risses.

Auf keinen Fall aber sollte das geistige Eigentum des Bootsbau-Ingenieurs mißbräuchlich benutzt werden durch Nachbau ohne Erlaubnis an Hand irgendeiner Veröffentlichung im Buch oder in einer Fachzeitschrift. Der Riß steht als „geistiges Eigentum" im Schutz des Gesetzes. Die Veröffentlichung des Rissematerials in irgendeiner Form verbindet keineswegs damit das Recht zur Benutzung für einen Nachbau.

einen gefälligen Kontrast. Besonders gut geeignet sind für den Bootskörper Zedernholz und Tabasko-Mahagoni, die zwar den Preis etwas verteuern, jedoch nicht in dem Maß wie allgemein angenommen wird. Das prachtvolle Rotbraun der Zeder und das dunkle Mahagoni-Rot machen das Boot ungeheuer schmuck und verringern sein Gewicht um ein Weniges. Zeder oder Mahagoni werden darum sowohl für die Planken als auch für das Deck angewendet. Für alle Verbände des Bootes, die eine besondere Festigkeit oder Härte haben müssen, eignet sich am besten Eichenholz. Das gilt hauptsächlich für Außenkiel und Steven. Die Spanten bestehen durchweg aus Eschenholz, insbesondere die eingebogenen Spanten. Die Bodenbretter können aus Kiefernholz sein, der Kockpitrand Eichenholz, Zeder oder Mahagoni. Für Beschläge und Schrauben kommt nur Messing in Frage, für die Niete nur Kupfer.

Wir einigen uns ebenfalls vorher mit dem Bootsbauer über die Ausführung der Ausrüstungsteile und über das von ihm zu liefernde Zubehör (s. Abschnitt 4, c) einschließlich Rückenkissen und Persenning. Wenn uns der Preis, verglichen mit Konkurrenzpreisen und der Arbeitsgüte der Konkurrenz zusagt, dann erteilen wir ihm den Auftrag, und zwar schriftlich und lassen ihn uns auch schriftlich bestätigen. Was die Preise anbelangt, so können aus der Praxis des Jahres 1925 etwa folgende Zahlen genannt werden. Einerkajak, Eiche, geklinkert, guter Bau, ohne

Paddel und Rückenkissen .... etwa 300	Mark
in Zeder .... etwa 320—350	,,
Zweierkajak, Eiche, sonst wie vorher .... 350—450	,,
in Zeder .... 450—500	,,
Scharpieboote nach Riß .... etwa 250	,,
Leinwandkajak .... ,, 200—250	,,
Segelkajak 5 qm .... ,, 500—600	,,
7½ qm .... ,, 700—800	,,

Diese Preise sind nur als Richtpreise anzusehen. Man kann für denselben Riß ein hoch über diesen Preisen liegendes sowohl als ein viel billigeres Angebot bekommen. Aber während im ersten Fall sehr viel mehr Zeit für den Bau aufgewendet werden muß, kann man sich wohl vorstellen, daß ein billiges Boot, um seinem Erbauer Verdienst zu bringen, sozusagen „zusammengehauen sein muß" — wie deutlich genug der Fachausdruck lautet. Es kann also keinesfalls angeraten werden, von mehreren Angeboten das billigste herauszusuchen. Qualitätsarbeit kostet Geld, bringt aber auf die Dauer hohe Zinsen durch die Freude und die Annehmlichkeiten, die man durch sie am gut gebauten Boot hat, und durch den Ärger und Verdruß, der einem in diesem Fall erspart bleibt.

Der schriftliche Auftrag soll folgende Punkte festlegen:

1. die Verpflichtung, alle Maße und Bauvorschriften des Konstrukteurs einzuhalten (insbesondere Spantenzahl und -art, eingeschnitten oder eingebogen),

2. die Festlegung der zu verwendenden Holzarten (astfreies Holz!),

Schwedenkajak (Holzgerüst mit Leinwandbezug) im Bau.

3. die Festlegung der nicht aus dem Riß zu entnehmenden Bootsteile (Beschläge, besondere Kästen bzw. Schwalbennester, Knaggen für Einersitz),

4. Angaben, welche Ausrüstungsgegenstände und Zubehörteile mitzuliefern sind. Paddel, Treibsegel, Fangleinen, Persenning, Rückenkissen, Flaggstock,

5. die Verpflichtung, alle Bauteile gut zu ölen und mit bestem Bootslack zweimal mindestens zu streichen,
6. Liefertermin,
7. Preis, Anzahlung, Raten, Rest (14 Tage nach Lieferung).

Es ist ratsam, einen kleinen Teil der Bausumme erst dann zu zahlen, wenn sich das Boot als fehlerfrei erwiesen hat und den Voraussetzungen des Konstrukteurs entsprechend läuft. Man hat damit immerhin ein Mittel in der Hand, die Beseitigung kleinerer Mängel, z. B. Undichtigkeiten, raschestens erzielen zu können.

Wer damit rechnen will, sein Boot pünktlich zum Liefertermin zu haben, der darf aber auch nicht vergessen, seinen Verpflichtungen dem Bootsbauer gegenüber nachzukommen und seine Raten pünktlich zu zahlen. Es ist nicht verkehrt, dem Bootsbauer die Teilbeträge selbst in der Werkstatt abzuliefern und dabei den künftigen Besitz im Entstehen zu verfolgen.

Am Lagerplatz.

phot. E. Brauer.

12. Im Besitz des neuen Bootes.

Lieber Sportkamerad!

Du hast Dein neues Boot im Triumph in das Bootshaus gebracht und bereitest Dich auf Deine ersten Fahrten vor. Ich möchte Dir für Dein erstes Auftreten im kanusportlichen Dasein ein paar kleine Ratschläge geben, deren Befolgung Dir sicherlich nur nützen kann. Zum mindesten erspart sie Dir die Möglichkeit, in den Augen der übrigen Kameraden vom Wassersport lächerlich zu erscheinen.

Genau so wenig wie Du beispielsweise im Straßenanzug zu Bett gehst, darfst Du im Straßenanzug ins Boot steigen. Es wird heute niemand mehr einfallen, Turnübungen oder andere sportliche Übungen in Stehkragen, Mütze und Rock zu absolvieren. Auch die Bewegung im Paddelboot ist sportliche Übung, die im sportlichen Gewand gemacht wird, das übrigens keine Modediktion ist. Das Sportkleid des Paddlers im Boot ist die kurze sogenannte Ruderhose und das Ruderhemd aus Trikotstoff. Der Kopf bleibt unbedeckt, und nur bei starker Sonne schütze ihn ein Südwester oder ein rundes Leinenkäppi. Die blaue Schirmmütze (der Yachtzylinder) hat im Boot nur unter Deck Platz.

Beim Paddeln setze Dich aufrecht hin und neige Dich eher noch etwas vor. Keineswegs aber nimm eine Rückenlage von 45° ein und strecke Deinen Bauch vor. Er wird Dir bald weh tun, und die Rückenlehne wird Dir bei dieser Haltung Striemen ins Kreuz drücken. Deine Paddeln tauche nicht bis zur Hand ins Wasser, daß das freie Paddel-Ende hoch in die Luft ragt; Du brauchst das Blatt nur zu einem Teil ins Wasser zu stecken, deine Arme beim Anziehen und Ausstrecken nicht über Schulterhöhe zu bringen, dann wirst Du viel Kraft sparen und dem Beschauer ein sportliches Bild zeigen.

Willst Du aber dazu beitragen, den Dir liebgewordenen Kanusport zu fördern und hochzubringen, dann versuche, Mitglied des Deutschen Kanu-Verbandes bzw. eines seiner Vereine zu werden, vorausgesetzt, daß Dir die Ausübung des reinen Sportes am Herzen hängt, und Du nicht etwa politischen Anschluß im Verband suchst. Laß Dir auch nicht einreden, der D. K. V. fördere nur einseitig den Rennsport im Kanu. Frage die Kameraden aus dem Verband, die Du auf dem Wasser triffst, sie werden Dir anders berichten und Dir auch angeben, wie Du die Mitgliedschaft erwerben kannst!

Kaufe Dir ein paar Nummern der Zeitschrift „Kanusport". Du wirst darin viel Anregung finden, und Dich bald als ein vertrautes Mitglied in der großen Familie fühlen, die von den deutschen Kanufahrern gebildet wird. Du wirst von manchen Erleichterungen lesen, die Dir als Verbandsmitglied geboten werden, und Du wirst viel schöne und angenehme Einrichtungen kennen lernen. Kanustationen zur Einkehr auf froher Wanderfahrt mit Vergünstigungen bezüglich Unterkunft und Verpflegung, ein festes Lager auf der schönen Insel Rügen am Ostseestrand sind das wenigste, wenn Du bedenkst, daß Du überall im lieben Vaterland, wohin Dich Dein Boot trägt, und darüber hinaus in Österreich, der Tschechoslowakei, in Schweden und Dänemark Kameraden finden wirst, die Deine Flagge kennen und ehren und Dich als ihren lieben Kameraden aufnehmen und bewirten. Und gerne folgst Du dann dem Ruf zum Kanutag in irgendeinem Gau Deines Vaterlandes, der alle zwei Jahre an Dich ergeht, und hast dort Gelegenheit, die auf Wanderfahrten angeknüpften Beziehungen der Kameradschaft zu vertiefen.

Es gibt ja kaum einen schöneren und gesünderen Sport als unseren Kanusport. Wir haben uns ihm verschrieben. Du wirst nicht lange zögern. In unseren Reihen ist noch Platz, darum komm zum

Deutschen Kanu-Verband!

Geschäftsstelle: Köln a. Rh., Domstr. 43.

Einfahrt zum Sacrower See (Havel).

phot. Hugo Schmidt.

Zeltlager Märkischer Kanufahrer.

phot. Hugo Schmidt.

Am Lagerfeuer.

Risse, Ansichten und Beschreibungen von Kanus.

I. Einerkajaks.

Nr.	Bootsart	D. K. V.-Klasse	Konstrukteur	Seite
1.	Eskimo-Kajak	—	Skene, New York	70
2.	Dänisches Kajak	—	B. Hansen, Kopenhagen	71
3.	Schwed. Kajak Aland	—	Sven Thorell	72
4.	Wandereiner	—	Tiller	74
5.	,,	II a	,,	76
6.	,,	II a	Heymann	78
7.	,,	II b	Tiller	80
8.	,,	II b	Heymann	84
9.	Wanderboot	—	Protzen	86

II. Zweierkajaks.

Nr.	Bootsart	D. K. V.-Klasse	Konstrukteur	Seite
1.	Scharpiekajak	II b	Dinklage, Hamburg	89
2.	Scharpiekajak	II b	Popp, Werder a. d. Hv.	91
3.	Leichtes Wanderkajak	II b	Tiller, Berl.-Charlottbrg.	92
4.	Leinwandkajak	II b	Dinklage, Hamburg	94
5.	,,	II b	Popp, Werder a. d. Hv.	96
6.	Wanderkajak	II c	Tiller, Berl.-Charlottbrg.	98
7.	,,	II b	Rennow, Tegel	102
8.	Fischformkajak	II b	Heymann, Berl.-Steglitz	104
9.	Wanderkajak	II b	,, ,,	106
10.	,,	II b L.	Miculcy, Bl.-Charlottbg.	108
11.	,,	II b L.	Heymann, Berl.-Steglitz	111
12.	Schweres Wanderkajak	II c	Dinklage, Hamburg	114
13.	,, ,,	II c	,, ,,	116
14.	,, ,,	II c	Harms, Berl.-Tempelhof	118
15.	Segelb. ,, 5,65 qm	II c	Dinklage, Hamburg	120
16.	,, ,, 4 qm	II c	,, ,,	122
17.	Selbstbaukajak	II b	Abeking u. Rasmussen	130

III. Kanadier.

Nr.	Bootsart	D. K. V.-Klasse	Konstrukteur	Seite
1.	Wanderkanadier	II	Heymann, Berl.-Steglitz	124
2.	Segelkanadier 3,8 qm	III	Popp, Werder a. d. Hv.	126
3.	Familienkanadier	—	Dinklage, Hamburg	128

IV. Faltboote.

Nr.	Hersteller	Bootsart		Seite
1.	Klepperfaltbootwerke, Rosenheim a. Inn	Einsitzer Zweisitzer		131
2.	Otto Amannshauser, Salzburg a. Inn, „Amansis"	Einsitzer Zweisitzer		134
3.	L. F. B. Boot der Fa. Leipziger Faltbootbau	Einsitzer Zweisitzer		136
4.	Pionier - Faltboot der Pionier - Faltbootwerft Bad Tölz	Einsitzer Zweisitzer		137
5.	Bayernboot der Oberbayrischen Faltbootwerft Traunstein	Zweisitzer		138

V. Segelkanus.

Nr.	Segelfläche	Klasse	Konstrukteur	Seite
1.	5 qm	D. K. V., G	Heymann, Berl.-Steglitz	140
2.	5,99 qm	—	Harms, Berl.-Tempelhf.	143
3.	7,5 qm	D. K. V., A	Heymann, Berl.-Steglitz	146
4.	7,5 qm Rowdy	D. K. V., A	Tiller, Berl.-Charlottbrg.	148
5.	7,5 qm	D. K. V., A	,, ,,	152
6.	7,5 qm Scharpie	D. K. V., A	,, ,,	155
7.	7,5 qm Maikäfer	D. K. V., A	Docter, Hamburg	158
8.	7,5 qm	D. S. B.	Miculcy, Bl.-Charlottbg.	161

Nr.	Segelfläche	Klasse	Konstrukteur	Seite
9.	10 qm Windspiel	Ausgleichkl.	Heymann, Berl.-Steglitz	164
10.	10 qm internat.	D. K. V., B	,, ,,	167
11.	10 qm ,,	Schwed. III B	Sven Thorell, Stockholm	169
12.	10 qm ,,	Schwed. III B	Rosengren, Stockholm	172
13.	10 qm ,,	Schwed. III B	Magnussen, Karlstadt	173
14.	10 qm ,,	Schwed. III B	E. Nilsson, Stockholm	176
15.	13 qm	D. K. V., C	Tiller, Berl.-Charlottbrg.	178
16.	13 qm	D. K. V., C	Heymann, Berl.-Steglitz	180
17.	12,90 qm	Schwed. V B	Nilsson, Stockholm	184
18.	9,15 qm	Engl. C	Morg. Giles, Southampt.	186
19.	14 qm	Engl. C	Hotchkiss, London	188
20.	Kanu-Yawl 10 qm	,,Ethel''	Holmes, Mersey	190
21.	Kanu-Yawl 17,5 qm	,,Daisy''	,, ,,	192
22.	Kanukreuzer 21,50 qm	Engl.	Hodson, London	194
23.	Kanukreuzer 38 qm	,,Snippet''	Holmes, Mersey	198
24.	Kanukreuzer 31 qm	,,Eel''	Holmes, Mersey	200

VI. Rennboote.

Nr.	Bootsart	D. K. V.- Klasse	Konstrukteur	Seite
1.	Internationaler Einer-Rennkajak	I	Tiller, Berl.-Charlottbrg.	202
2.	Internationaler Einer-Rennkajak	I	Heymann, Berl.-Steglitz	204
3.	Nationaler Zweier-Rennkajak	I a	Heymann, Berl.-Steglitz	206
4.	Nationaler Zweier-Rennkajak	I b	Docter, Hamburg	208
5.	Vierer-Übungskajak	III	Heymann, Berl.-Steglitz	210
6.	Internationaler Renn-kanadier	C I	,, ,,	212

VII. Spezialboote.

Nr.	Bootsart	D. K. V.-Klasse	Konstrukteur	Seite
1.	Punt	—	Heymann, Berl.-Steglitz	215
2.	Motor-Kanu mit Schachtmotor	—	Harms, Berl.-Tempelhf.	217
3.	Motor-Kanadier	—	Dinklage, Hamburg	220

I. Einerkajaks.

Eskimo-Kajak „Walroß".

Nach einem Original (Süd-Grönland-Typ) für Sportzwecke umgezeichnet
von N. L. Skene, New York.
Maßstab 1 : 40.

Das Boot des Eskimos ist etwa 5—6 m lang und durchschnittlich ½ m breit, so daß es einer außerordentlichen Geschicklichkeit bedarf, das Kentern des Bootes zu verhindern. Die innere lichte Höhe des Bootes beträgt etwa 15 cm. Das Fahrzeug wird dem Führer in seinen Maßen so angepaßt, daß es im Falle des Kenterns nur geringer Anstrengung, allerdings bei außerordentlicherGeschicklichkeit, bedarf, um das Boot wieder über Wasser zu bringen.

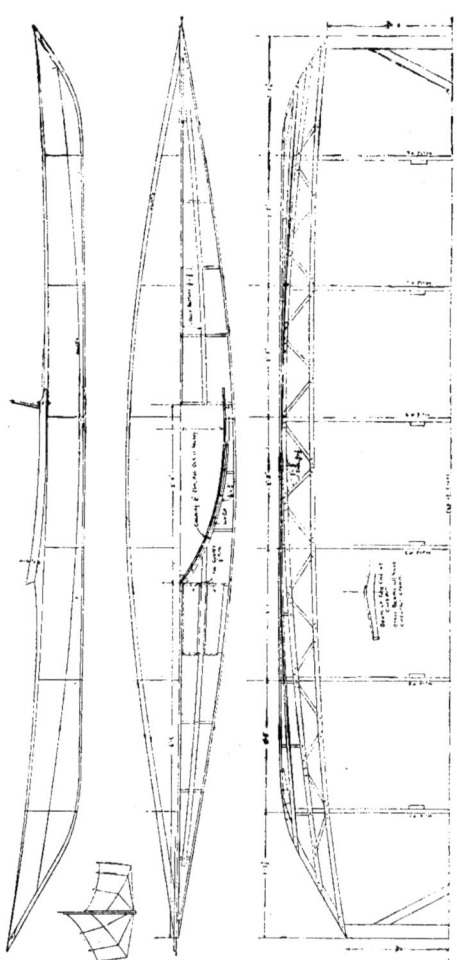

Das im obigen Riß dargestellte Boot hat eine größte Länge von 5,18 m, eine größte Breite von 0,56 m; sein Gewicht beträgt etwa 20,5 kg. Die Außenhaut besteht aus Segeltuch ·und wird straff über das aus Eschenholz bestehende Gerippe gespannt. Der Kajak ist seiner Größe nach — etwa 75 mm breiter als das Original — geeignet für Personen mit einem Eigengewicht bis zu 80 kg.

✦✦

4,83 m-
Leinwand-Paddelkanu,

entworfen von Brynjulf Hansen,
Kopenhagen.

Maßstab 1 : 40.

Größte Länge 4,83 m,
größte Breite 1,05 m,
Seitenhöhe 0,34 m,
Tiefgang 0,14 m.

In Dänemark, dem größere Binnengewässer im eigentlichen Sinne doch fehlen, hat die Entwicklung und Verbreitung des Kanusportes in den Jahren nach dem Kriege einen erfreulichen Aufschwung genommen.

Die rauheren Gewässer der Sunde und Fjorde haben nun andere Typen hervorgebracht, als wir sie gewöhnt sind. Der nachstehende Linienriß eines 4,83 m langen Paddelkanus mit Leinwand-Außenhaut zeigt ein Boot, wie es sich auf den genannten Gewässern als brauchbar erwiesen hat.

Auffallend ist die für ein reines Paddelboot große Breite, sowie die außerordentlich hohlen Linien im Vorschiff, welche in kabbligem Wasser aber ein sehr weiches Arbeiten gewährleisten sollen.

Als Typ eines dänischen Paddelkanus wird das Boot für die Leser von Interesse sein, zum Nachbau für die Gewässer ist es weniger geeignet.

✦✦

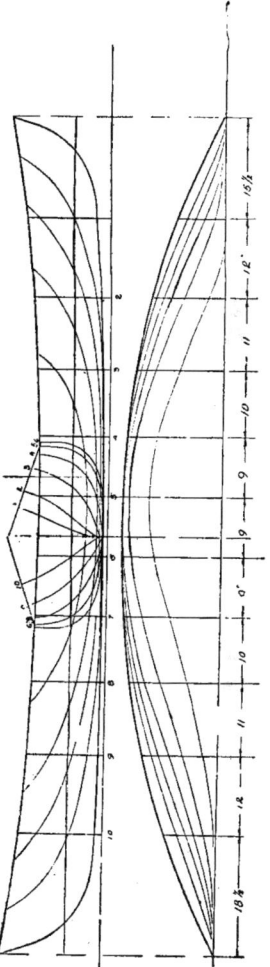

71

Schwedisches Paddelkanu „Aland",

entworfen von Sven Thorell.

Länge über Alles 5,00 m, größte Breite 0,63 m, Deplacement, bezogen auf K.W.L.
120 kg, Länge in K. W. L. 4,50 m, Breite in K. W. L. 0,58 m, Freibord am Bug
bezogen auf K. W. L. 0,30 m, Freibord Mitte, bezogen auf K. W. L. 0,14 m,
Freibord am Heck, bezogen auf K. W. L. 0,25 m, Tiefgang ohne Flosse, bezogen
auf K. W. L. 0,12 m, Tiefgang mit Flosse, bezogen auf K. W. L. 0,14 m,
Gewicht etwa 28 kg, Paddellänge max. 2,50 m.

Sven Thorell selbst hat dieses Boot als seine beste Konstruktion
bezeichnet. Er benutzt das hiernach gebaute Boot bereits über
drei Jahre und hat lediglich die Höhe des Bugs von 35 auf 30 cm
erniedrigt. Der hohe Bug, das erhöhte Heck, verbunden mit der
bewährten Schwedenform der Spanten und der auf das geringste
Maß beschränkten Sitzöffnung, kennzeichnen das Boot als ein
äußerst seetüchtiges. Es ist auch für Deutschland sehr viel nachgebaut worden. Zum Beweis der Seetüchtigkeit des Bootes kann
angeführt werden, daß ein auf der Havel gefahrener Nachbau
die berüchtigte Stelle beim Haveleck und der großen Breite an
dem größten Sturmtage des Jahres 1925 (Wind von 8—10 m/sec
mit Böen bis 12 m/sec) vollkommen trocken zurückgelegt hat.
Um das Ausscheren des außenkiellosen Bootes zu vermindern,
trägt das Heck eine kleine Metallflosse, die jedoch den an und für
sich höchst geringen Tiefgang nur um 2 cm in der Praxis vergrößert. Die Paddellänge dieser Bootsart darf im höchsten Falle
2,50 m betragen.

Deutscher Nachbau des Thorellschen „Aland"
(Vereinigung Märkischer Wanderpaddler).

72

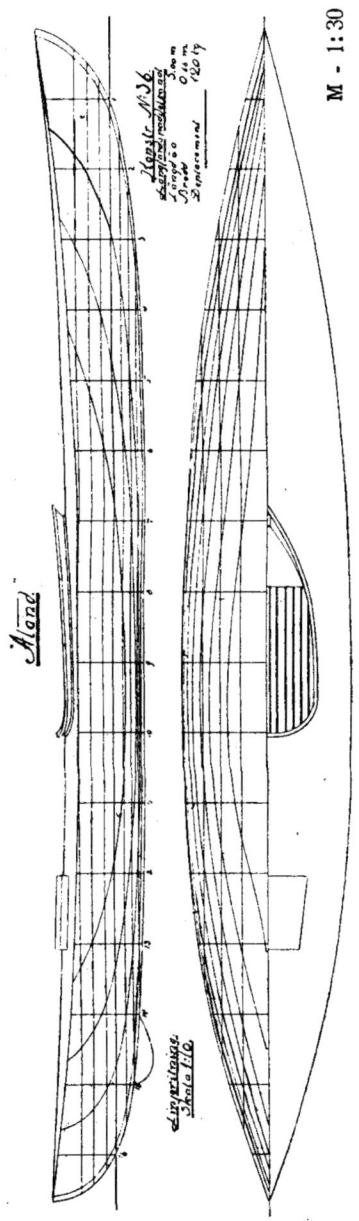

M - 1:30

73

Leichtes Wanderkanu,

entworfen von A. Tiller, Berlin-Charlottenburg.

Länge über Alles 4,350 m, größte Breite 0,725 m, geringste Seitenhöhe 0,230 m, Treibersegel 2,50 qm.

Der Aufschwung des deutschen Kanusportes ist unlöslich verknüpft mit dem Namen A. Tillers. Sein Buch „Kanubau und -Segeln" hat eine weite Verbreitung gefunden. Es enthält u. a. genaue Angaben über den Bau von Kanus aller Art. Die Risse Tillers zeigen durchweg formschöne Boote, bei deren Linien jedoch niemals die Zweckmäßigkeit zugunsten einer größeren Eleganz zurücktritt. Daher halten seine Boote genauestens das, was sie versprechen. Hervorzuheben ist noch die Uneigennützigkeit Tillers, mit der er seine Kenntnisse in den Dienst der Sache gestellt hat. Als Beweis dient nicht nur sein Buch, das in neuer Auflage mit neuen Rissen vorliegt, sondern auch die Tatsache, daß er stets auch in Zeitschriften seine Risse mit allen Einzelheiten veröffentlichen läßt unter Nichtachtung der Gefahren des unbefugten Nachbaues.

Der hier gebrachte Riß ist älteren Datums, jedoch als solcher kaum anders erkennbar als durch seine geringe Länge von 4,35 m. Trotzdem dürfte er heute noch infolge seiner vorzüglichen Wendigkeit seine Liebhaber finden. Er eignet sich besonders für (schmale) Gewässer mit vielen Windungen.

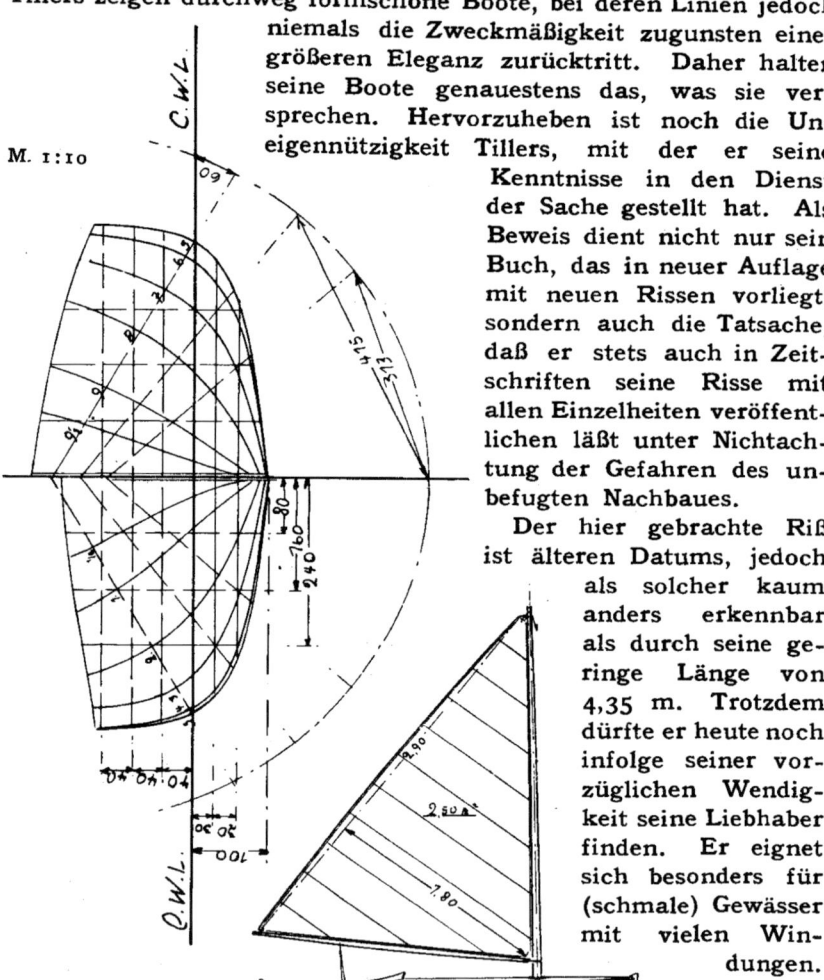

M. 1:10

74

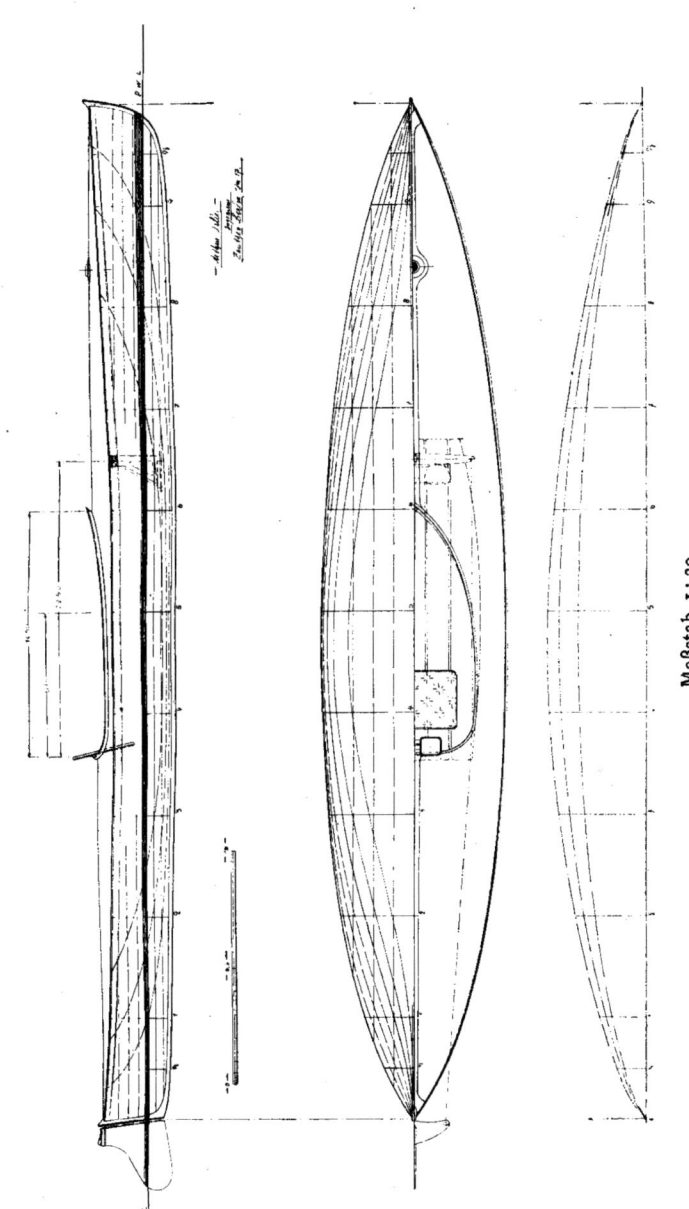

Maßstab 1:30.

Leichter Einerkajak für Trainings- und Tagesfahrten,

Klasse II a des D. K. V.

entworfen von A. Tiller, Berlin-Charlottenburg.

Länge über Alles 5,00 m, in der C. W. L. 4,545 m, größte Breite 0,600 m,
Freibord 0,165 m, Gewicht etwa 30 kg.

Ein neues Boot Tillers, den letzten Bestimmungen des Kanu-
Verbandes angepaßt, geeignet für Fahrten ohne viel Gepäck.
Beachtenswert ist der leichte Sprung der Deckslinie gegen den
Vordersteven, der leider den meisten modernen Konstruktionen
fehlt, dem Boot aber bessere Eigenschaften im bewegten Wasser
verleiht, ohne die Rassigkeit der Linien zu vermindern.

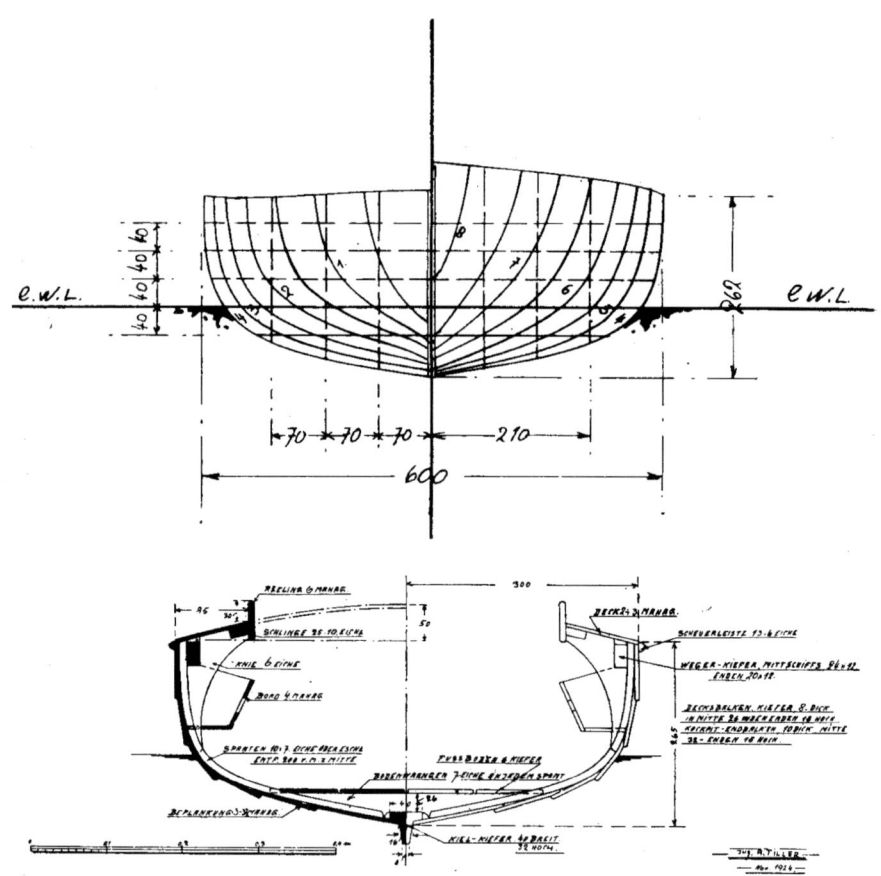

Maßstab 1 : 10.

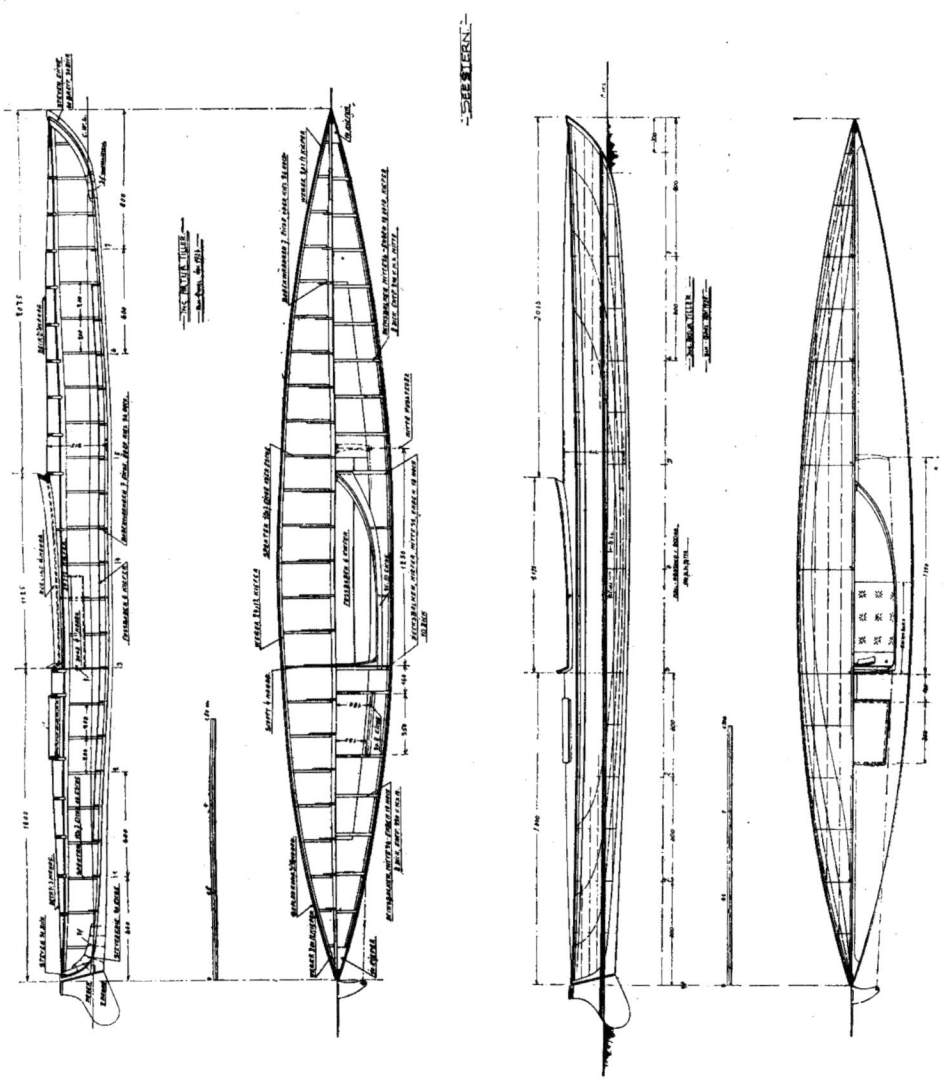

Maßstab 1 : 40.

77

Einerkajak,

Klasse II a des D. K. V.

entworfen von C. E. Heymann, Berlin-Steglitz.

Maßstab 1:40.

Länge 5,00 m, Breite 0,60 m, Raumtiefe 0,22 m.

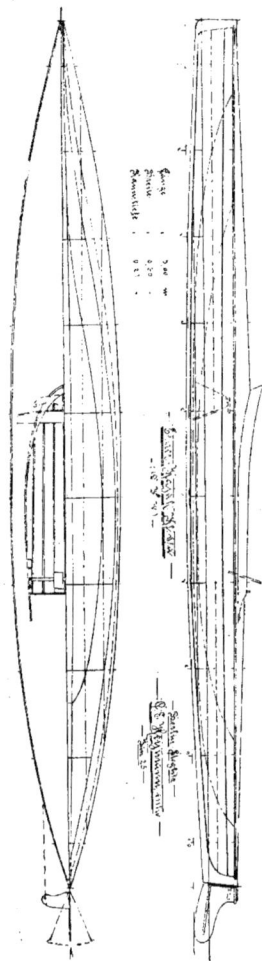

Die Klasseneinteilung des Deutschen Kanu-Verbandes ist systematisch nach dem Verwendungszweck der Boote aufgebaut. Sie unterscheidet zwischen Rennkajaks, Kajaks für Übungs- und Tagesfahrten und Kajaks für Wanderfahrten oder längere Reisen. Dementsprechend sind die Abmessungen für die einzelnen Klassen in größter Länge, geringster Breite, Mindestraumtiefe, Mindest-Freibord bei bestimmter Belastung und normaler Fläche für Treibsegel festgelegt.

Es können also in jeder Klasse, die außerdem noch für Einer und Zweier unterteilt sind, kürzere Boote, als zugelassen, gebaut werden, wenn dies z. B. des Bahntransportes wegen oder sonstwie wünschenswert ist, aber nicht schmalere oder niedrigere, als dies ein bestimmter Sicherheitsfaktor für die einzelnen Klassen zuläßt.

Der Verband hat mit diesen Vorschriften, die von einer Kommission von Berufskonstrukteuren ausgearbeitet wurden, Richtlinien für Entwurf und Bau von Booten und dadurch die Gewähr gegeben, daß sie in jeder Beziehung den Anforderungen entsprechen, die ihre Zweckbestimmung nötig macht.

Daneben geben die Klassenvorschriften aber noch hinreichenden Spielraum, um Wünsche nach größerer Schnelligkeit, Geräumigkeit oder Seetüchtigkeit besonders berücksichtigen zu können, so daß auch Sonderkonstruktionen möglich sind, die in der Tat denn auch vielfach für die verschiedenen Klassen begehrt werden.

Trotzdem ist es aber der Bootsbauindustrie ermöglicht, klassengerechte Normaltypen im Serien- oder Reihenbau herzustellen, und sie hat sich bereits vielfach darauf eingestellt.

Nach alledem kann daher Liebhabern des Kanusports nur geraten werden, klassengerechte Boote anzuschaffen, deren Konstruktion für die verschiedensten Verwendungszwecke und Gebiete bereits auf einer hohen Entwicklungsstufe angelangt ist. Mitgliedern von Verbandsvereinen steht der Vereins- oder Kreisbootwart zur Seite, dem die Prüfung über vorschriftsmäßige Abmessungen, Bauausführung und Vermessung obliegt.

Der abgebildete Einerkajak, entworfen von dem Bootswart des Deutschen Kanu-Verbandes, entspricht den Vorschriften für

die kleinste Klasse II a. Er ist für Tagesfahrten als besonders schnelles Boot entworfen und klinker gebaut. Daher ist die erlaubte größte Länge von 5 m auch in der Wasserlinie voll ausgenutzt; dagegen nur die geringst zulässige Breite von 0,60 m und die geforderte geringste Raumtiefe von 0,22 m gewählt. Da das Boot für die starkbefahrenen Berliner Gewässer bestimmt ist, wurde gute Wendigkeit gewünscht, weshalb der Kiel vorn und hinten, wie übrigens jetzt allgemein üblich, gut aufgeholt und ein Fußsteuer eingebaut ist. Ausreichende Formstabilität verleiht dem Boot die allgemeine Linienführung in „Schwedenform", die auch gutes Nehmen von Seegang und trockenes Fahren gewährleistet. Ein erfahrener Paddler wird auch in den langen Stauräumen noch eine ganze Menge Gepäck unterzubringen wissen.

Von Berliner Paddlern wurde das Boot bereits auf einer Fahrt durch die Mecklenburger Gewässer erprobt, und es hat sich bestens bewährt.

Leichter Einerkajak für Tagesfahrten,

Klasse II b des D. K. V.,
entworfen von A. Tiller, Berlin-Charlottenburg.

Länge über Alles 5,00 m, in der C. W. L. 4,725 m, größte Breite 0,660 m, Freibord 0,168 m, Tiefgang bis Sponung 0,10 m, Treibsegel 2,00 qm.

Ebenfalls ein neuer Riß Tillers. Das Boot könnte der Normaltyp des modernen Einers für jede Fahrt werden. Es ist so stabil in seinen Spanten, daß es sehr wohl ein Treibsegel von 2 qm Fläche verträgt. Im übrigen stellt es als Boot der Klasse II b eine etwas bequemere und geräumigere Konstruktion dar als der vorher gezeigte Einerkajak der Klasse II a. Aus den Plänen sind Schwedenform und alle Einzelheiten der Bauausführung gut zu entnehmen.

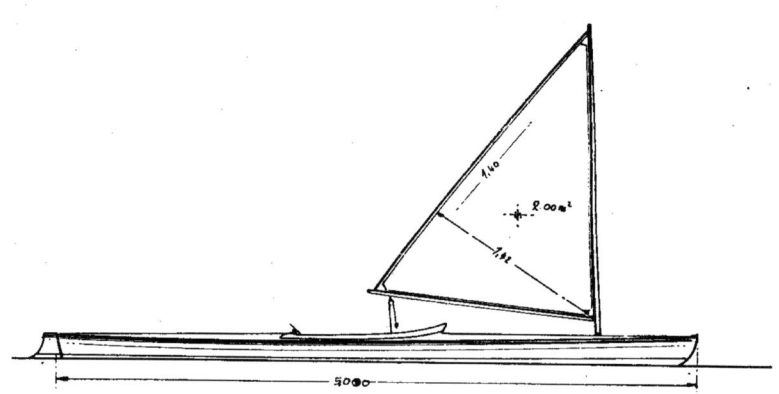

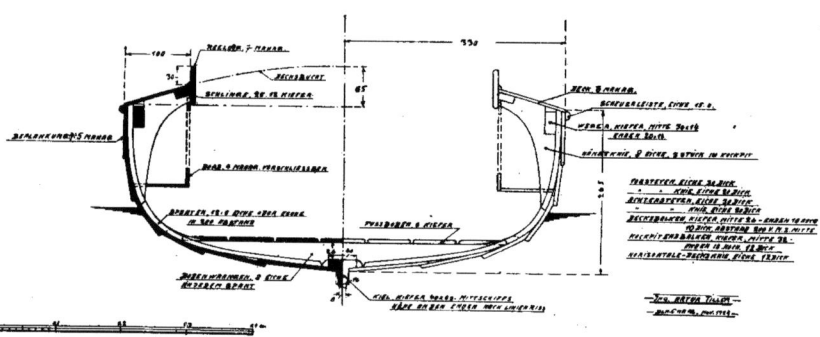

80

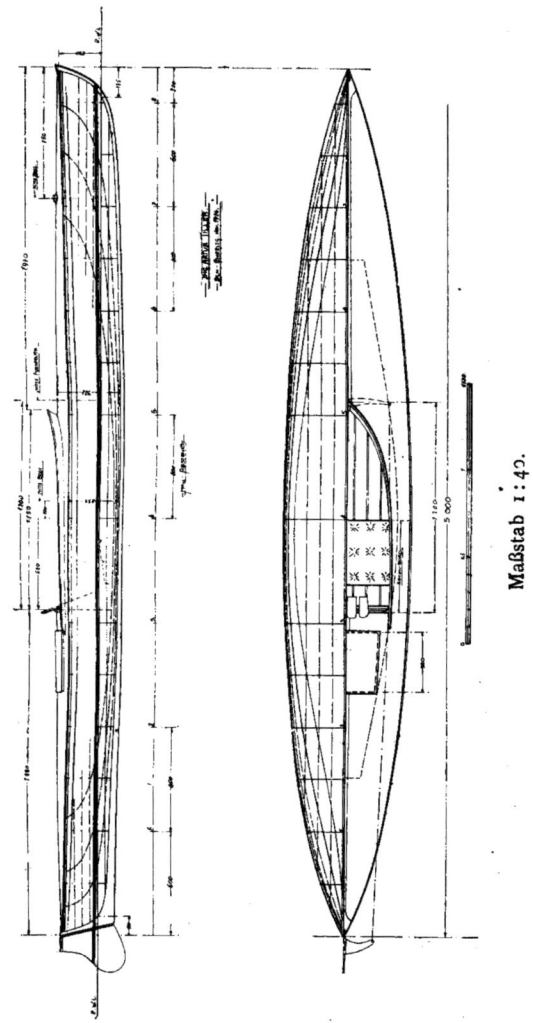

Maßstab 1 : 42.

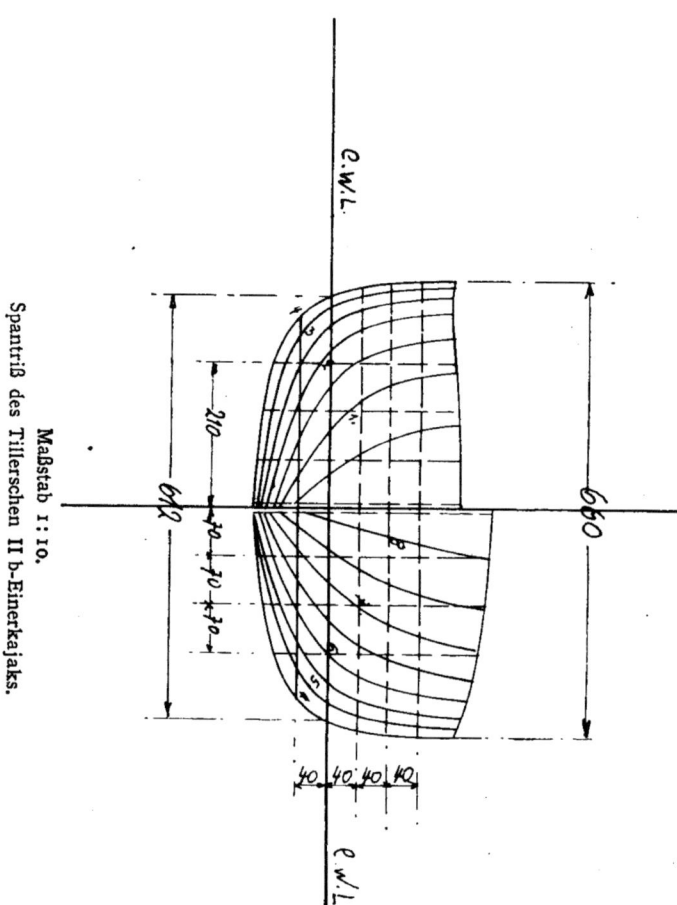

Maßstab 1 : 10.
Spantriß des Tillerschen II b-Einerkajaks.

82

II b-Einer v. Heymann (Ausführung mit glattem Vordeck).

Wander-Einer (sogen. Fischform) des Amateurkonstrukteurs Volck, Berlin.
Die Volck'schen Risse sind nicht reproduktionsfähig gezeichnet und
konnten daher in diesem Buche nicht gebracht werden.

Einer-Wanderkajak,

Klasse II b des D. K. V.,

entworfen von Oberingenieur C. E. Heymann, Berlin-Steglitz.

Größte Länge 5,00 m, größte Breite 0,64 m, Freibord 0,15 m.

Bei Anlehnung an den Schwedentyp läßt sich ein Boot schaffen, das in seinem Äußeren rennbootartig aussieht, aber ganz hervorragende Wandereigenschaften in puncto Stabilität, Schnelligkeit, Seetüchtigkeit und Geräumigkeit besitzt, wie es aus dem hierbei abgebildeten Riß augenscheinlich hervorgeht. Der Einer ist für ausgedehnte Reisen in Schweden für Mitglieder des Kanu-Klubs am Wannsee entworfen und in Klinker-Bauart ausgeführt worden. Die Decksluken vorn und hinten betonen seinen Charakter als Wanderkajak, und mit einer größten Breite von 0,64 m steht er gerade an der unteren Grenze der II b-Klasse, hat aber mehr Raumtiefe, wie für dieselbe vorgeschrieben, und auch einen um 2 cm höheren geringsten Freibord, als solchen die neuen Vorschriften verlangen. Die verhältnismäßig große Länge ermöglicht eine so günstige Führung der Wasserlinien, daß ein ziemlich weit ausfallender Vorsteven aus dem Kielstrak auslaufen kann, dessen Form das Landen an flachen Ufern erleichtert. Auf einen Sprung der Bordwand ist verzichtet worden; einmal des rassigeren Aussehens halber, hauptsächlich aber deshalb, weil bei gleicher Freibordhöhe vorn und hinten der Freibord in der Mitte, wo er so 15 cm trägt, um 3 cm niedriger geworden wäre, was zur Erzielung möglichst großer Seetüchtigkeit nicht wünschenswert war.

II b-Einer des K.-Cl. am Wannsee (Ausführung mit Luke im Vorschiff).

Der Kanu-Klub am Wannsee verfügt bereits über eine größere Zahl dieser Boote, sowie über eine Reihe anderer Einerkajaks und ist nach der Ansicht des Konstrukteurs, der zurzeit das Amt des Verbandsbootswarts des D. K. V. hat, der erste Verein, der wieder in größerem Maße das Fahren im Einer durchgeführt hat. (S. Abschnitt 3 der Einleitung.)

✦✦

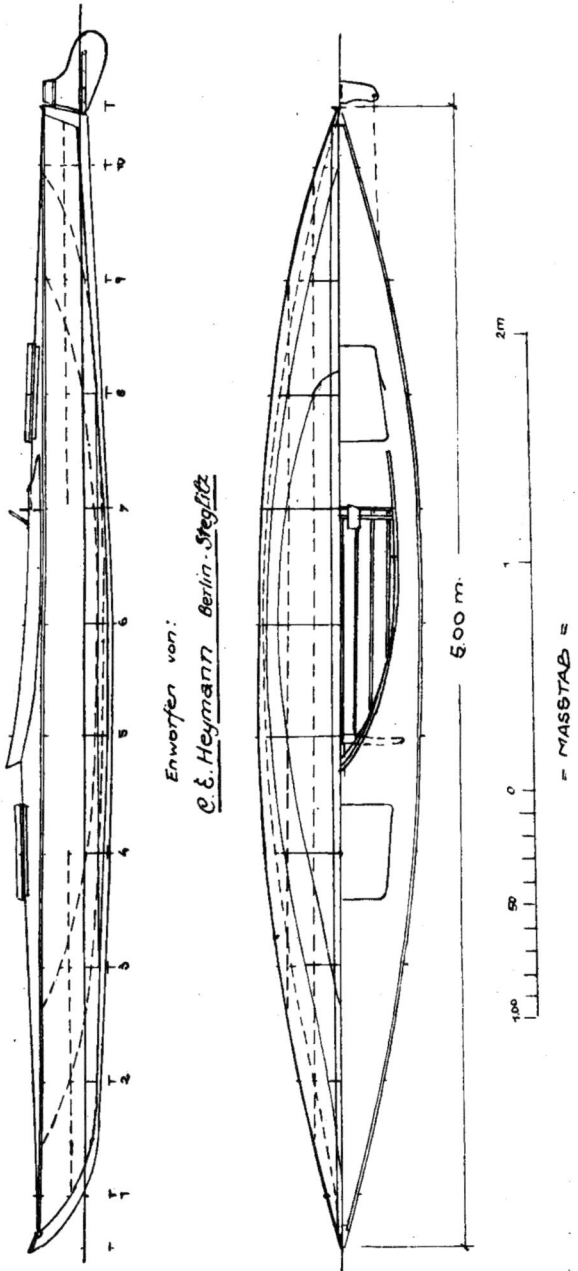

Enworfen von:
e. E. Heymann Berlin-Steglitz

5,00 m.

2m

MASSTAB =

5,40 m Segelkajak, zugleich Einer mit und ohne Steuermann sowie Doppelkajak,

entworfen von Otto Protzen, Berlin-Wannsee.

Maßstab der Pläne 1 : 40, des Segelrisses 1 : 80.

Größte Länge 5,50 m, größte Breite 1,10 m, geringster Freibord 0,22 m, Rumpftiefgang 0,11 m, Tiefgang mit Schwert 0,67 m, Großsegel 4,75 qm, Besan 3,00 qm, Am-Wind-Segelfläche 9,25 qm.

Das nachfolgend beschriebene Boot für große Reisen hat der kürzlich verstorbene Pionier des Wasserwanderns, Otto Protzen, für seinen Privatgebrauch entworfen. Sein Gesundheitszustand hinderte ihn an der Bauausführung. Er gedachte, es allein zu meistern und nur im Notfall noch einen zweiten Bordgast darin aufzunehmen, falls dieser auf eine Schlafgelegenheit im Boot verzichtet und nebenan im Schlafsack, unterm Zelt oder im nahen Gasthof unterzukriechen bereit ist. Seine Baubeschreibung lautet:

,,Der Freibord ist reichlich gewählt, um auch die See aufsuchen zu können. So ein Boot, besonders bei seiner für das Segeln günstigen Breite von 1,10 m, ist aber kaum noch zu paddeln; denn in schmalen Kanälen oder Flußläufen ist Kreuzen nicht jedermanns Sache und Treideln oft unmöglich.

Aus diesem Grunde war die Möglichkeit vorgesehen, das Boot mit Rudern fortzubewegen, wobei man größere Kraft als mit dem Paddel entfalten kann. Die Ruder sind 25 cm kürzer als bei den Skullbooten üblich. Infolgedessen kann man sie unter Deck von Schott zu Schott noch verstauen, genau wie die gleich langen Masten und Spieren.

Der Rudersitz, ebenso wie die abnehmbaren Ausleger und das Fußstemmbrett, ist von der Mitte aus um 0,50 m nach vorn verlegbar, um die Schwimmlinie zu verbessern, falls ein zweiter Bordgast am Steuer Platz nimmt.

Die Steuerpinne faßt halbmondförmig um den Besanmast; ihre Form erleichtert wie bei den Jollen das Steuern beim Hochbordsitzen.

Jedem Ruderer ist es bekannt, daß die Höhe der Riemengabeln über dem Sitz verschieden sein muß je nach der Größe des Ruderers und je nach der Tauchung des Bootes. Bei Wanderbooten also ist es von Vorteil, dieses Maß je nach der Menge des Gepäcks und der Zahl der Bordgäste verändern zu können. Diese Aufgabe wurde dadurch zu lösen versucht, daß der sonst stets nach unten stützende Arm des Auslegers als Zugstange nach oben auf das seitliche Deck dicht beim Waschbord geführt wurde. Dort ist eine Lochschiene in Winkelform angebracht. Je nach Wahl des Lochs, in dem man den Auslegerarm einhakt, verlängert oder verkürzt sich die Entfernung von der Riemengabel zum Bord.

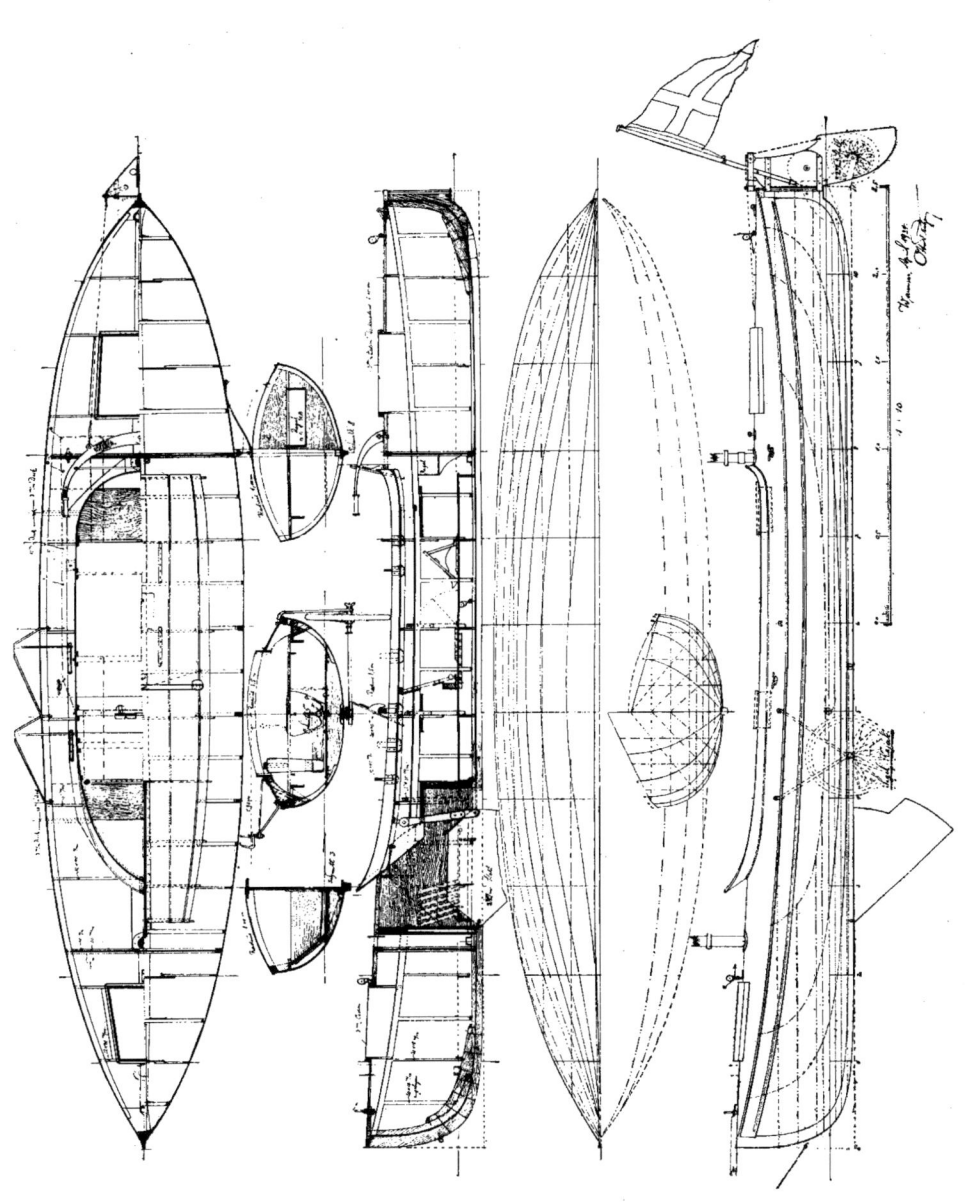

87

Da die beiden anderen nach vorn und hinten stützenden Auslegerarme sich in den an den Spantköpfen befestigten Augbeschlägen drehen, steigt oder fällt die Höhe der Riemengabel.

Der Hals des Vorsegels wird durch einen Block ausgeholt am Bugspriet, das leicht zu entfernen ist, wenn es nicht gebraucht wird. Denn das Boot segelt auch ohne den Klüver; besonders wenn es nur mit einer Person und nicht zu vielem Gepäck belastet ist. Gegebenenfalls mit gerefftem Besan. Das Großsegel sowie der Besan können gerefft werden durch Umdrehen um die Bäume; die feste Metallgabel am Hals, die unter einen Anschlag rund um die Masten greift, verhindert das Abrollen und Hochrutschen.

Das Besansegel hat keinen Fall, aus dem Topp des Mastes ragt ein starker Dorn, über den eine an der Gaffel beigezeiste Kausch gehakt wird. Mit Rücksicht auf die Möglichkeit des Reffens muß an der Besangaffel an entsprechender Stelle eine zweite Kausch befestigt werden.

Das punktiert eingezeichnete Fahrtgestell für Überlandbeförderung des Bootes hat sich häufig bewährt. Auch dieses ist bequem im Boot zu verstauen und wiegt nur 11 kg.

Das aufholbare Steuerblatt sowie das Schwert sind aus Aluminium von 4—5 mm Stärke gedacht."

Ein solches Boot eignet sich kaum für den von der Hast und Nervosität der Zeit ergriffenen Paddler. Es sollte zu beschaulichen Studienreisen und Künstlerfahrten dienen, die an keinen zeitlich begrenzten Urlaub gebunden sind. Kanufahrer dieser Art dürften aber sehr selten sein.

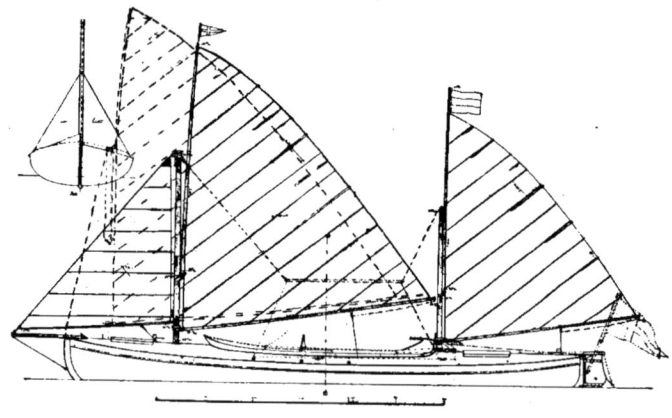

II. Zweierkajaks.

5 m-Scharpiekajak „Faun",

entworfen 1925 von Ludwig Dinklage, Hamburg, und mehrfach gebaut.

Maßstab der Pläne 1 : 40, des Segelrisses 1 : 80.

Größte Länge 5,00 m, größte Breite 0,80 m, Seitenhöhe 0,255 m, Segelfläche 3,00 qm.

Da das rundspantige kleine Boot für eine erhebliche Anzahl kanusportlich begeisterter Wasserwanderer doch noch unerschwinglich erscheint, ist in letzter Zeit nicht zum wenigsten durch die wirtschaftlich schweren Verhältnisse herbeigeführt, die Nachfrage nach billigen, einfach, gegebenenfalls im Selbstbau herzustellenden Wanderbooten wieder recht rege geworden.

Nachstehend die Pläne eines solchen Bootes, vom Reißbrett des Hamburger Konstrukteurs Dinklage: Dieser Kajak darf für seine Zwecke als besonders geeignet erscheinen und hat sich auch, soweit er bisher verwendet wurde, in allen „Gangarten" trefflich bewährt.

Der von der Plicht aus zugängliche Stauraum ist geräumig genug für die bescheidene Reiseausrüstung der beiden Wasserwanderer, die das Bootchen aufnehmen kann.

Die kleine Hilfsbesegelung für Raumschots- und Vorwindstrecken ist infolge ihrer zweckmäßigen Dimensionierung ganz gut in der Plicht unterzubringen und wird als dienstbarer Geist sehr oft angenehm empfunden werden.

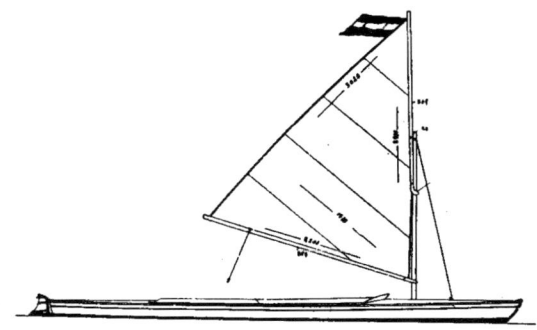

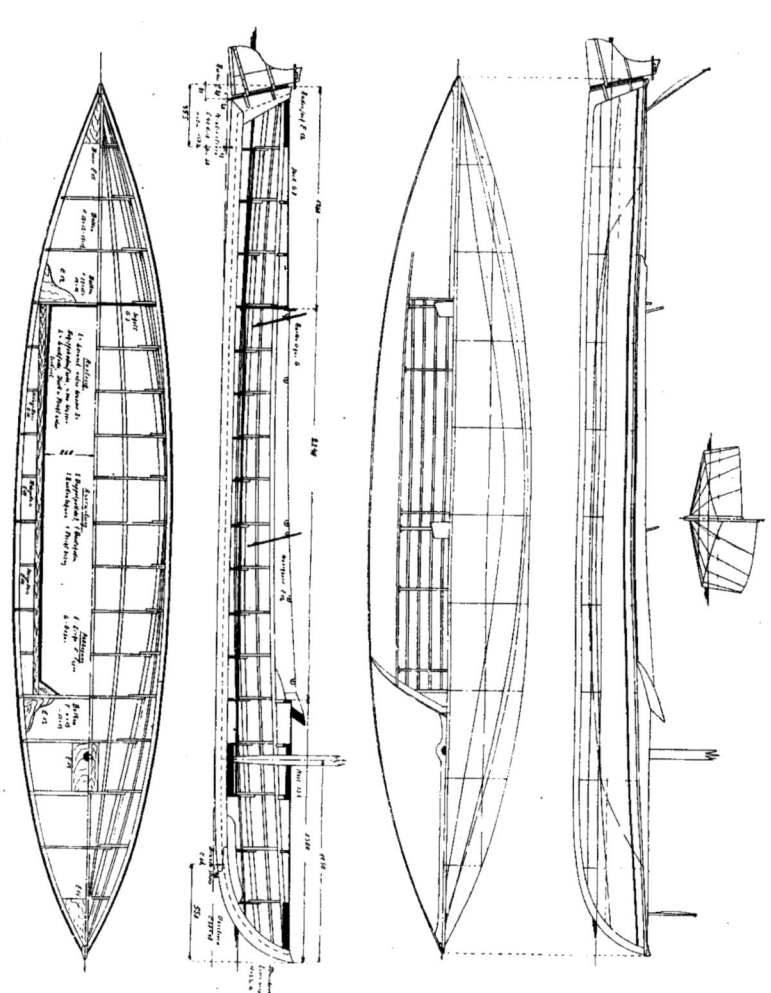

5 m-Scharpiekajak „Faun" (Dinklage).

Scharpiekajak,

entworfen von Dipl.-Ing Friedrich Popp, Werder a. H.

Maßstab der Pläne 1:40.

Größte Länge 5,00 m, größte Breite 0,75 m, Seitenhöhe 0,28 m,
Treibsegel 3,00 qm.

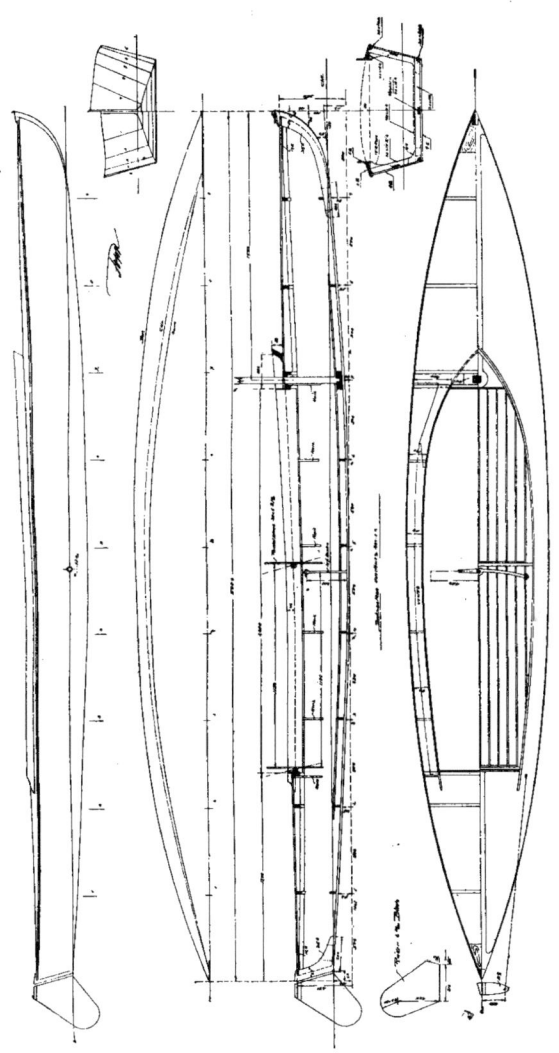

Leichtes 5 m-Wanderkanu mit Treiber,

entworfen von A. Tiller, Berlin-Charlottenburg.

Maßstab der Pläne 1 : 40, des Querschnittes 1 : 20, des Segelrisses 1 : 80.

Größte Länge 5,00 m, größte Breite 0,75 m, Seitenhöhe 0,25 m, Segelfläche 3,00 qm.

Verkappte, wenn auch meist leichtfüßige Rennkanus, sind nichts für den Wanderpaddler und ihre Verwendung als Wanderboote bestraft sich meist selbst durch mancherlei unangenehme Eigenschaften und Bequemlichkeiten.

Die Betrachtung der nachstehend wiedergegebenen Pläne vom Reißbrette Tillers, bekanntlich einer der konstruktiven Pioniere des heutigen deutschen Kanusports, läßt den Wissenden sofort das wirkliche Wanderboot erkennen.

Die volle, wohlproportionierte Spantform und das etwas ausgezogene Mittelschiff gewährleisten gute Stabilität und Tragfähigkeit, während die elegant geschwungenen Enden guten Vorwärtsgang und angenehmes Arbeiten auch bei etwas Seegang genau verbürgen.

Stauraum für das bescheidene Gepäck der beiden Fahrtgenossen ist genügend vorhanden, und auch das Zelt zum Übernachten und für regnerische Tage findet seinen Platz.

Das kleine Treibersegel von etwa 3 qm Fläche ist so bemessen, daß es zusammen mit den leichten Rundhölzern ebenfalls noch im Bootsinnern untergebracht werden kann, ohne die Bequemlichkeit der beiden Insassen zu beeinträchtigen.

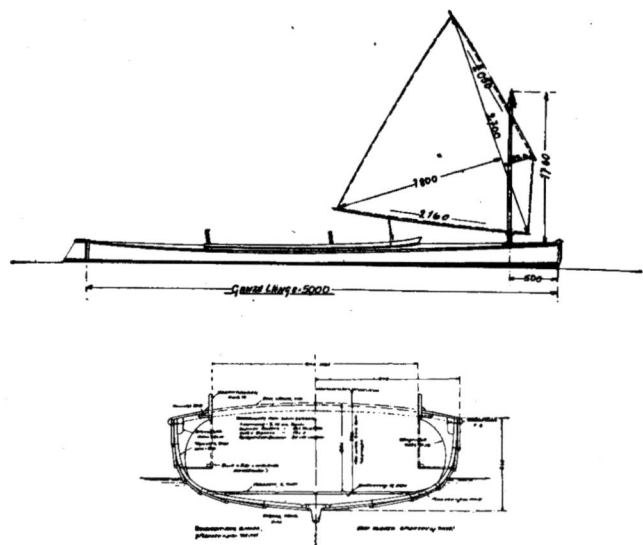

Alles in allem dürfte dieses Boot, das schon oft gebaut ist und sich in allen Lagen gleichmäßig gut bewährt hat, der aufmerksamen Beachtung aller Wanderpaddler empfohlen werden.

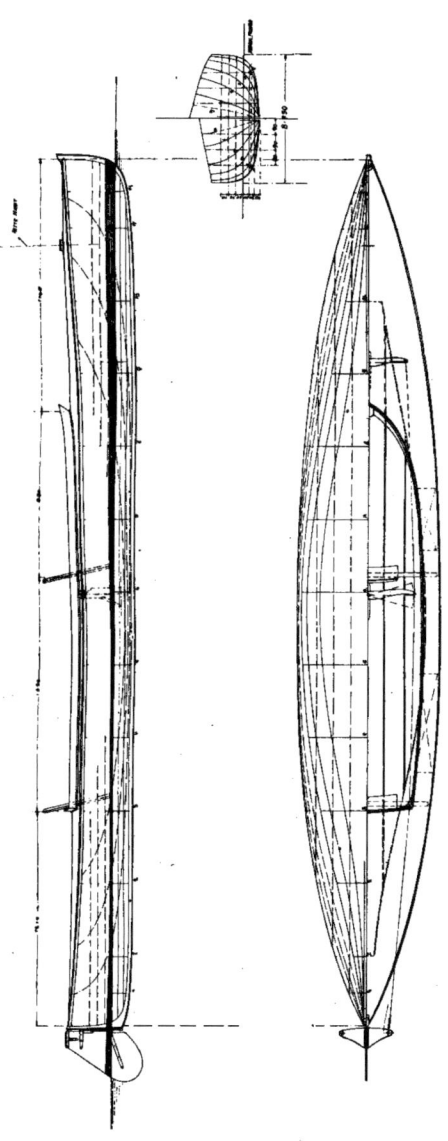

Bezogener Wanderkajak „Pfadfinder",

entworfen von Ludwig Dinklage, Hamburg, 1925 mehrfach gebaut.

Maßstab der Pläne 1 : 40, des Segels 1 : 80.

Größte Länge 5,00 m, größte Breite 0,74 m, Seitenhöhe 0,26 m, Verdrängung 0,19 cbm, Segelfläche 2,50 qm.

Die Tatsache, daß größere Gewichtsunterschiede in der Besatzung sehr verschiedene Formen und namentlich Verdrängungen bei den gerade für veränderte Belastung sehr empfindlichen Kajaks bedingen, bringt es mit sich, daß die Standardisierung von Wanderkajaks außerordentlich schwierig, ja nahezu unmöglich ist.

So wird es für den interessierten Laienleser verständlich sein, daß die Pläne verschiedener, aber für den gleichen Zweck bestimmter Kajaks, in ihren Abmessungen teilweise sehr voneinander abweichen, auch wenn sie von demselben Konstrukteur stammen.

Der Entwurf eines wirklich brauchbaren und unter geringst möglichem Kraftaufwand vorwärts zu bewegenden Wanderkajaks erfordert daher auch eine Summe von Erfahrungen, die nur durch eigene Praxis erworben und nicht von heute auf morgen gesammelt werden kann.

Der kluge Wanderpaddler wird sich daher vor Beschaffung eines neuen Bootes zweckmäßig von einem auf diesem Gebiete erfahrenen Konstrukteur beraten lassen und immer besser daran tun, sich ein Boot „nach Maß" bauen lassen, als sich eins „von der Stange" zu kaufen.

Die nachstehend wiedergegebenen Pläne eines bezogenen Wanderkajaks vom Reißbrett des Hamburger Konstrukteurs Ludwig Dinklage zeigen ein nach Art der kanadischen Kanus besonders leicht gebautes Boot (Karweel mit Leinwandbezug).

Es unterscheidet sich von den sonst allgemein im Klinkerbau ausgeführten Booten durch die oben bereits erwähnte Bauart.

Das kleine an Mast und Baum fest angereihte Treibsegel wird zusammen mit den Spieren in einen Bezug gesteckt und läßt sich im Boot verstauen, ohne merklich zu stören.

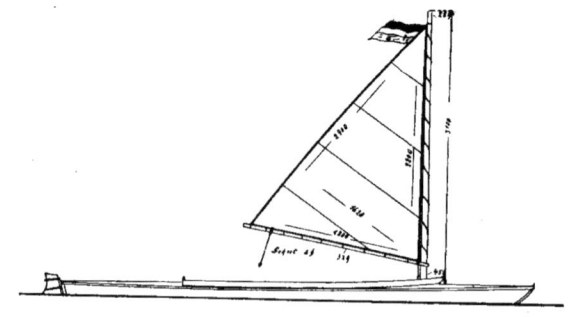

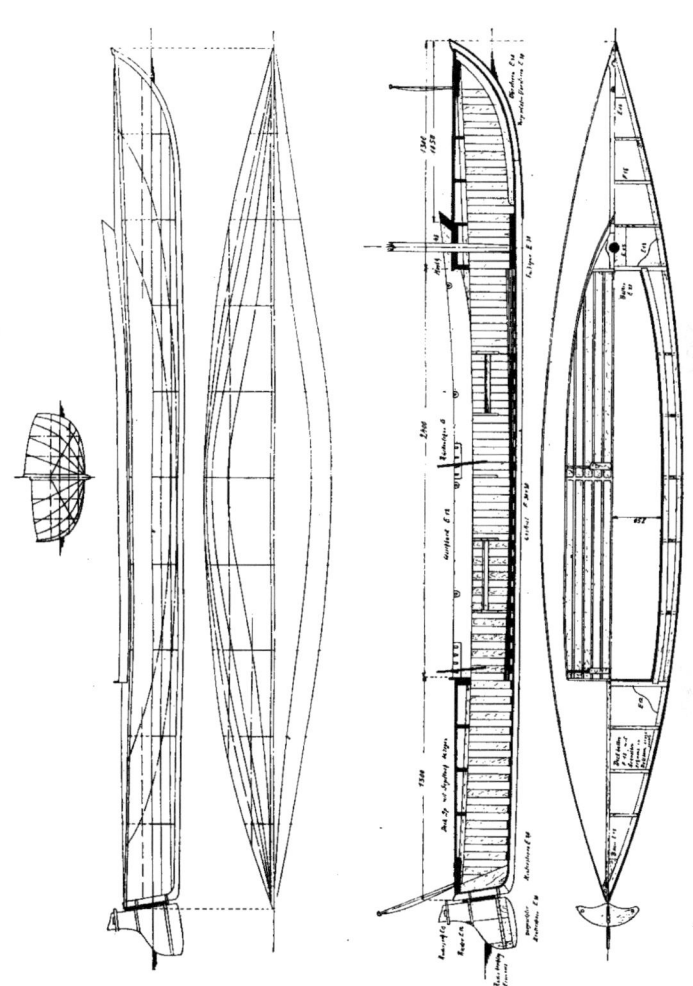

95

5,20 m Leinwand-Kajak,

entworfen von Dipl.-Ing. F r i e d r i c h P o p p, Werder a. d. Havel.

Maßstab der Pläne 1 : 40, des Segelrisses 1 : 80.

Größte Länge 5,20 m, größte Breite 0,80 m, Tiefgang 0,13 m,
Treibersegel 3,00 qm.

Der sogenannte Leinwand-Kajak war stets und ist es wohl auch heute noch der Traum der meisten „Eigenbauer". Zwar hat das Scharpieboot ihm viele Anhänger abspenstig gemacht, seine doch immerhin runde Spantform und ein deswegen eleganteres Aussehen, sein leichteres Gewicht und manche anderen Vorzüge haben die Stellung des Leinwand-Kajaks aber immer wieder behauptet, werden ihm in Zukunft jedenfalls sogar den Vorrang geben.

Diese Leinwand-Kajaks zum Selbstbau haben im Laufe der Jahre manche Wandlung erfahren.

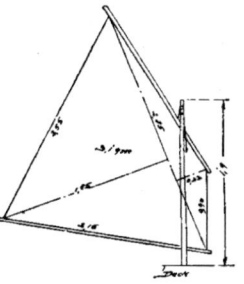

Vor etwa 20 Jahren sah man solche Boote, etwa 3,50—4,00 m lang und etwa 0,70—0,75 m breit, mit einem verhältnismäßig sehr kräftigen und schweren Gerüst aus Kiel und Steven, dicken geschnittenen Spanten und Deckbalken sowie zahlreichen dünnen Leisten, die als Längsverband über dieses Gerippe gebogen und an den Steven befestigt waren. Eine dünne Haut aus den verschiedenartigsten Geweben war darüber gespannt und durch allerhand Anstriche wasserdicht gemacht. Durch besondere Schönheit zeichneten sich diese Boote, deren Gerüst meist sehr stark durch die Außenhaut sichtbar wurde, nicht aus.

Mit den Fortschritten, die der Kleinbootbau machte, wuchs auch die Vervollkommnung der Leinwand-Kajaks, und heute erinnern sie nur noch wenig an ihre schweren und plumpen Vor-

Fertiges Gerüst eines Leinwand-Kajaks, sehr sorgfältige Arbeit eines
Berliner Selbstbauers nach einem Riß von Eugen Volck.

gänger. Ein leichtes und zierliches Gerippe, eine kräftige und sehr feste, dabei an sich schon wasserdichte Haut aus Ballonstoff würden die kleinen Fahrzeuge wie Faltboote aussehen lassen, wenn nicht das schmucke und fein lackierte Deck aus Mahagoniholz ihre Eigenart dartun würde. Das hier abgebildete Boot ist einer der modernsten Vertreter dieser in vielen Paddlerkreisen beliebten Kajaks.

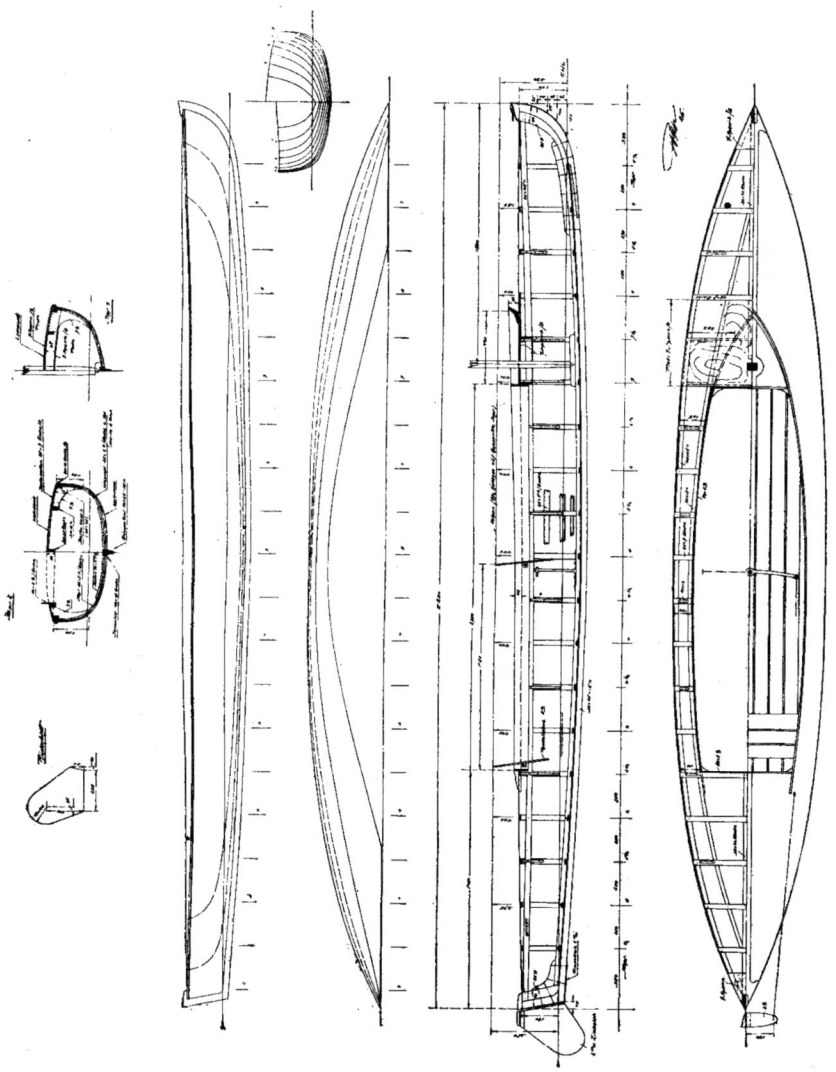

Leichter Zweier-Wanderkajak „Anitra",

Klasse II b des D. K. V.,

entworfen von A. Tiller, Berlin-Charlottenburg.

Länge über Alles 5,20 m, i. d. C. W. L. 4,545 m, größte Breite 0,72 m, Freibord
0,180 m, Treibsegel 2,50 qm.

Dieses Boot hat Tiller für seine eigenen Fahrten entworfen
und erscheint daher besonders beachtenswert. Es soll ihn auf
die Seen seiner pommerschen Heimat führen und auch auf den
Küstengebieten der Ostsee seine Flagge zeigen. Seine Maße, Spantformen und Linien lassen es daher als ein auch für rauhes Wasser
gut geeignetes Fahrzeug erkennen. Um den Transport und das
Hantieren mit dem Boot auf einsamer Fahrt zu erleichtern, ist
das Bootsgewicht durch Wahl einer Leinwand-Außenhaut möglichst eingeschränkt worden. Die eigenartige Stevenform des
Achterstevens im Verein mit der gezogenen Form des Vorder-
stevens verkürzen das Boot in C-Wasserlinie auf 4,545 m, seine
Wendigkeit vergrößernd, die Nachteile des kurzen Bootes jedoch
vermeidend.

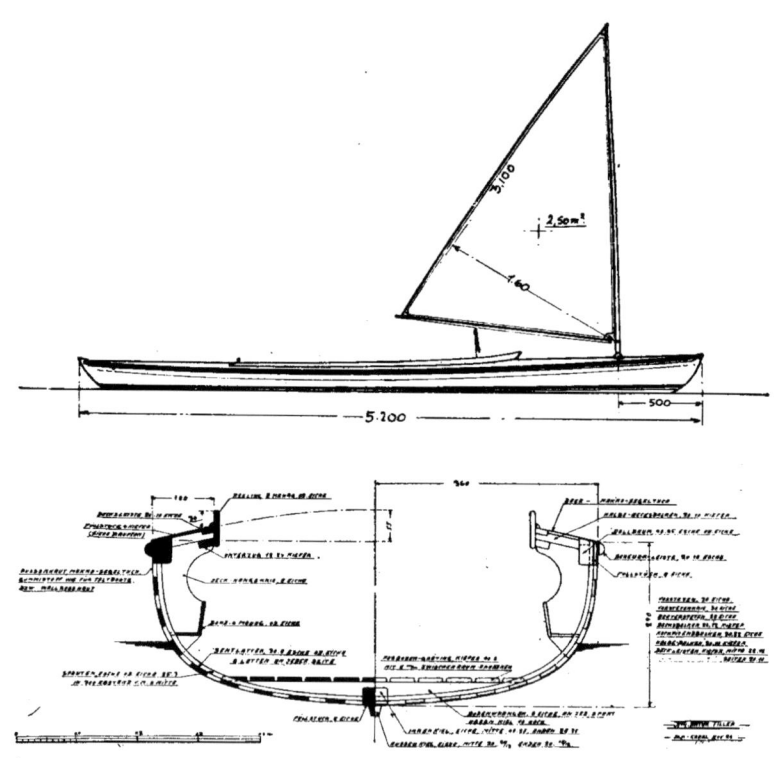

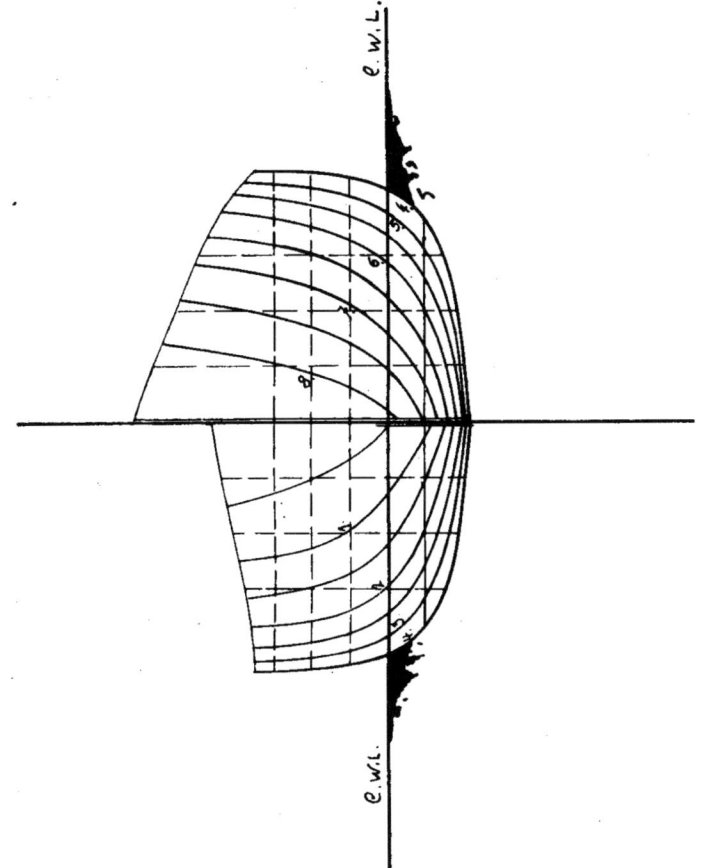

Maßstab 1 : 10.

Spantriß des Tillerschen Zweierkajaks „Anitra“,

Linienriß des Zweierkajaks „Anitra"
von A. Tiller.

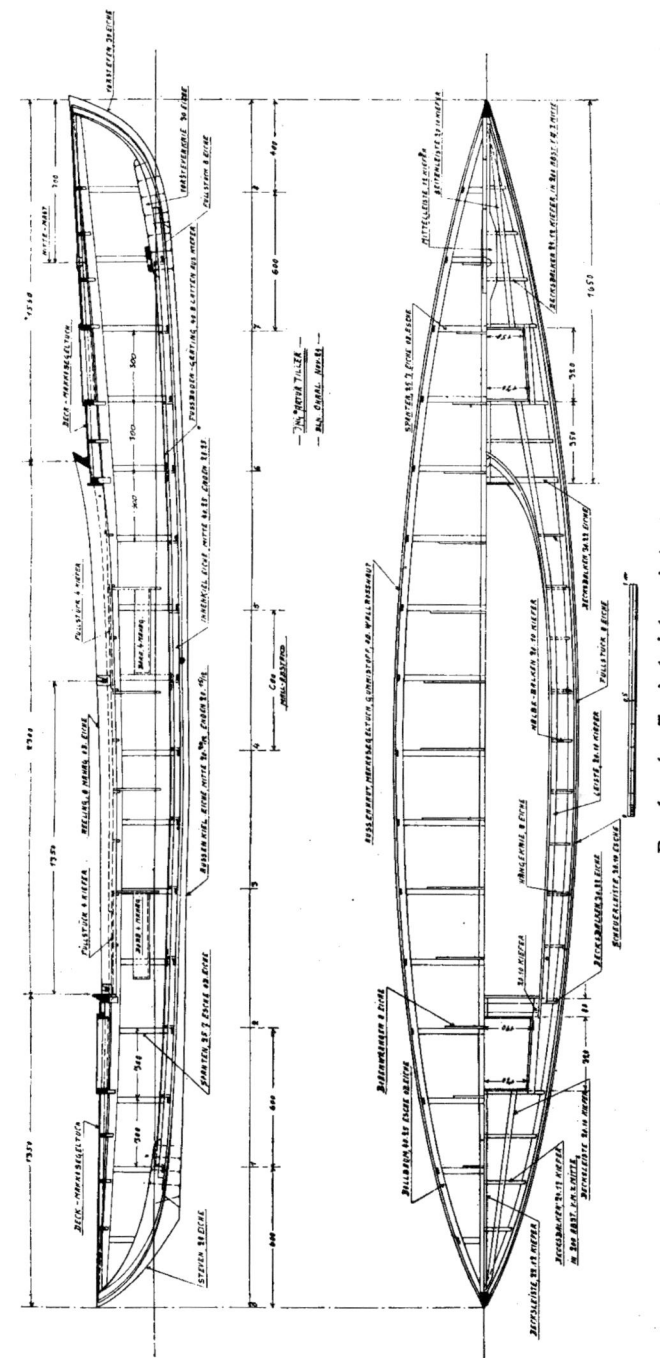

Bauplan des Zweierkajaks „Anitra"
von A. Tiller.

5,20 m-Doppel-Paddelboot mit Treiber,

entworfen von Erich Rennow, Berlin-Tegel.

Maßstab der Pläne 1 : 40, des Segelrisses 1 : 80.

Größte Länge 5,20 m, größte Breite 0,80 m, Seitenhöhe 0,30 m, Bootsgewicht etwa 50 kg, Verdrängung 0,065 cbm, Treiber 3 qm.

Aus den Zeichnungen geht alles Wissenswerte hervor. Ein bequemes, stabiles Boot, durch seine Breite von 80 cm wohl geeignet, ein Treibsegel von 3 qm zu tragen. Der Stauraum ist vom Sitzlukenausschnitt zugänglich. Die Herstellungskosten dürften nicht zu hoch sein, denn die für den Bootsbauer zeitraubende Strakung des Kiels (Aufbiegung zu den Stevenenden) fällt hier weg.

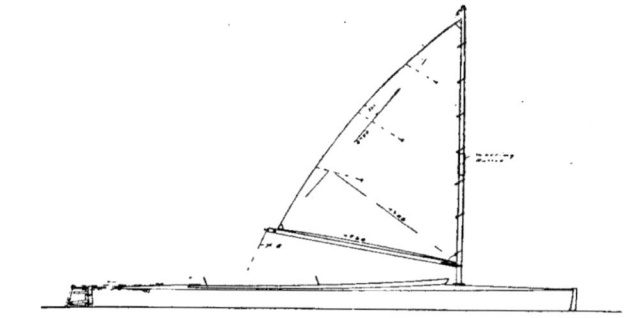

6 m-Zweierkajak nach einem Riß des bekannten Amateur-Konstrukteurs Volck, dessen Name mit der Entwicklung des Bootswesens im D. K. V. eng verknüpft ist.

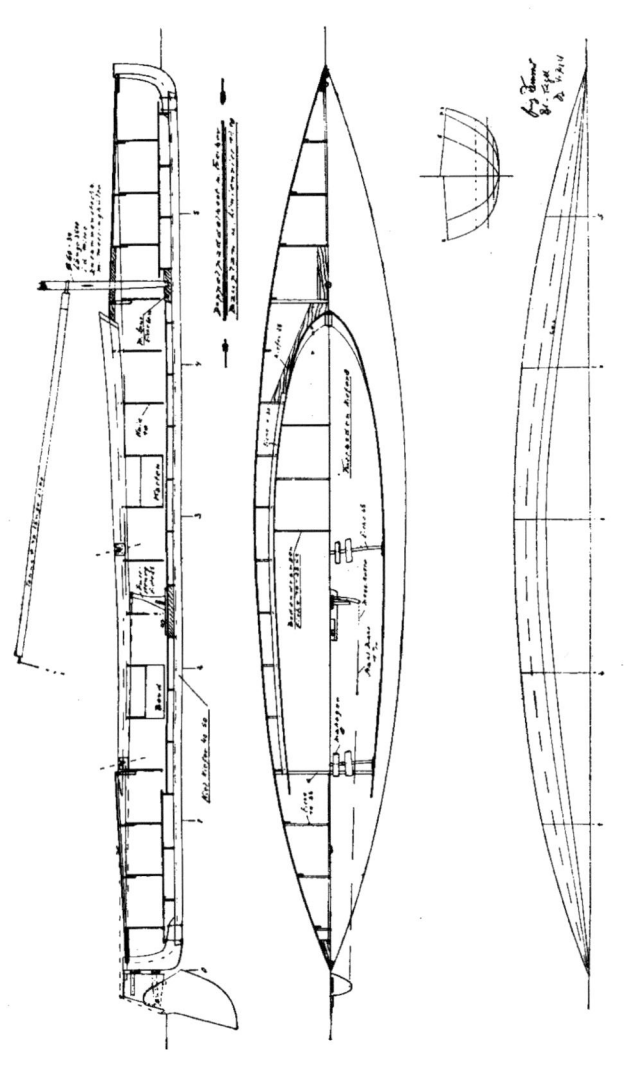

103

Zweier-Wanderkajak,

Klasse II b des D. K. V.,
Original-Fischform,
entworfen von C. E. Heymann, Berlin-Steglitz.

Größte Länge 5,20 m, größte Breite 0,755 m, Seitenhöhe 0,27 m, Umfang 1,15 m

Das Boot wurde nach Schleppversuchen mit einem Paraffinmodell entworfen und zeigt die Original-Fischform in den Wasserlinien (s. Aufsicht des Risses). Es hat eine große Stabilität, die durch Vermeidung hohler Enden erzielt wurde. Es besitzt ferner eine große Schnelligkeit infolge seiner außerordentlich günstigen, den Wasserablauf fördernden Linien und bedarf geringer Kraft für seine Fortbewegung.

Man sieht besonders an diesem Boot, daß die Fischform des Unterwasserschiffes, welches ja für die Fahreigenschaften des Bootes in erster Linie ausschlaggebend ist, durchaus nicht im Oberwasserschiff ebenso ausgeprägt zum Vorschein kommen muß. Durch die über Wasser ausfallenden Spanten des Achterschiffes wird verhindert, daß dieses bei raschem Lauf zu tief unter Wasser gedrückt wird, und daher durch schlechten Wasserablauf und dadurch entstehenden Sog die Geschwindigkeit beeinträchtigt.

In großen Serien gebaut, war dieses Boot auch schon auf Wettfahrten erfolgreich, eignet sich aber besonders als Wanderboot; genügend Stauraum ist vorhanden.

◆◆

Ungleiche Fahrtgesellen.
Links ein schwer beladener Zweierkajak, dessen Mannschaft
gute Paddeltechnik zeigt.

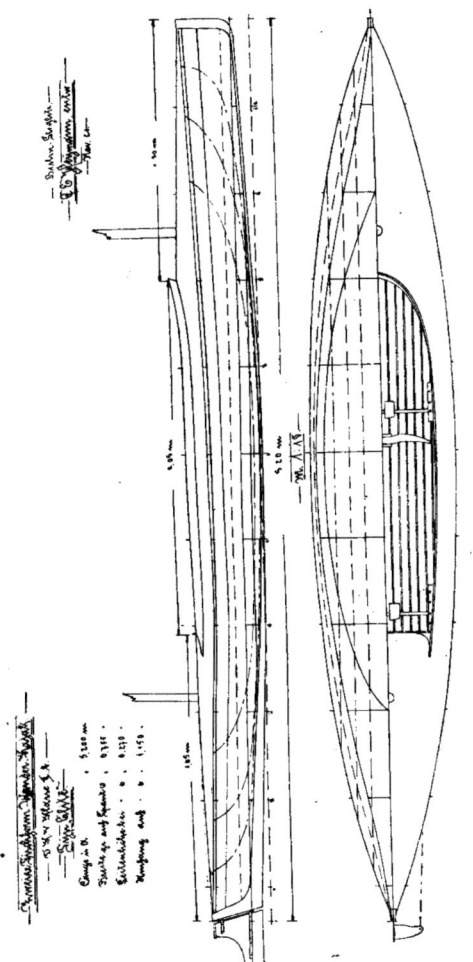

Maßstab I : 40.

105

5,20 m-Zweier-Wanderkajak,

Klasse II b des D. K. V.,

entworfen von C. E. Heymann, Berlin-Steglitz.

Maßstab 1 : 40.

Größte Länge 5,20 m, größte Breite 0,72 m, Raumtiefe 0,27 m, geringster Freibord 0,16 m, Tiefgang 0,12 m.

Das beliebteste und daher verbreitetste Boot ist heute noch der II b-Wanderzweier, und zwar nicht nur innerhalb des D. K. V., sondern weit mehr noch bei den anderen kanusportlichen Organisationen sowie bei den Einzelpaddlern. Nach einer längeren Entwicklungsperiode hat der Dresdener Verbandstag bis Ende 1928 seine größte Länge auf 5,20 m, seine geringste Breite auf 0,70 m, eine geringste Raumtiefe von 0,24 m und einen geringsten Freibord von 0,10 m mit 130 kg Vermessungsbelastung festgesetzt. Daten, die meist nur unwesentlich höher gewählt werden. Mit dem veralteten Rob-Roy-Typ hat der moderne Wanderkajak fast nichts mehr gemein. Er ist länger und schneller; durch seinen gerundeten Kiel manövrierfähiger, durch sein gewölbtes Deck geräumiger und durch seine Spantformen stabiler und seetüchtiger.

Gerade dieser Eigenschaften wegen ist er das moderne Reisekanu geworden, denn der Paddler von heutzutage verlangt in erster Linie gute Paddeleigenschaften und benutzt Segel nur selten als Hilfskraft in Form des Treibsegels.

Als Beweis dafür mag gelten, daß in der nächstgrößeren, d. h. breiteren II c-Klasse, für welche eine Belastung von 200 kg vorgesehen ist, nur höchst selten gebaut wird, weil sich die Boote dieser Klasse schwerer paddeln lassen.

Vielmehr werden, wenn größere Zuladung gewünscht wird, längere Boote der Klasse II b. L. (bis 6 m Länge) verlangt, aber fast niemals über 0,80 m Breite. Es sei denn, daß ein solches Boot mit Schwert und größerer Besegelung (5,00 qm) ausgerüstet werden soll. Aber auch dann geht man fast nie über 0,90 m Breite hinaus, da die moderne Paddeltechnik mit kurzem Paddel in breiteren Booten vom Bodensitz aus nicht mehr ausgeübt werden kann.

In unserer schnellebigen Zeit, in der nur Wenige unbeschränkte Zeit zur Verfügung haben, wird vom Kanu Schnelligkeit und

106

Leichtigkeit vorwiegend verlangt; dazu Stauraum für acht- bis vierzehntägige Reisen, denn viel länger währt die Urlaubszeit der arbeitenden Menschen selten.

Schwere Reisekanus von 0,90 m und noch mehr Breite dagegen, mit Schwert und ausreichender Besegelung, pflegen schon ihres Anschaffungspreises wegen bei uns in Deutschland leider nur ein erfüllbarer Wunsch Einzelner zu sein.

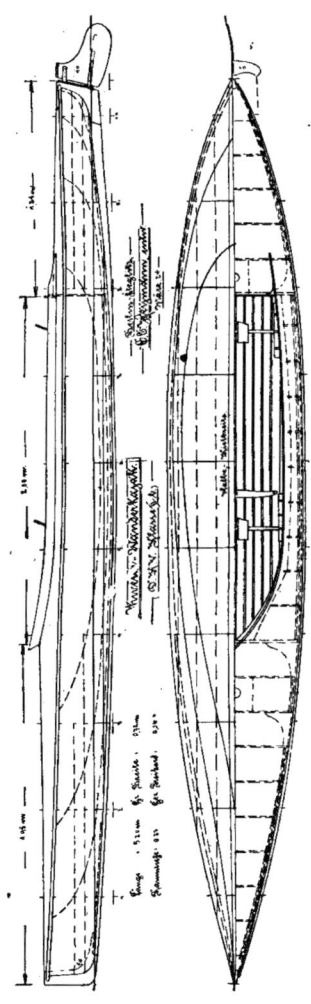

Leichter 5,60 m-Wanderkajak „Küken II",

Klasse II b L des D. K. V.,

entworfen von Kurt Miculcy, Berlin-Charlottenburg.

Maßstab 1 : 40, Hauptspantquerschnitt 1 : 20.

Größte Länge 5,60 m, größte Breite 0,75 m, Seitenhöhe 0,25 m,
größter Tiefgang 0,10 m.

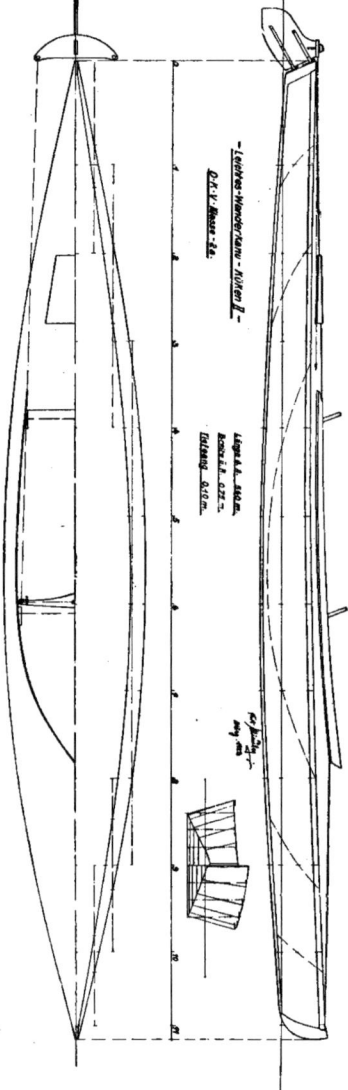

Der in den beifolgenden Rissen dargestellte Zweierkajak dürfte mit einer Länge von 5,60 m wohl die äußerste Grenze dessen erreichen, was man noch als Wanderkajak bezeichnen kann. Diese große Länge wurde gewählt, um dem Boot im Verein mit der ausgeprägten Fischform größtmöglichste Schnelligkeit zu geben. In der Tat erweckt schon die flüchtige Betrachtung der äußerst schlanken Linien zweifellos den Eindruck großer Schnelligkeit. Da das Fahrzeug noch in der Inflationszeit entstand, in der die Anschaffung eines Bootes für den gewöhnlichen Sterblichen auf große Schwierigkeiten stieß, wurde es in Scharpieform gezeichnet, um den Baupreis möglichst niedrig zu halten. Das Kastenmäßige der Scharpie wurde erfolgreich durch die Wahl eines stark ausfallenden Spantes, reichlichen Deckssprunges, sowie durch große Decksbalkenducht gedämpft.

Die sehr reichliche vordere und hintere Eindeckung sowie die obenerwähnte starke Wölbung des Decks sichern dem Boot trockenen Lauf im Wellengang. Hierzu trägt auch das scharfe Vorschiff seinen Teil bei, welches das den Scharpies eigene unangenehme „Planschen" nach Möglichkeit verhindert.

Durch die große Eindeckung wurden reichliche Stauräume erzielt, in denen ein erfahrener

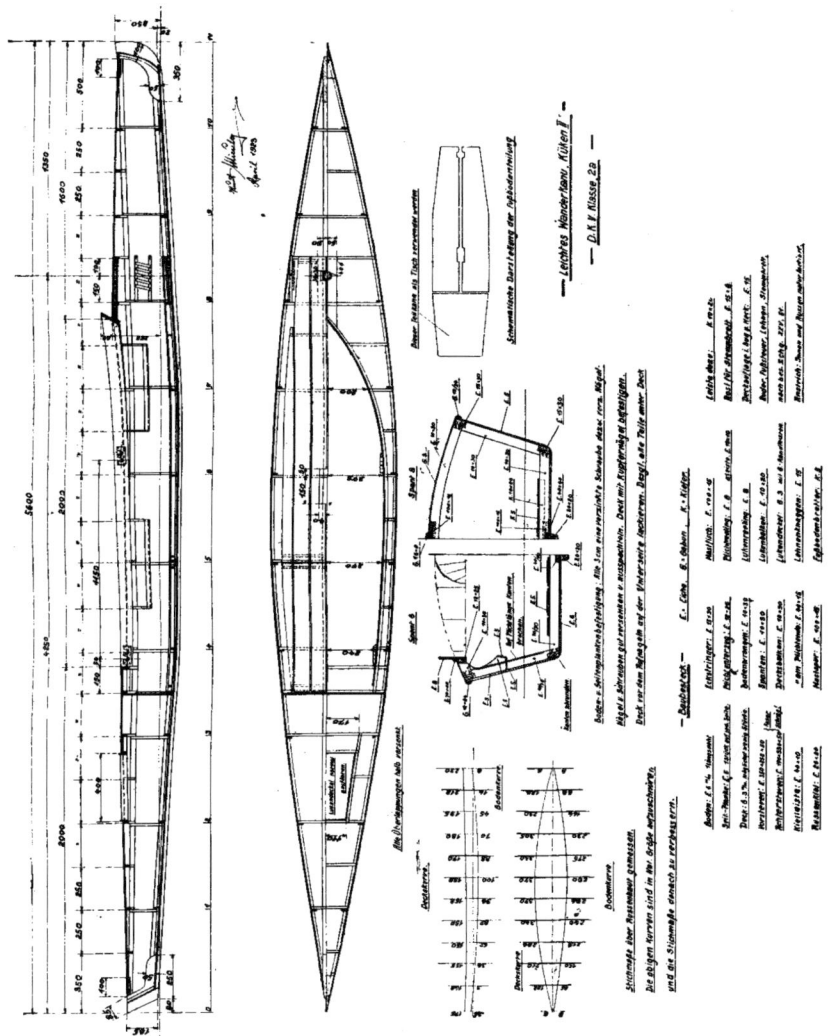

Leichtes Wanderkanu, Küken I

— D.K.V. Klasse 2a —

109

Wanderpaddler ein kleines Warenhaus für seine Fahrt unter-
bringen kann. Zwischen Spant 3 und 4 wurde ein wasserdichtes
Schott eingebaut, um den achteren Stauraum vor übergenommenem
Wasser zu schützen. An Backbord befinden sich für jeden Paddler Schwalbennester von 0,50 m Länge, in denen Kleinigkeiten
untergebracht werden können. Rückenlehnen und Fußsteuer sind
versetzbar eingerichtet (im Bauplan nicht gezeichnet), so daß das Boot
auch als ,,Einer" in normaler Trimmlage gefahren werden kann.
Die Materialstärken sind mit Rücksicht auf die Leichtigkeit sehr
niedrig gehalten. Bemerkenswert ist noch, daß der hintere Fuß-
bodenbelag als Tisch verwendet werden kann. Alle übrigen Einzelheiten sind aus dem Bauplan zu ersehen. Um raume Winde
ausnutzen zu können, wurde ein Hochsegel von 2 qm vorgesehen.

Das Fahrzeug hat sich auf Wanderfahrten durch große
Schnelligkeit ausgezeichnet.

◆◆

Zweier-Wanderkajak „Hecht",

Klasse II b L des D. K. V.,

entworfen von C. E. Heymann, Berlin-Steglitz.

Länge 5,50 m, größte Breite 0,72 m, Raumtiefe 0,25 m, Freibord Mitte 0,15 m.

Der vielfach lautgewordene Wunsch nach größerer Schnelligkeit und größeren Stauräumen hat den Deutschen Kanu-Verband veranlaßt, in besonderen Unterklassen zweisitzige Kajaks bis zu 6 m Länge einzuführen, gegen 5,20 m größte Länge der Normal-Zweier. Die geringste Breite von 0,70 m, die geringste Raumtiefe von 0,24 m, der geringste Freibord von 0,10 m, jedoch bei größerer Vermessungsbelastung von 150 kg (gegen 130 kg der kürzeren Zweier), sind indessen beibehalten worden.

Die Boote der II b-Klasse sollen hauptsächlich zu Tagesfahrten dienen, zu welchen nicht so viel Stauraum für Gepäck nötig wird als zu längeren Reisen.

Die große Länge von 6 m paßt indessen nicht in den Seegang vieler Gewässer, und so lange Boote werden in der Hauptsache nur dann gebaut, wenn sie gelegentlich auch als „Dreisitzer" verwendet werden sollen. In der Regel geht man nicht über 5,50 bis 5,60 m Länge hinaus.

In diesen Grenzen ist auch der vorliegende Entwurf gehalten, für den dagegen etwas größere Breite, Raumtiefe und Freibordhöhe als die dafür zulässigen geringsten Maße gewählt ist.

Der weit ausfallende Vorsteven verkürzt zwar die Wasserlinie, gestattet aber im Verein mit dem aufgeholten Kiel kurze Wendungen und das Anfahren flachster Ufer.

Im Boote für Tagesausflüge läßt man jetzt häufig Schiebladen unter dem Hinterdeck zum Verstauen kleinerer Gepäckstücke einbauen. Eine Deckluke auf dem Hinterdeck macht auch noch den dahinterliegenden Raum bequem zugängig.

Unter den Seitendecks werden bei jedem Sitz sog. „Schwalbennester" zur Ablage kleinerer Gebrauchsgegenstände, wie Karten, Bücher, Fernstecher, Tabak usw. eingebaut.

Rücklehnen, Fußstemmbretter und Steuereinrichtung sind stets verstellbar einzubauen, um für jede Beinlänge zu passen und um das Boot gleichlastig trimmen zu können, falls die Insassen im Körpergewicht sehr verschieden sind.

Für die Klasse ist ein Treibsegel von 2,50 qm vorgesehen, das man mit Spieren im Boot verstauen kann.

Die Linien des Bootes verbürgen Formstabilität, Schnelligkeit, Wendigkeit und trockenes Fahren. Zu ihrer genauen Wiedergabe auch im Klinkerbau sind zehn Mallen eingezeichnet und mindestens sieben Planken an jeder Seite vorgesehen. Die früher übliche handwerksmäßige Bauausführung über drei, höchstens fünf Mallen mit fünf Planken ist veraltet und nicht geeignet, feinlinige Entwürfe formgerecht zu bauen.

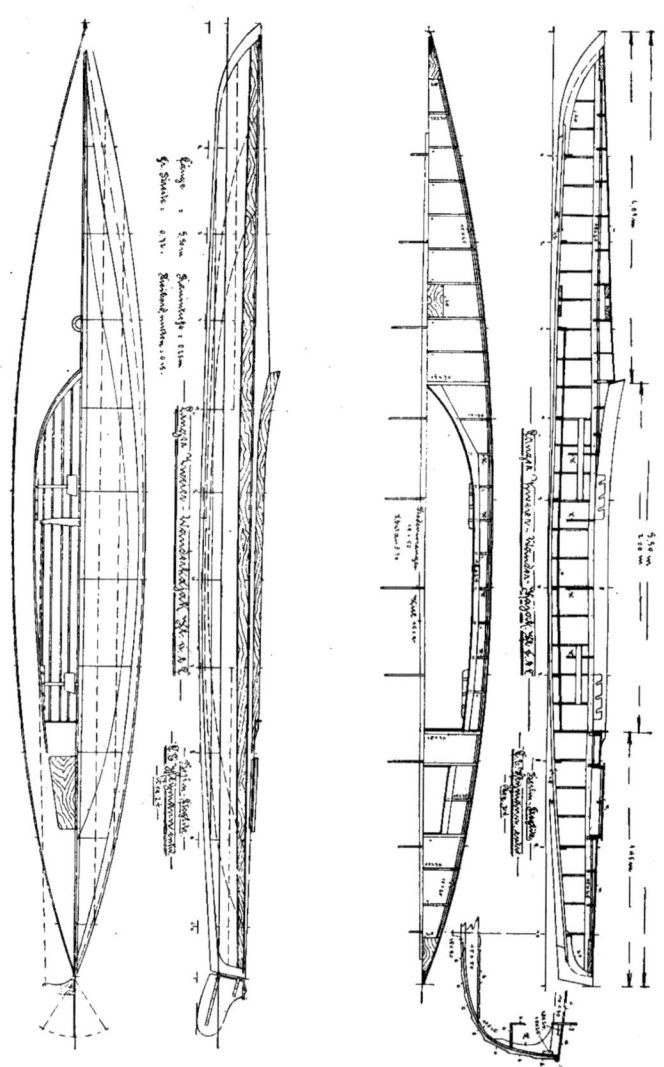

Geeignet ist dieser Zweierkajak für zwei Personen im Gewicht von je etwa 65 kg. Für schwerere Fahrer müssen die Spanten und Linien des Achterschiffs völliger gezeichnet werden. Einen

Bau dieser Art hat eine Köpenicker Kleinwerft im Frühjahr 1925 für den Pressewart des Märkischen Kreises im Deutschen Kanu-Verband gebaut. An Stelle der Deckluke im Achterschiff kam eine Kommode, die Luke im Vorschiff wurde weggelassen. Die hier gezeigten Bilder sind Aufnahmen dieses Bootes, dessen Gestalt den Namen „Hecht" in jeder Weise gerechtfertigt.

Auf dem Wannsee.
(„Hecht", das Boot des Verfassers.)

„Hecht" vor dem Stapellauf. (Werft P. Hamann, Bln.-Cöpenick).

5,20 m-Zweisitzer-Wanderkajak,

Klasse II c des D. K. V.,
entworfen von Ludwig Dinklage, Hamburg.
Maßstab 1 : 40.
Größte Länge 5,20 m, größte Breite 0,83 m, Seitenhöhe 0,26 m,
Verdrängung bis C. W. L. 0,22 cbm, Treibersegel 3,80 qm.

Während neuerdings das mehr als zweisitzige Kanu in Kajakform anfängt, sich einer gesteigerten Beliebtheit zu erfreuen, gehört der zweisitzige Wanderkajak bereits seit Jahrzehnten zum eisernen Bestand des Kanusports. Er verdankt seine Entstehung in der Hauptsache dem Aufschwung, welchen vor etwa 15—20 Jahren der Rudersport fand. Dessen kleinste Fahrzeuge, die Einer- und Zweiergig, fanden damals eine außerordentlich

Zweierkajak „Hecht" (Heymann) im Bau, aufgeplankt.

starke Verbreitung, und da sie, wegen ihrer größeren Geräumigkeit, dem Kanu überlegen waren, gingen besonders die jüngeren Paddler jenes Zeitabschnittes dazu über, neben dem einsitzigen Kajak auch das zweisitzige Kanu zu bauen. Allerdings sah die damalige Paddlergilde die Doppelpaddelboote, wie sie zu dieser Zeit genannt wurden, nicht für vollwertig an. Sie leugneten sogar ihre Existenzberechtigung, und noch heute lebende Paddler von Ruf, die jener Zeit entstammen, lehnen das Boot deshalb ab, weil sie die charakteristische Eigenart des Paddelns mit dem zweischaufligen Paddel dem einsitzigen Kanu vorbehalten wissen wollten, womit sie nicht unrecht hatten, und weil sie dem um so viel längeren Boot die

Wandereigenschaft bestritten. Letztere Ansicht ist durch die
Erfahrungen der letzten Jahre überholt. Die jüngere Generation
hat sich ja dann auch durch diese Bedenken nicht stören lassen,
und sie hat — wie der nachstehende Entwurf zeigt — zum Teil
sehr hübsche, geräumige und praktische Boote dieses Typs hervorgebracht. Auf dessen Einzelheiten einzugehen erübrigt sich,
da die Pläne alles Wissenswerte ergeben. Boote dieser Art sind
bei den Hamburger Paddlern vielfach im Gebrauch, deren Fahrten
auf die rauhen Wasserflächen der Unterelbe und des Hafens führen.

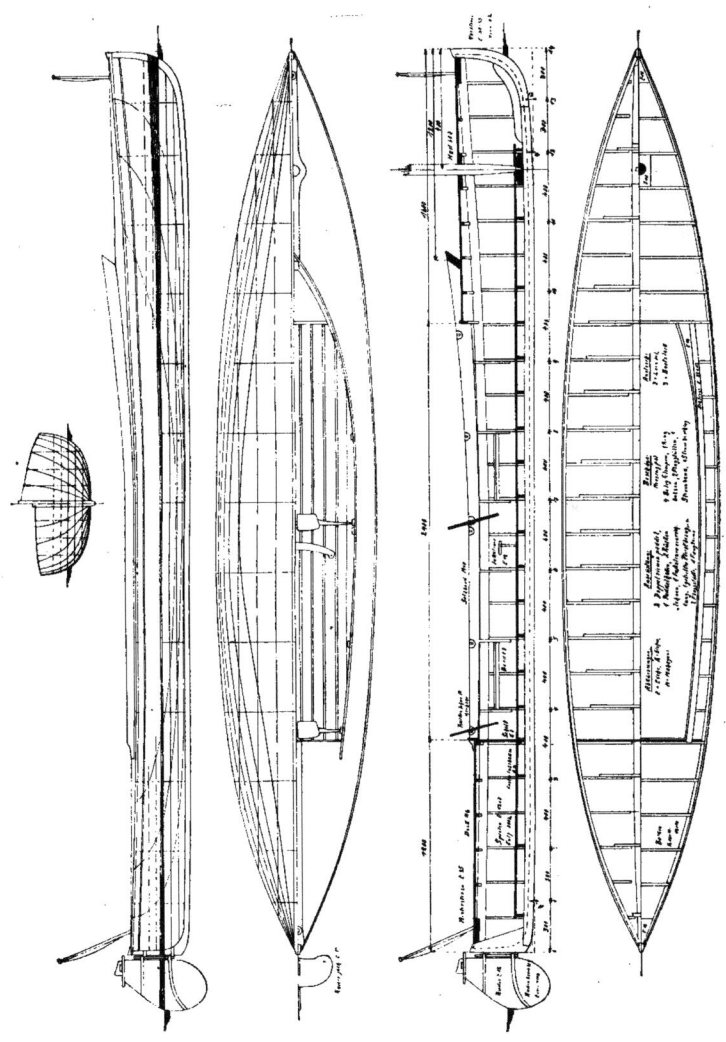

Schwerer Zweisitzer-Reisekajak,

Klasse II c des D. K. V.,

entworfen von Ludwig Dinklage, Hamburg.

Maßstab der Pläne 1 : 40, des Segelrisses 1 : 80.

Größte Länge 5,00 m, größte Breite 0,80 m, Seitenhöhe 0,25 m, Verdrängung mit Besatzung 0,24 cbm, Treibersegel 4,25 qm.

Für diejenigen Freunde des Wanderpaddelns, und es sind ihrer nicht wenige, die es vorziehen, zu Zweien in einem Boot hinauszufahren in die weiten Reviere des Wanderkajaks, sind die vollständigen Zeichnungen eines für ihre Zwecke geeigneten Bootes von Interesse, das, vom Reißbrett des Konstrukteurs Dinklage in Hamburg stammend, auf einer dortigen Werft in Bau genommen wurde.

✦✦

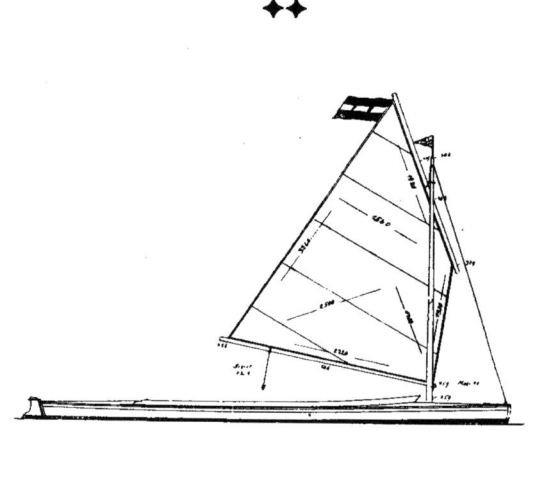

✦✦

Das Boot entspricht den Bau- und Vermessungsvorschriften für Wanderkajaks der Klasse II c des Deutschen Kanu-Verbandes, bietet also seinem Besitzer den Vorteil eines Klassenbootes.

Die Bauzeichnungen sind klar und sorgfältig durchgearbeitet, so daß alles Wissenwerte aus ihnen ersehen werden kann, und es sich erübrigt, näher auf sie einzugehen.

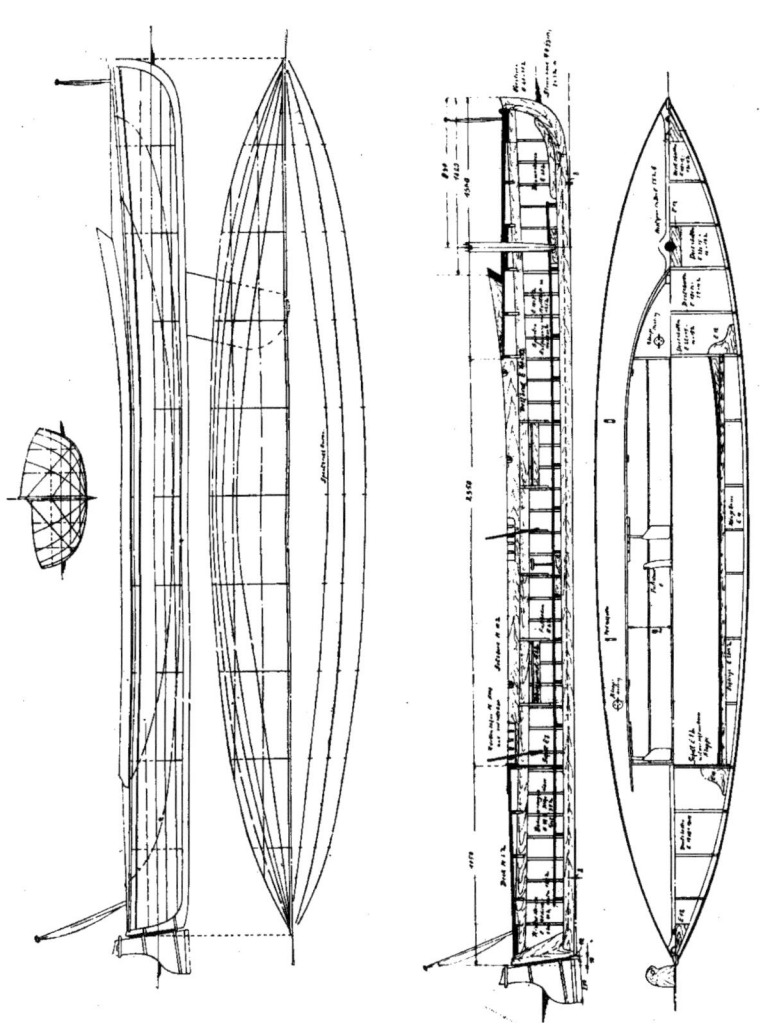

117

5 m-Doppel-Paddel- und -Segelkanu,

entworfen von Hans Harms, Berlin-Tempelhof.

Maßstab der Pläne 1 : 40, des Segels 1 : 80.

Größte Länge 5,00 m, größte Breite 0,81 m, Tiefgang mit zwei Personen 0,185 m, Tiefgang mit Schwert 0,80 m, Segelfläche 3,75 qm.

Die hier wiedergegebenen Pläne stellen ein Fahrzeug dar, das nach seiner Spantform wie auch nach der Art der Besegelung in erster Linie auf die Verwendung als Paddelboot und nur gelegentlich als Segelfahrzeug gedacht ist. Als Paddelboot dürfte es mit seinen scharfen Linien ein verhältnismäßig schnelles Wanderboot sein, das seine besten Seiten bei Brise und Seegang offenbaren dürfte. Besonders bei Seitenwind und Wind gegenan darf man das Boot als trockenes und keineswegs leicht aus dem Kurse scherendes Boot ansprechen, wobei die Fähigkeit zum Kurshalten nach Belieben durch Fieren des verhältnismäßig großen Schwertes vergrößert werden kann.

❖❖

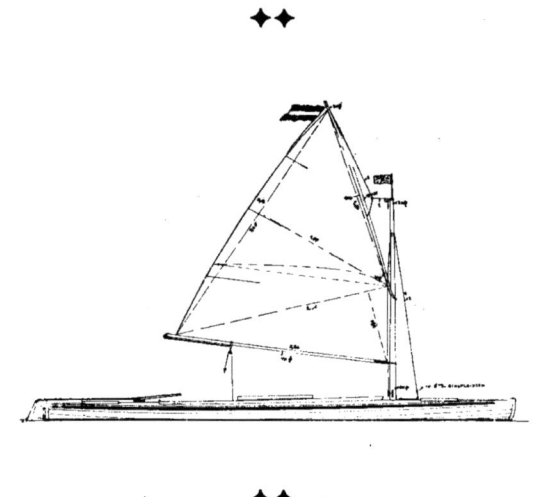

❖❖

Unter Segel dürfte das Boot trotz seiner Breite und trotz der an sich geringen Segelfläche auf allen spitzer als raum liegenden Windrichtungen eine immerhin nicht ungeschickte Mannschaft erfordern. Gute Segeleigenschaften eines Kanus beginnen eben erst bei einer größeren Breite, was für den Neuling nicht oft genug wiederholt werden kann.

118

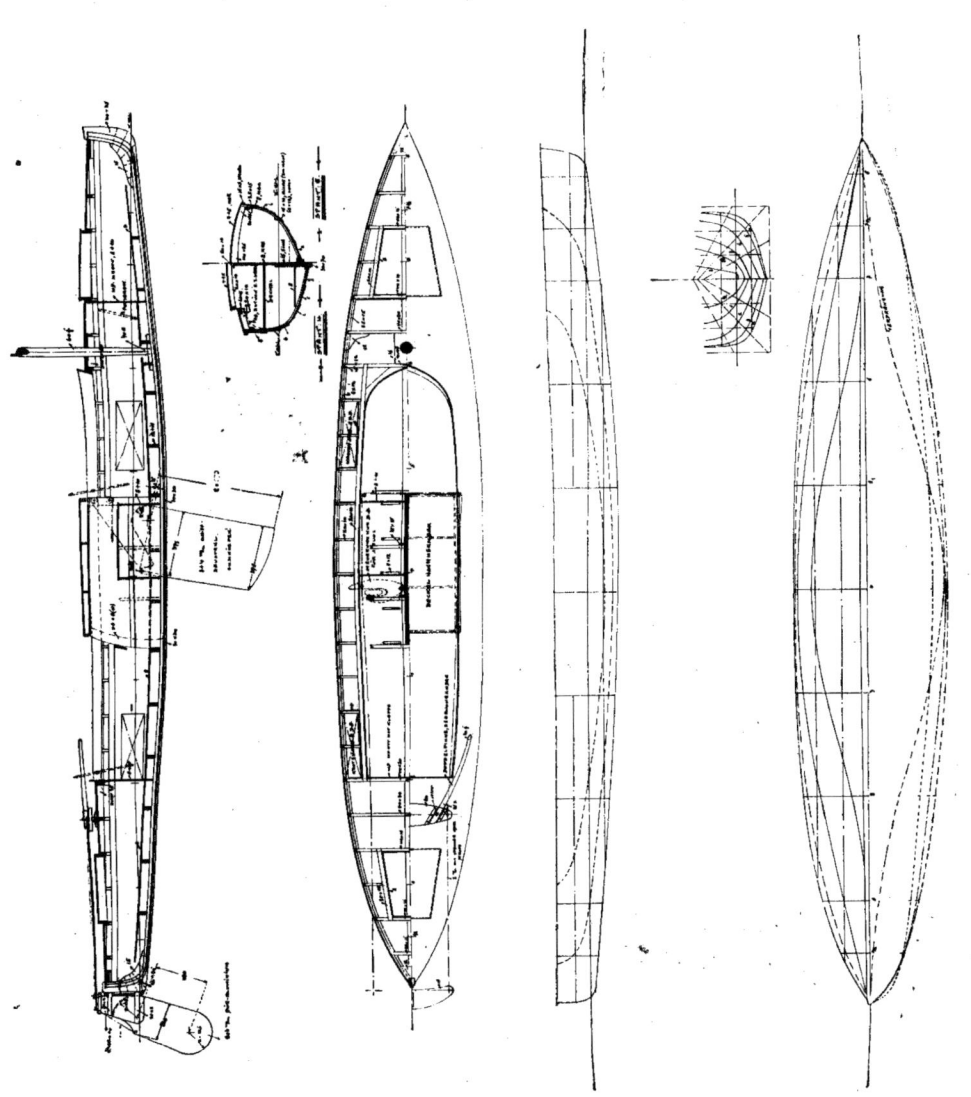

119

Segelbarer Wanderkajak,

Klasse II c des D. K. V.,
entworfen von Ludwig Dinklage, Hamburg, gebaut 1924 in Hamburg.

Maßstab der Pläne 1 : 40, des Segelrisses 1 : 80.

Größte Länge 5,00 m, größte Breite 0,80 m, Seitenhöhe 0,25 m,
Tiefgang mit Schwert 0,70 m, U : B 1,36. Großsegel 4,38 qm, Fock 1,27 qm,
Am-Wind-Segelfläche 5,65 qm.

Ein segelbarer Wanderkajak, das Boot für den, der paddelnd und, wenn ihm der Wind günstig ist, auch segelnd kürzere und längere Wanderfahrten unternehmen will, der auf sommerlichen Reisen fernabgelegene Gewässer aufsucht, um den Zauber der einsamen Natur, die Poesie der deutschen Wasserlandschaft auf sich wirken zu lassen, und der so nicht bloß erquickenden Gegenwartsgenuß hat, sondern auch einen Gewinn für die wieder kommenden grauen Tage des Alltags mitnimmt.

Nicht unsere großen Küstengewässer, geschweige denn die See, sollten in erster Linie die Reviere für den Wasserwanderer im Kajak sein. Unsere weit ausgedehnten Binnengewässer, unsere Flüsse und versteckten Fließe, die kein Segelboot, kein Motorboot, auch kein Ruderboot mit weitausladenden Riemen und Auslegern je erreichen kann, diese erschließt uns der Wanderkajak, und für solche Wanderfahrten ist das in den hier wiedergegebenen Zeichnungen dargestellte Boot bestimmt. Auf die Küstengebiete der See sollte sich nur der Paddler mit langer und ausgiebiger Erfahrung wagen.

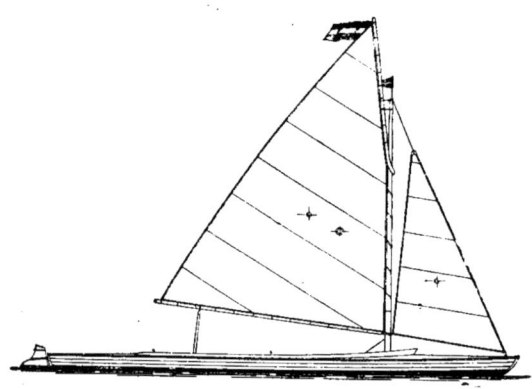

Zwei Personen können mit ihrem Gepäck und ihrer Wanderausrüstung in der großen Plicht und den Stauräumen vorn und achtern untergebracht werden. Wäre der Schwertkasten etwas kürzer, so wäre dies ein Vorteil für den vorderen Sitz.

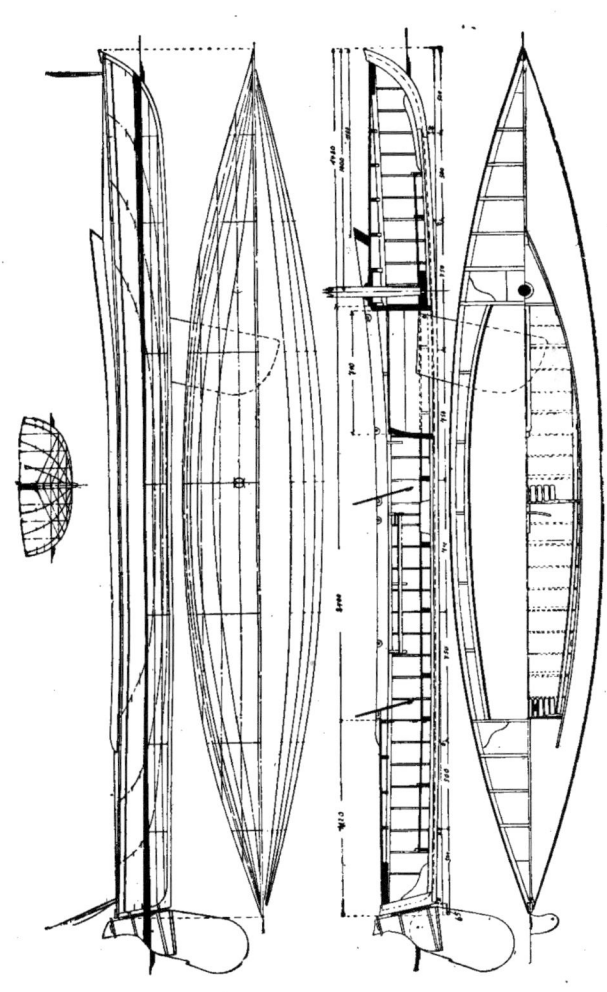

Segelbarer Zweisitzer-Wanderkajak,

Klasse II c des D. K. V.,

entworfen von Ludwig Dinklage, Hamburg.

Maßstab der Pläne 1 : 40, des Segelrisses 1 : 80.

Größte Länge 5,00 m, größte Breite 0,81 m, Seitenhöhe 0,26 m,
Rumpftiefgang 0,17 m, Tiefgang mit Schwert 0,70 m, Treibersegel 4,00 qm.

Ein Boot für große Ferienfahrt, für schweres Wasser, verhältnismäßig breit. Es liegt daher nahe, solches Fahrzeug mit Schwert und Segel zu versehen und die Windkraft als willkommene Abwechslung des Muskelmotors einzuspannen, so oft es geht. Bei den schwereren Booten der Klasse II c des Deutschen Kanu-Verbandes kann man eine Besegelung mit eingebautem Schwert

✦✦

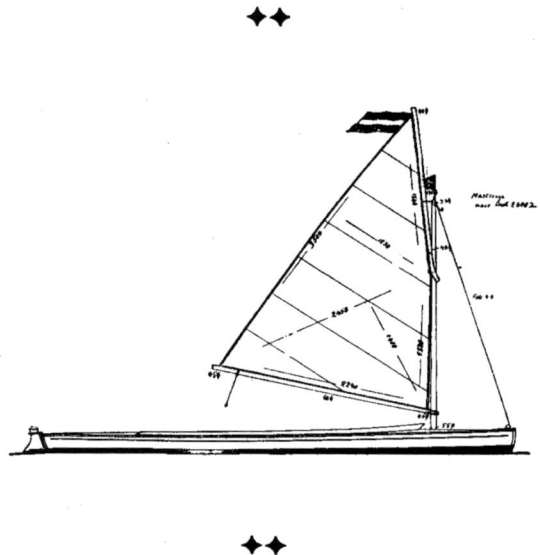

✦✦

gelten lassen, die Breite verbürgt immerhin annehmbare Segeleigenschaften. Jedoch darf nie vergessen werden, daß der segelbare Kajak nur ein Mittelding zwischen Paddelkajak und Segelkajak darstellt. Wer nur bei Windstille zu paddeln gedenkt, der findet erst Befriedigung bei einem ausgesprochenen Segelkanu. Der segelbare Kajak soll in erster Linie noch seine guten Paddeleigenschaften haben, beim Segelkajak ist es umgekehrt.

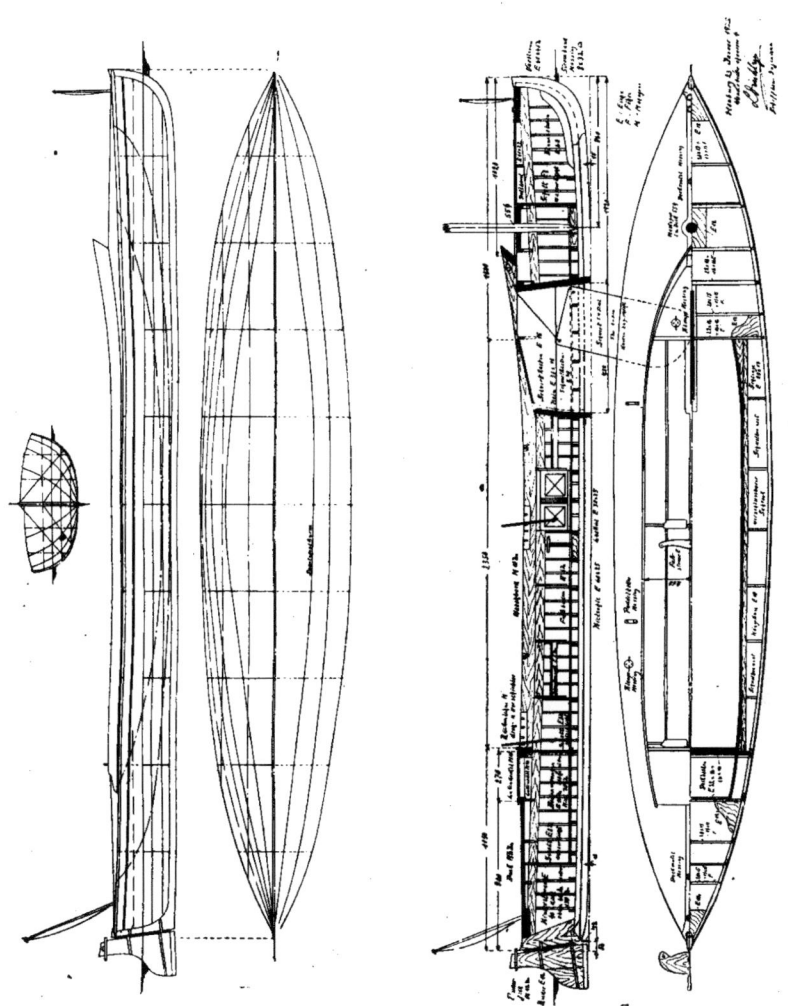

III. Kanadier.

Kanadier,

entworfen von C. E. Heymann, Berlin-Steglitz.

Größte Länge 5,15 m, größte Breite 0,75 m bzw. 0,82 m (siehe besonderen Spantenriß), Seitenhöhe 0,30 m.

Das kanadische Kanu, kurz Kanadier genannt, wird in der Regel fabrikmäßig über ein Blockmodell für Sportzwecke hergestellt. Auf dem Block sind Stahlbänder befestigt in Form und Zahl der einzubiegenden eschenen Spanten, welche darüber gebogen und festgelegt werden. Kiel und die beiden Steven werden in das Blockmodell eingelassen, und auf das Ganze wird die 3,5—4 mm starke Beplankung (Oregon-Pine oder polnische Kiefer), aus etwa 100 mm breiten Planken bestehend, mit Kupferstiften aufgenagelt, wobei sich die Spitzen der Kupferstifte auf den Stahlbändern selbsttätig festnieten. An den beiden Enden des Kanus werden gewöhnlich einige kurze Plankenstücke nötig, deren Stöße jedoch durch die breiten Spanten verdeckt werden. Nach dem Einziehen des Dollbaumes, Legen des Schandeckels und je einer Tragleiste vorn und hinten als Querverband, sowie je einer mit Stuhlsitz oder Gurtgeflecht versehenen Querducht vorn und hinten, ist das Kanu im Rohbau fertig und wird außen mit Segeltuch bezogen, das mehrmals gespachtelt, gestrichen, lackiert und geschliffen wird. Vor- und Hintersteven erhalten dann noch einen Schutzbeschlag aus halbrundem Messing, und zuweilen werden auch ein Außenkiel und ein Paar Schlingerkiele zum Bodenschutz angebracht. Der Boden des innen natur-lackierten Bootes wird zwischen den Duchten mit einem leichten Lattenrost belegt.

Zur Fortbewegung dienen Stech- oder Einblattpaddel. Doppel-paddel gehören dagegen nicht in einen Kanadier, weil zur sport-gemäßen Verwendung dieses Bootstyps eine feinere Paddeltechnik gehört.

Im Einzelbau kann der Kanadier indessen auch über Mallen gebaut werden. Die nebenstehenden Zeichnungen veranschau-lichen eine derartige Bauart auf Kiel und Steven, karweel mit ein-gebogenen, schmalen Spanten und Segeltuchbezug. Auch klinker-geplankt kann der Kanadier gebaut werden.

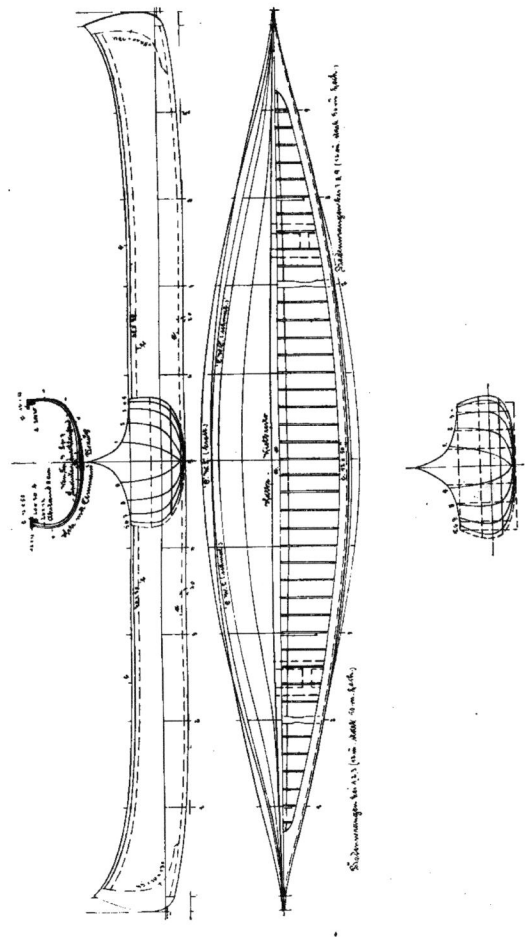

5,3 m-Kanadier mit Segeleinrichtung,

entworfen von Dipl.-Ing. Friedrich Popp, Werder a. d. Havel.

Maßstab der Pläne 1 : 40, des Segelrisses 1 : 80.

Größte Länge 5,30 m, größte Breite 0,90 m, geringster Freibord 0,24 m,
Tiefgang 0,11 m, Verdrängung 0,141 cbm, Segelfläche 3,80 qm.

Die Anschauungen der Konstrukteure über die zweckmäßige Dimensionierung und geeignetste Formgebung eines im Serienbau herzustellenden Kanadiers sind durchaus nicht so übereinstimmend, wie es dem Beschauer erscheint, der die große Anzahl dieser Boote z. B. auf der Alster an einem schönen Sommersonntag betrachtet.

Ein Vergleich verschiedener Konstruktionen zeigt am besten ihre große Unterschiedlichkeit.

Der zum Segeln bestimmte Kanadier wird in seinen Ausmaßen stets etwas größer gewählt, wie auch aus den Plänen dieses von dem Konstrukteur Dipl.-Ing. Popp kürzlich entworfenen hervorgeht, der seinen Eigner nach jeder Richtung sehr zufrieden stellte.

Die nachstehenden Zeichnungen veranschaulichen auch die Bauweise des Bootes ,,über Kopf". Die Außenbeplankung besteht in diesem Falle aus wasserfest verleimtem Sperrholz, außen allerdings wie üblich mit Segeltuch bezogen, gespachtelt, gestrichen und mehrmals lackiert.

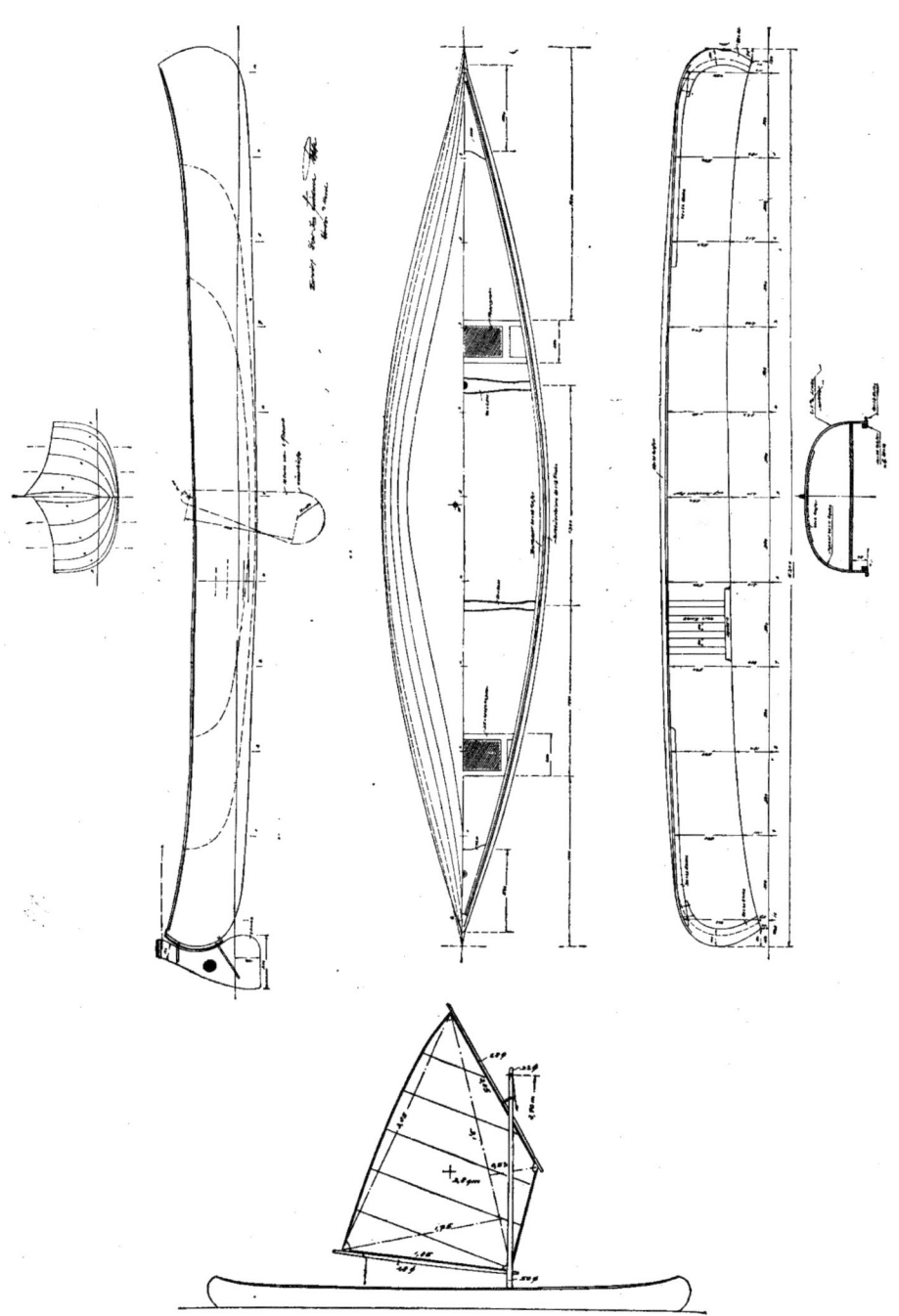

127

Bezogener Wander-Kanadier,

entworfen von Ludwig Dinklage, Hamburg, vielfach in Hamburg gebaut.

Maßstab 1 : 40.

Größte Länge 5,00 m, größte Breite an Deck 0,86 m, Seitenhöhe 0,31 m.

Als Ergänzung zu den bisherigen Veröffentlichungen sollen die Pläne des üblichen Familienkanadiers dienen, wie er in grün, rot, blau, weiß und beinahe allen anderen nur möglichen und mehr noch unmöglichen Farbabstufungen zu Tausenden auf der Alster schwimmt. Zu Hunderten ist er nach den hier wiedergegebenen Rissen gebaut, was für seine Bewährung spricht.

Dieses Boot ist nun besonders breit gehalten und als Wanderboot für eine Familie mit Kind und Kegel gedacht. Die Breite und auch der flache Boden machen es sehr steif. Der flache Boden ist das besondere Kennzeichen Hamburger Kanadier, und die etwas knifflige Herstellung eines solchen ist ein ängstlich gehütetes Geheimnis der Bootswerften, das durch manche Gebrauchsmuster geschützt ist. Der Boden soll nicht nur beim Bau flach sein, sondern auch nach 10 Jahren noch dieselbe Form besitzen und nicht rund werden, wie eine Hexenschaukel. Ebenso ist Stevenform und Sprung nicht nur Schönheitssache, sondern hat auch eine praktische Bedeutung; denn die Enden müssen hoch genug geholt werden, damit nicht jede kleine Alsterdampferwelle an Deck kommt. Kanadier mit flachem Sprung wirken meistens, da sich die Enden allmählich nach unten durchbiegen, wie ein einhöckriges Dromedar, und Boote mit mächtig schwungvollem Sprung sehen einer riesigen

Banane nicht unähnlich. Nur die Rennkanadier haben ein rundes Hauptspant, um geringeren Reibungswiderstand zu erzielen, erhalten auch wegen der Gewichtsersparnis keine hochgezogenen

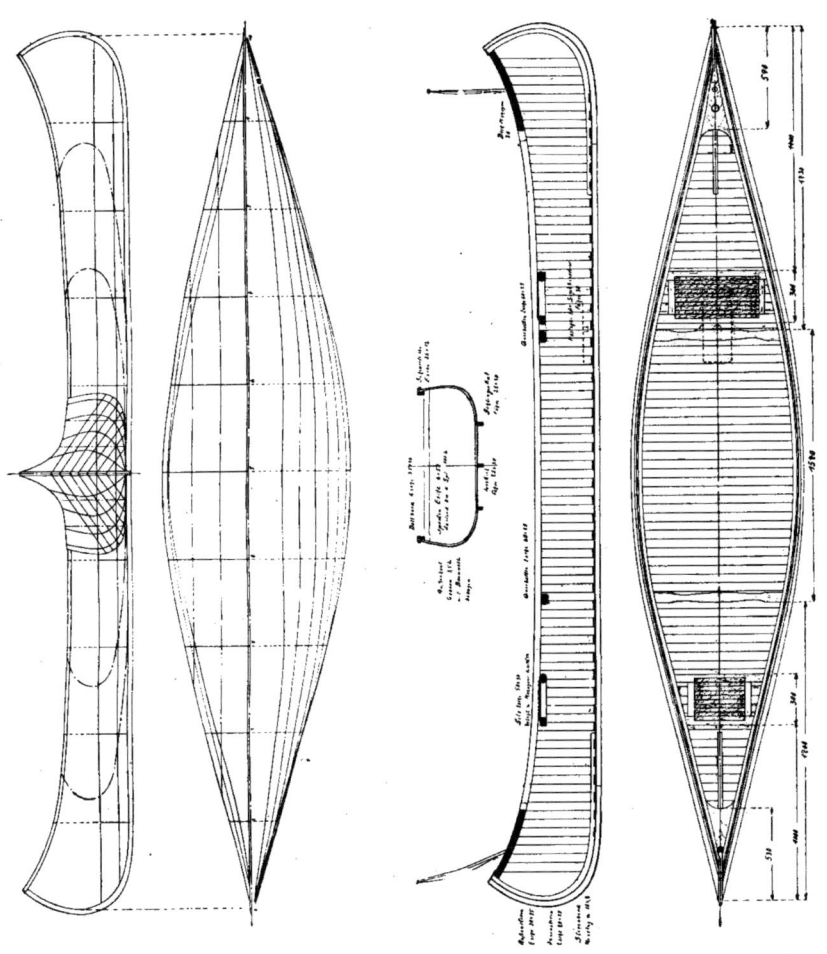

Enden. Die Boote werden teilweise noch mit Seitenschwertern und einem Treibsegel von 3 qm ausgerüstet. Den Vorschriften des D. K. V. entspricht das Boot infolge seiner unsportlichen Breite nicht.

Selbstbau-Scharpiekajak

der Werft Abeking & Rasmussen, Bremen-Lemwerder.

Größte Länge 5,00 m, größte Breite 0,75 m, Großsegel 2,70 qm, Besan 1,50 qm.

Für den Selbstbau eignet sich bekanntlich am besten die Scharpie-Bauart. Das weitaus Schwierigste für einen Amateur-Bootsbauer ist aber letzten Endes nicht das Zusammenbauen des Bootes, sondern die Beschaffung der halbwegs zugeschnittenen Holzteile, denn nicht jeder Tischler findet sich mit der vorgelegten Holzliste zurecht. Einige namhafte Werften stellen daher die Holzteile für einen Selbstbau im Serienbau für den Verkauf her, und setzen somit den Jünger des Selbstbaus in die Lage, sich die Teile für das Boot mühelos und billig zu beschaffen. Die nachstehend wiedergegebene Photographie zeigt den Selbstbau-Zweierkajaktyp „A R" der bekannten Werft Abeking & Rasmussen, Bremen-Lemwerder. Die Teile werden von der Werft nebst einer eingehenden, mit Abbildungen versehenen Anleitung für den Zusammenbau zu einem mäßigen Preis abgegeben.

Selbstbau-Scharpiekajak, Typ „A R", der Werft Abeking & Rasmussen auf Probefahrt. Nur diese entschuldigt die unsportliche Kleidung der beiden Paddler.

✦✦

IV. Faltboote.

Das Klepperfaltboot.

Nur zu einem kleinen Teil verdankt das Klepperboot seine große Verbreitung der Werbetätigkeit seiner Erzeuger. Es hat sich vielmehr seinen dominierenden Platz im Faltbootsport durch die Zweckmäßigkeit seiner Formen, durch seine wohldurchdachte Konstruktion und durch die Vortrefflichkeit des verwendeten Materials, sowohl der Walroßhaut als des Stabgerüstes, erworben. Man mag von erfahrenen Faltbootfahrern fragen, wen man will, sie werden alle das Klepperboot als ein durchaus zuverlässiges Boot bezeichnen. Roald Amundsen führte es mit sich auf seinem Polflug 1925, die im Herbst 1925 zurückgekehrte deutsche Spitzbergen-Expedition hat sich seiner bedient, der Bayer Schott fuhr damit die Donau abwärts zum Schwarzen Meer und weiter bis nach Ägypten, und wir treffen es im Ausland fast allenthalben.

Von den sonst bekannten Faltboot-Typen unterscheidet sich der am meisten gebräuchliche Zweisitzer durch seine verhältnismäßig ungewöhnliche größte Breite von 90 cm, die beim Holzkajak nicht angewendet wird mit Ausnahme der reinen Segelkajaks. Durch diese Breite erhält das Klepperboot ein Höchstmaß von Stabilität und Tragfähigkeit bei geringstem Tiefgang, sowie einen umfangreichen Stauraum. Die Praxis beim Faltboot hat ergeben, daß der Geschwindigkeitsverlust durch die große Breite gegenüber schmäleren Faltbooten nicht ins Gewicht fällt.

Klepperbootstaufe.

Die Persenning des Klepperbootes.

Klepper-Einsitzer.

Klepper-Zweisitzer.

Weitere Merkmale des Klepperbootes sind seine verstellbaren
Spanten, deren Umfang daher im
verpackten Zustand kleiner ist.
Dadurch und durch die sonstige
Konstruktion wird der Umfang
des Gesamtgepäcks auf ein sehr
handliches Format reduziert. Das
Nachlassen der Haut kann
durch verstellbare Steven reguliert
werden.

Außer dem normalen Einsitzer
und Zweisitzer stellt die Werft
noch einige Sonderbauten her,
einen 75 cm breiten (Ayesha)-
Zweisitzer und einen 4,50 m
langen Einsitzer, — der normale
Wander-Einsitzer ist nur 4 m
lang.

✦✦

Hersteller:
Klepper-Faltboot-Werke
Rosenheim a. I.

✦✦

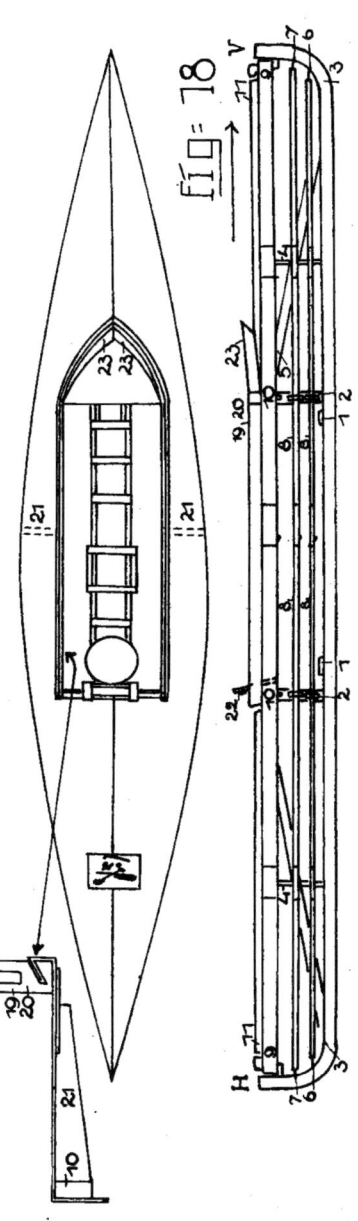

Konstruktionszeichnung des Klepper-
Einsitzers.

Salzburger „Amansis"-Faltboote in Schwedenform.

Einen förmlichen Siegeszug haben in diesem Jahre auf allen süddeutschen Faltboot-Regatten die von dem Salzburger Faltbootfahrer Otto Amannshauser gebauten Faltboote in Schwedenform angetreten. Ihre große Schnelligkeit, Stabilität und Formenschönheit hat überall Aufsehen erregt. Ihr Erbauer ist Faltbootfahrer durch und durch, auf allen Wildwassern zu Hause und weiß daher ganz genau, was man von einem Faltboot verlangen muß. Er baut Einsitzer und Zweisitzer und nennt seine Boote

phot. C. J. Luther

Amansis-Einsitzer.
Fahrer: Otto Amannshauser, der Erbauer.
(Salzburg a. I., Griesgasse 4).

„Amansis"-Faltboote. Der Einsitzer ist 4,50 m lang und 0,66 m breit, seine Holzteile sind aus Eschenholz. Das Gerüst umschließt 7 Spanten und wird mit Spannvorrichtungen oben und unten festgespannt. Das Boot besteht verpackt aus zwei Teilen. Die Stabtasche ist zwar sehr lang, aber leicht, und läßt sich geschultert so leicht tragen wie beispielsweise ein Paar Skier. Im Rucksack werden untergebracht alle Spanten, die untere Spannvorrichtung, Rückenlehne usw. Der Zweisitzer hat eine Länge von 5,20 m bei einer größten Breite von 0,72 m und 9 Spanten. Durch eine Teilung in zwei Hälften wird eine außerordentliche Steifigkeit erreicht, gepaart mit erhöhter Haltbarkeit. Obwohl der Transport der langen, schmalen Stabtaschen im Eisenbahnabteil nicht ohne Schwierigkeiten zu erreichen sein wird, muß doch die handlichere Stabtasche gegenüber dem schweren Stabtaschenpaket bisheriger Konstruktion als ein Vorteil angesehen werden.

Die Faltboothaut ist siebenschichtig und innen und außen glatt gummiert, sie trägt an beiden Enden Holz-Außensteven. Der hintere Steven hat außerdem eine kleine Flosse. Beide Steven sind mit der Haut fest verbunden. Sämtliche Holzverbindungen sind fest, Hülsen werden keine verwendet. Das Gerippe verbiegt sich daher auch nicht im Wasser, so daß das Boot — wie aus den Bildern hervorgeht — von einem festen Boot kaum zu unterscheiden ist. Es wird von dem Hersteller übrigens auch für jedes Gewicht angepaßt.

Als Wanderboot gebaut, hat es in diesem Jahre unter anderen Siegen folgende errungen: Traun-Meisterschaft (1. bis 4. Preis), Mur-Regatta in Loeben, Mur-Meisterschaft, deutsche Meisterschaft auf der Isar, österreichische Meisterschaft, Salzach-Meisterschaft, Enns-Meisterschaft und tschechische Meisterschaft.

Amansis-Zweisitzer auf der tschechischen Meisterschaftsregatta.

Das Leipziger Faltboot „L. F. B.".

Was dem L. F. B.-Boot unter den Faltbootfahrern seine große Beliebtheit verschafft, ist in erster Linie die außerordentliche Steifigkeit des Stabgerüstes, die dem Boot eine erhebliche Festigkeit und vor allem ein formschönes Aussehen verleiht. Von der Durchbiegung, die das Aussehen von so manchem anderen Fabrikat so häßlich machen, ist hier nichts zu merken. Für gute Verspannung des Gerüstes mit der Haut sorgt eine erprobte Hebelbodenkonstruktion. Das Deck des Vorschiffes und Achterschiffes ist dachförmig hochgezogen und gibt dem Boot ein eigenartig schnittiges Aussehen. Die Maße entsprechen den Bestimmungen des D. K. V. Die größte Breite des Zweiers beträgt 75 cm.

Hersteller:
Leipziger-Faltboot-Bau, Leipzig, Waldstr. 22.

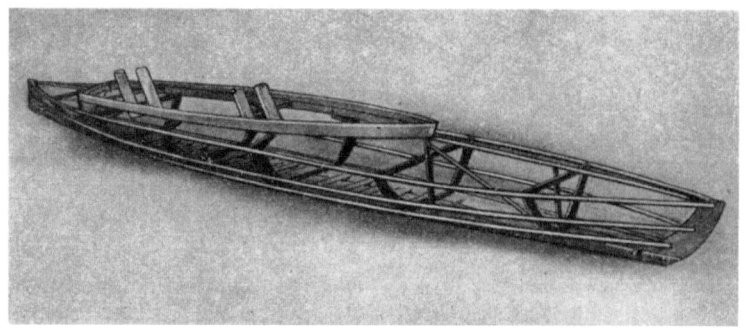

Gerüst des L. F. B.-Zweiers.

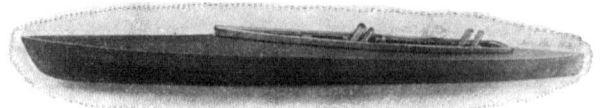

L. F. B.-Zweisitzer, aufgebaut.

Das Pionier-Faltboot.

Der Herstellungsort liegt in Bad Tölz, einem Zentrum des Faltbootsports. Seine Konstruktion trägt alle Merkmale des modernen Faltbootbaus. Die Maße entsprechen denen der Faltboottabelle des D. K. V. Das Stabpaket ist 1,50 m lang, also verhältnismäßig kurz, wodurch die Transportmöglichkeit im Eisenbahnabteil sehr erleichtert wird. Besonderes Merkmal ist ein Messingbeschlag an Vorder- und Achtersteven, der die bekanntlich unangenehmen Nahtstellen der Haut verdeckt und abdichtet und zugleich das Aussehen des Bootes besonders verschönt.

phot. C. J. Luther

Pionier-Einsitzer mit Bootswagen.

phot. C. J. Luther

Pionier-Zweisitzer.

phot. C. J. Luther

Pionier-Einsitzer in Stromschnellen.

(Pionier-Faltbootwerft, Bad Tölz).

137

Das Bayernboot

der Oberbayerischen Faltbootwerft Traunstein.

Das Bayernboot hat die ausgeprägte Fischform. Zu den Vorzügen seiner Konstruktion zählen die folgenden: Eine besonders gute Spannung wird erzielt durch einen unter dem Bodenrost anzubringenden Kiel, so daß die Bootsform von der üblichen Schipjackform der Faltboote zu einer stark der Rundspantform sich nähernden wird. Dieser Kiel versteift das Gerüst des Bootes außerordentlich, das sich daher kaum durchbiegt. Die Längsstäbe des Gerüstes sind nur zweimal geteilt, wodurch ebenfalls eine gute Bootsform gewährleistet wird. Die Spanten sind mit den Steven und Längsstäben durch eine schirmartige Konstruktion fest verbunden. Das Boot besteht aus drei Hauptteilen, deren Aufbau leicht und deren Zusammenbau durch starr sitzende Verschlüsse nicht minder schwer zu bewerkstelligen ist.

Diese guten Eigenschaften und ein mäßiger Preis sicherten dem Boot nicht nur in der Heimat des Faltbootes —

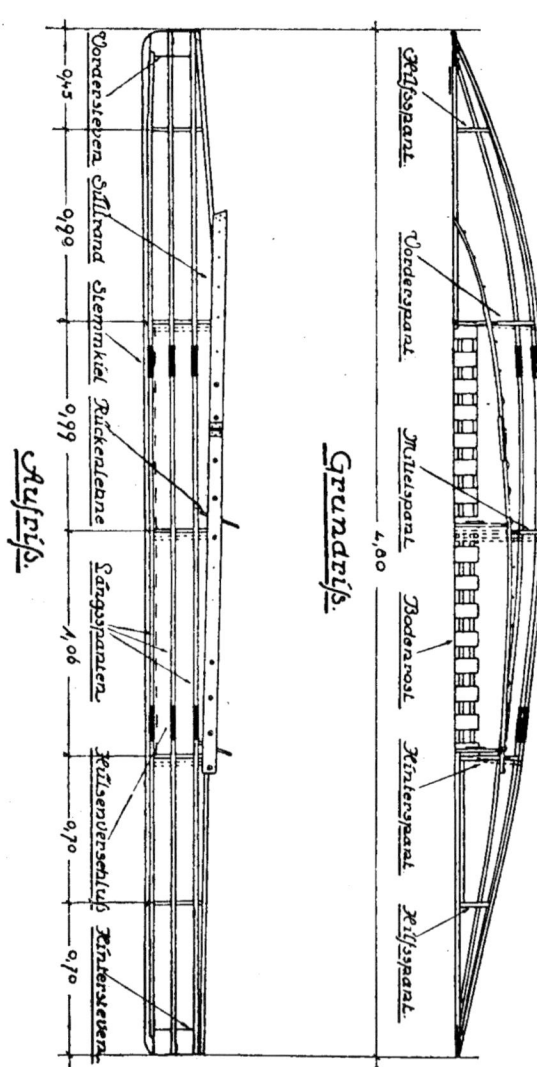

dem Wildwassergebiet Bayerns — .eine ausgedehnte Verbreitung, auch in Mittel- und Norddeutschland hat es seine Anhänger, die sich im Jahre 1925 in Berlin auf über 200 beliefen.

Die Oberbayerische Faltbootwerft in Traunstein.

Bayernboote auf Wanderfahrt.

V. Segelkanus.

5 qm-Segelkanu,

nach den Vorschriften des Deutschen Kanu-Verbandes
entworfen von Oberingenieur C. E. Heymann, Berlin-Steglitz.

Maßstab der Pläne 1 : 40, des Segelrisses 1 : 80.

Größte Länge 5,20 m, größte Breite 0,82 m, Freibord 0,22 m,
Freibord vorn 0,30 m, Großsegel 3,75 qm, Treiber 1,25 qm,
Gesamt-Segelfläche 5,00 qm.

Dieses kleinste Klassen-Segelkanu des D. K. V. eignet sich
zum Paddeln und Segeln, ist vor allen Dingen noch bequem paddelbar. Entsprechend der leichten Paddelbarkeit ist der Mast
zusammensteckbar und kann gut im Boot verstaut werden. Die
Steuervorrichtung läßt sich sowohl durch eine Ruderpinne als
auch in Verbindung mit einer Fußsteuerung (beim Paddeln)
betätigen. Der Sitzraum faßt zwei Personen.

Das 5 qm-Segelkanu ist im Kanuverband besonders auf den
Strom- und Flußgebieten verbreitet und wurde nach diesem Riß
für Karlsruhe, Heidelberg und Elbing gebaut.

5 qm-Segelkajak der Potsdamer K. Ges.

Die hier wiedergegebenen Photos stammen von einem der ältesten Vereine des D. K. V., der Potsdamer Kanu-Gesellschaft, in deren Reihen der Kanusegelsport außerordentlich gepflegt wird.

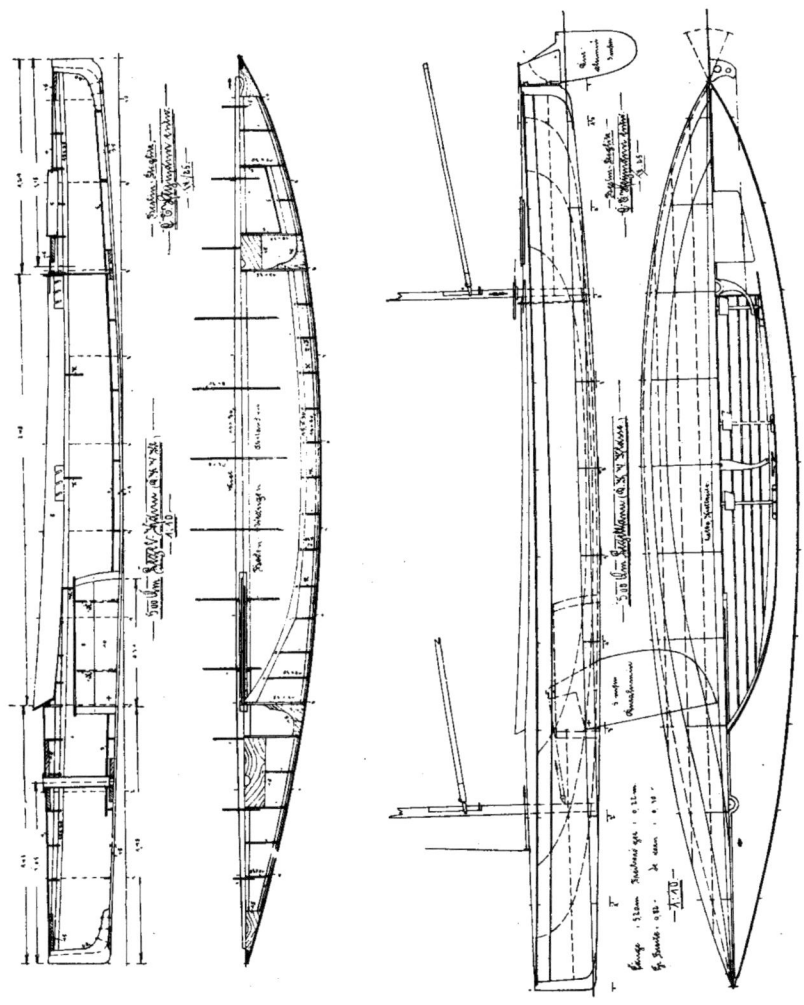

Der Verein verfügt über eine Reihe von 5 qm-Booten, deren Eigner auch in der Wassersportpresse eifrig für die Verbreitung dieser Bootsklasse werben.

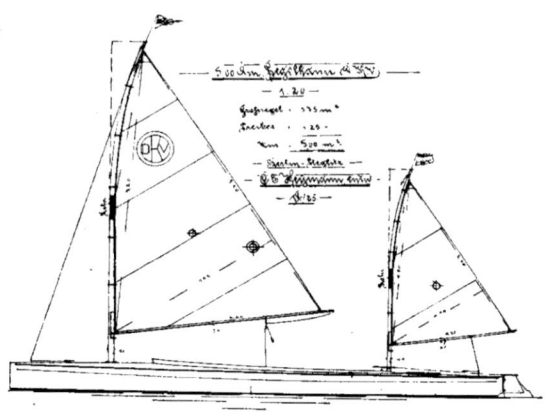

5 qm-Segelkajak d. Potsdamer K. Ges.
(Wettfahrvereinigung Berliner Kanu-Segler.)

Klassenloses 5 m-Wander-Segelkanu in Scharpieform,

entworfen von Adolf Harms, Berlin-Tempelhof.

Maßstab 1 : 40.

Größte Länge 5,00 m, größte Breite 0,82 m, Rumpftiefgang 0,14 m,
Tiefgang mit Schwert 0,75 m.

Großsegel 4,44 qm, Besan 1,55 qm, Am-Wind-Segelfläche 5,99 qm.

Das vom Reißbrett des Konstrukteurs Adolf Harms in Tempelhof stammende Wandersegelkanu mit Hilfsbesegelung entspricht nicht den Vorschriften des Deutschen Kanu-Verbandes. Seine Anschaffungskosten sind infolge der vorgesehenen Scharpie-Bauart relativ gering, und machen es auch den vielen nicht mit Glücksgütern gesegneten, meist aber begeistertsten Anhängern der Kanusegelei nicht so unerschwinglich wie ein elegant gebautes rundspantiges Boot. Dabei ist das Äußere des Fahrzeuges durchaus sportgerecht.

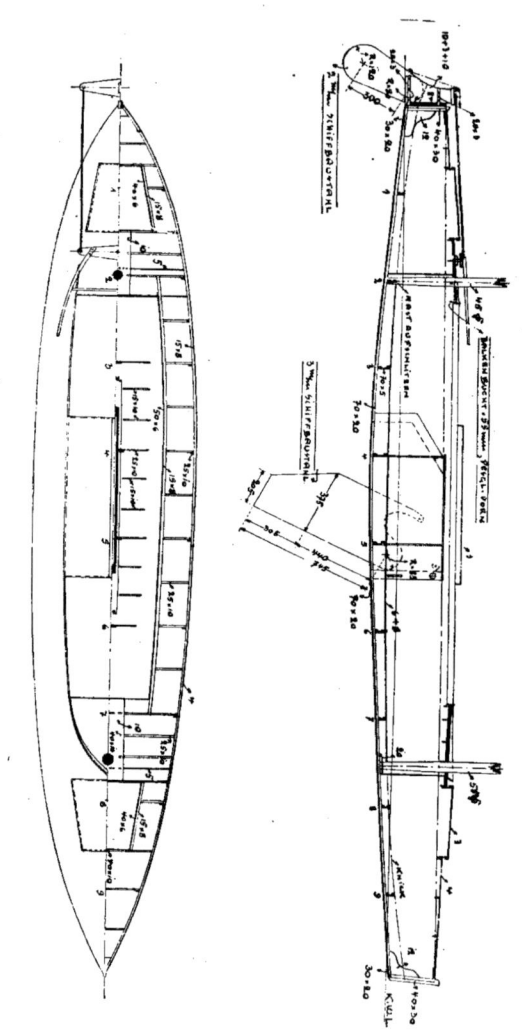

6 qm Segelkajak (Klassenlos) von Harms.
(zum Text S. 143.)

144

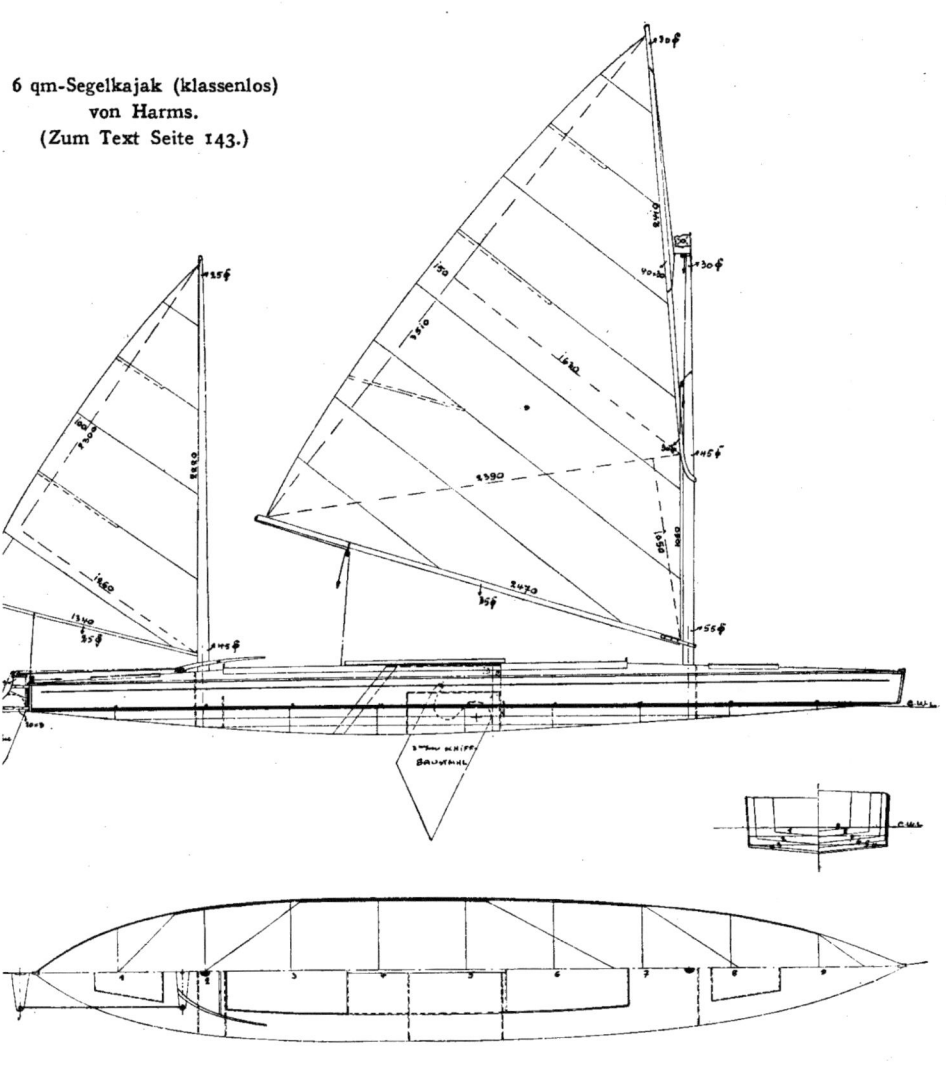

6 qm-Segelkajak (klassenlos)
von Harms.
(Zum Text Seite 143.)

7,5 qm-Wander-Segelkanu,

entworfen von C. E. Heymann, Berlin-Steglitz.

Maßstab der Pläne 1:40, des Segelrisses 1:80.

Länge 5,20 m, Breite 0,94 m.

Das Boot entspricht den Vorschriften der Klasse A des Deutschen Kanu-Verbandes.

Es ist als zweisitziges Wanderboot entworfen, das bei Flaute als solches eben noch mit Doppelpaddel gepaddelt werden kann, wobei der eine Paddler vor, der andere hinter dem Schwertkasten sitzt. Bei seiner geringen Breite kommt jedoch Übernachten an Bord für beide Insassen nur für den Notfall in Betracht. Aus beiden Gründen ist aber das Schwert an der wirksamsten Stelle mitten im Boot und nicht, wie vielfach üblich, weiter vorn eingebaut, da dann wieder der zweite Paddelsitz fortfallen müßte.

Hauptwert ist also auf gute Segeleigenschaften und Paddelbarkeit auf Wanderfahrten sowie Tragfähigkeit und Stauraum für viel Gepäck mit Landzelt für Nachtlager gelegt.

Diesen Anforderungen entspricht auch die Wanderbesegelung, deren Treibermast mit Segel im Boot verstaut werden, und deren Großsegel in einer zweiten Mastspur als Catsegel bei viel Wind allein gefahren werden kann.

Die Nagelbank mit Drahtleitwagen für die Großschot ist herausnehmbar und die Doppelpinne aufklappbar angeordnet.

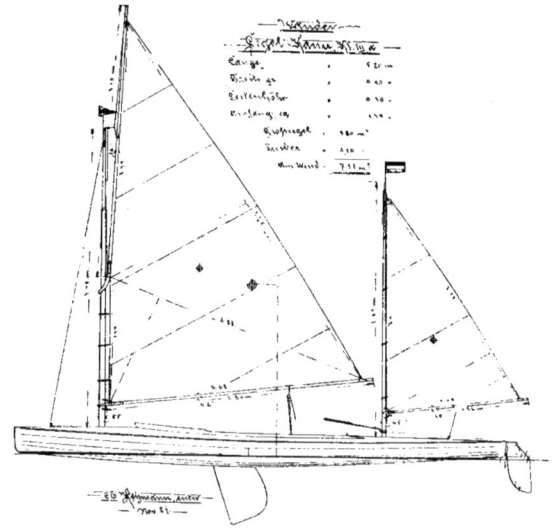

146

Aus dem Linienriß ergibt sich, daß die freigegebene Länge vollkommen ausreicht, um ein schnelles, aber auch hinreichend steifes Wandersegelkanu zu schaffen.

Der Segelplan mit Hochtakelung veranschaulicht ein solches als Einer mit Notsitz auf dem hinteren Schwertkastenende für einen Mitsegler.

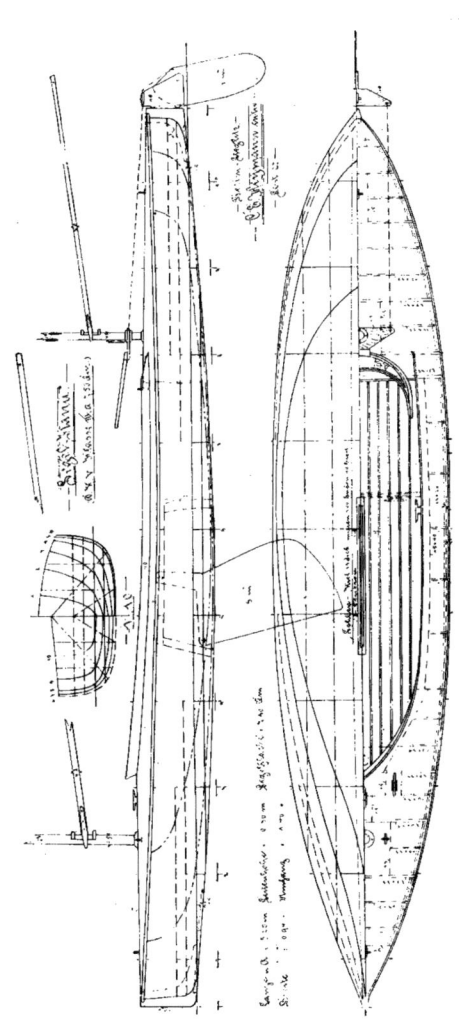

7½ qm-Segelkanu, „Rowdy",

entworfen von A. Tiller, Berlin-Charlottenburg.

Maßstab der Pläne 1 : 30.

Länge über Steven 5,20 m, in der C. W. L. 5,10 m, größte Breite 0,94 m,
Breite in der C. W. L. 0,895 m, geringster Freibord 0,210 m, Seitenhöhe 0,321 m,
Tiefgang mit Schwert 0,710 m, Segelfläche 7,50 qm.

Obwohl die Entstehung dieses Risses schon einige Zeit zurück-
liegt, ist das erste hiernach gebaute Boot „Rowdy" der Potsdamer
Kanu-Gesellschaft noch heute auf den märkischen Wasserstraßen
unbesiegt geblieben, obwohl es keineswegs für Regattazwecke,
sondern lediglich als Wander-Segelkanu gedacht war. Es ist im
Notfall noch vermittels der Doppelpaddel paddelbar. Tiller selbst
hält eben wegen der letztgenannten Eigenschaft das 7½ qm-Boot
für die geeignetste und aussichtsreichste Klasse in der Tabelle
des Verbandes.

„Rowdy", das erfolgreiche Berliner 7½ qm-Boot.

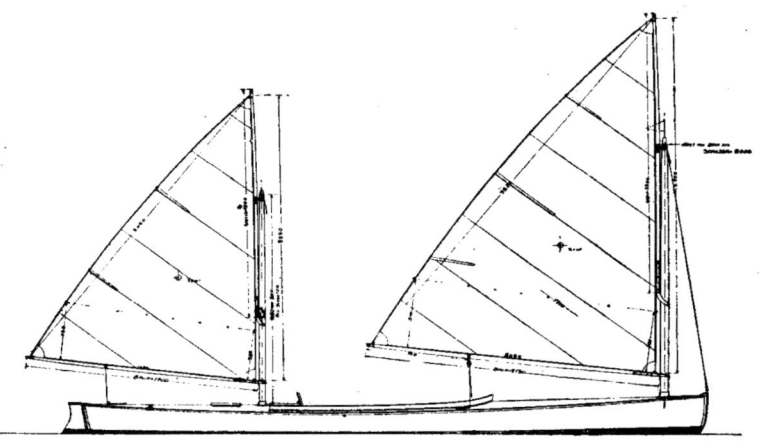

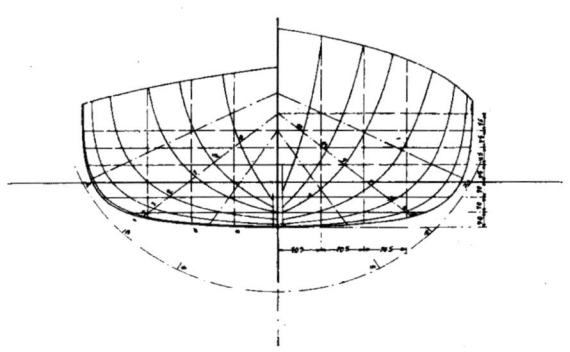

Segelriß und Spantriß des „Rowdy" von Tiller.

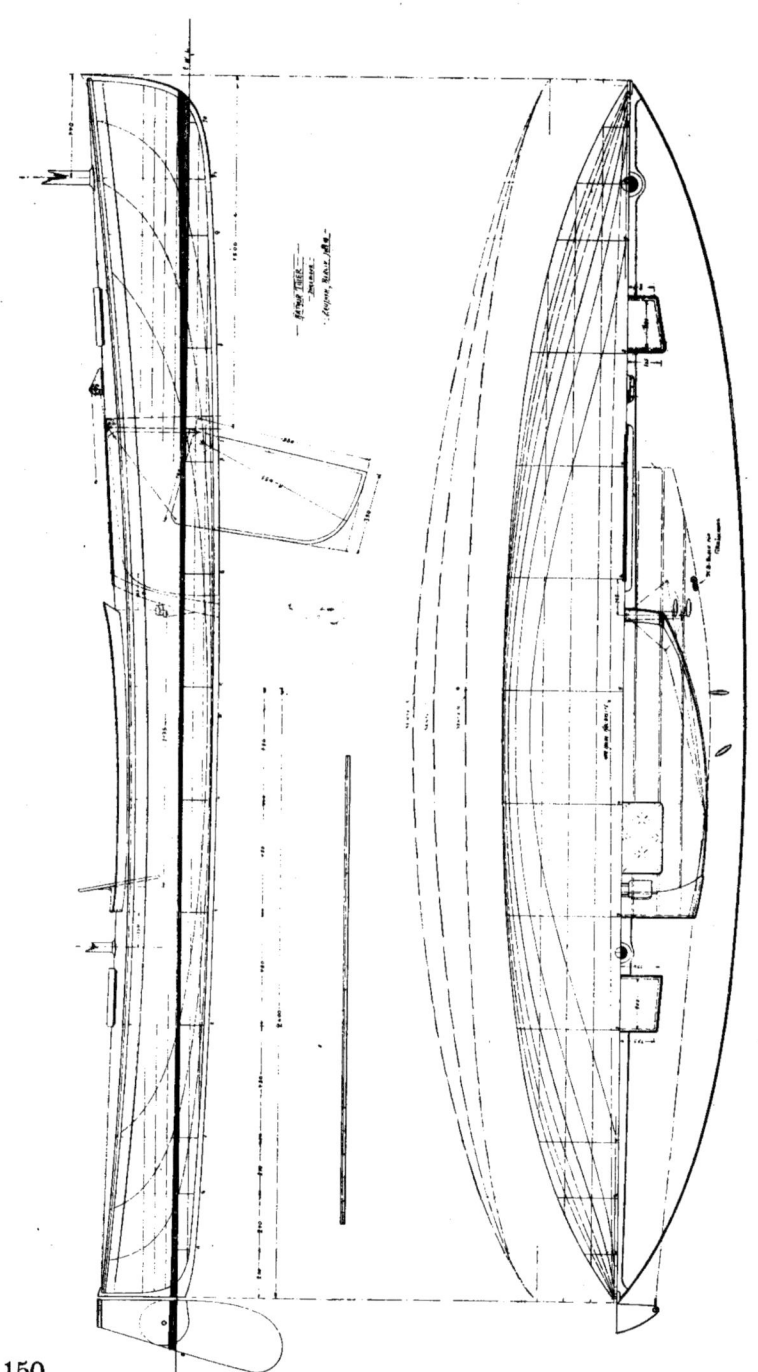

Linienriß des „Rowdy" von Tiller.

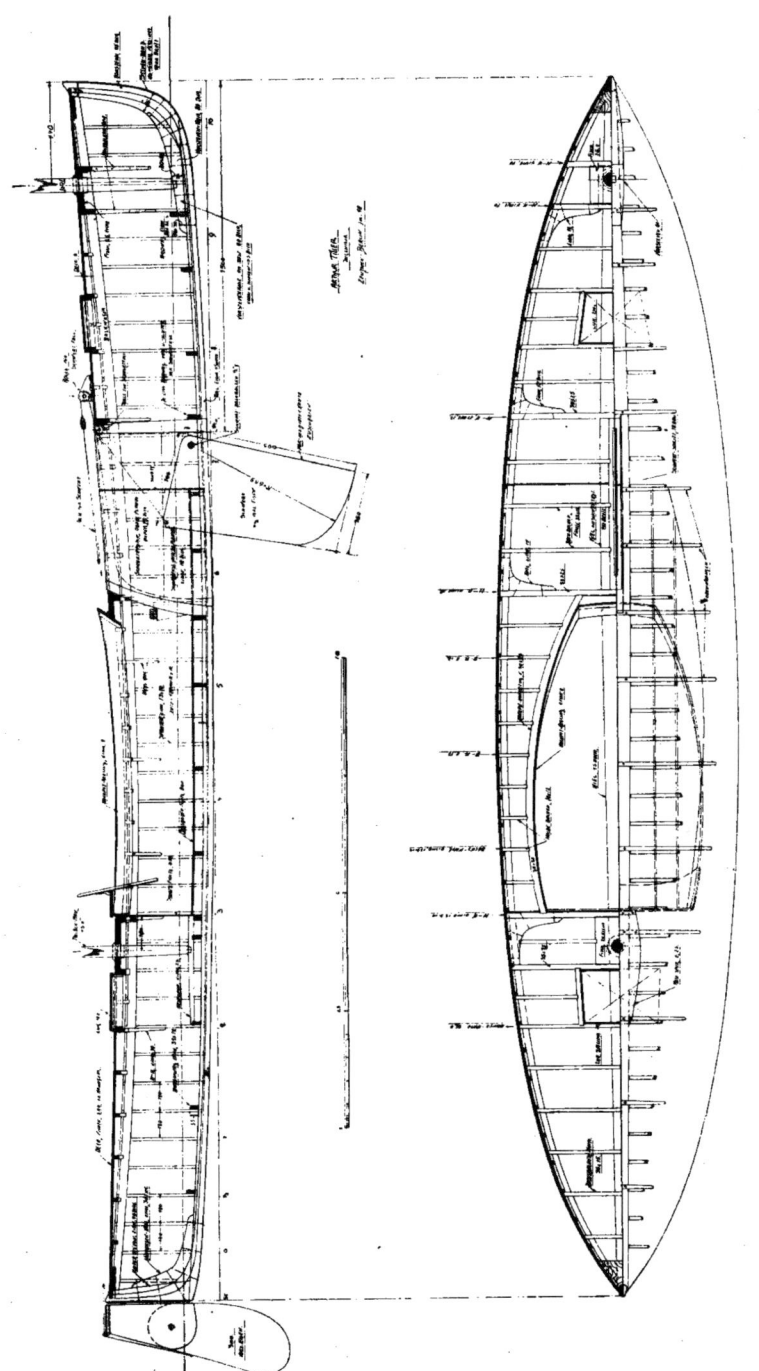

Bauplan des „Rowdy" von Tiller.

151

7,5 qm-Segelkanu,

nach den Vorschriften des D. K. V., Klasse „A",
entworfen im Herbst 1924 von Arthur Tiller, Berlin-Charlottenburg.
Maßstab der Pläne 1 : 40, des Segels 1 : 80.
Größte Länge 5,20 m, Länge in der Wasserlinie 4,90 m, größte Breite 0,90 m,
Breite in der Wasserlinie 0,83 m, geringster Freibord 0,215 m, Tiefgang bis zur
Sponung 0,13 m, Rumpftiefgang 0,15 m, Tiefgang im Schwert 0,82 m,
Großsegel 5,80 qm, Besan 1,70 qm, vermessene Segelfläche 7,50 qm.

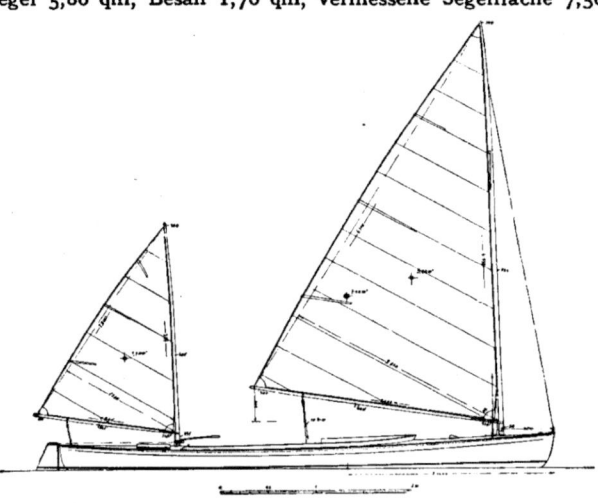

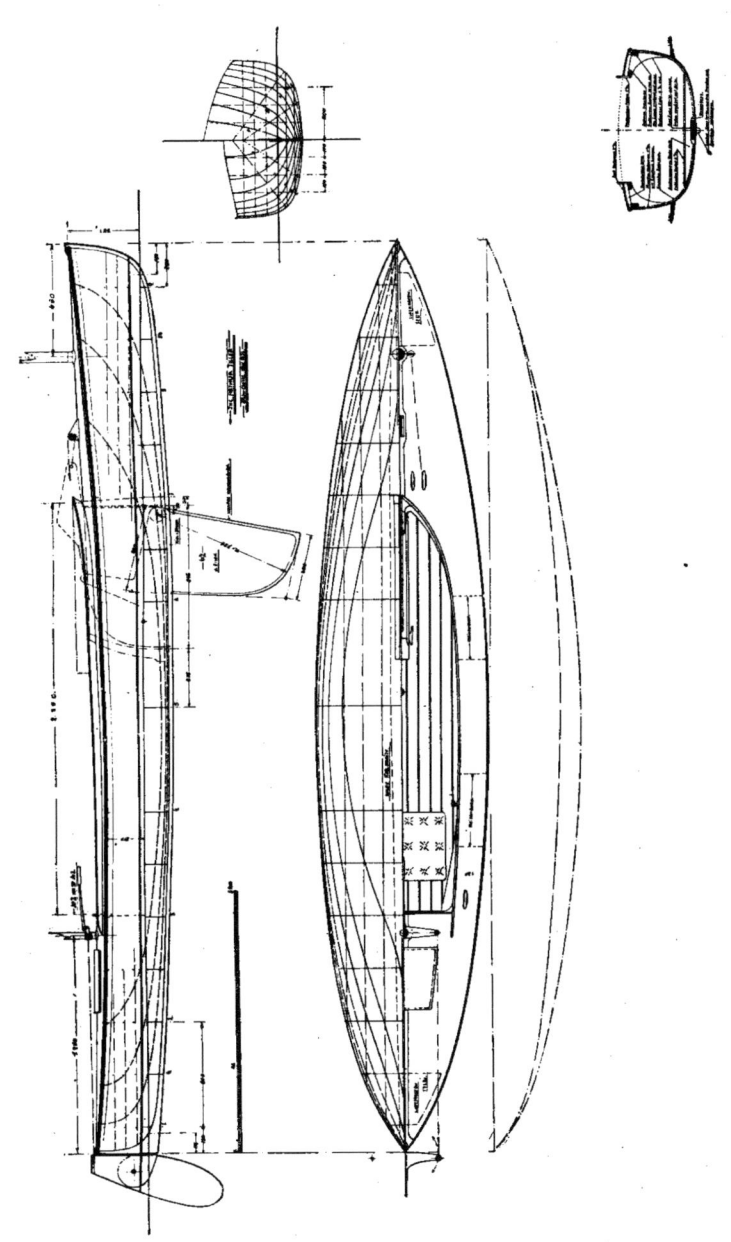

153

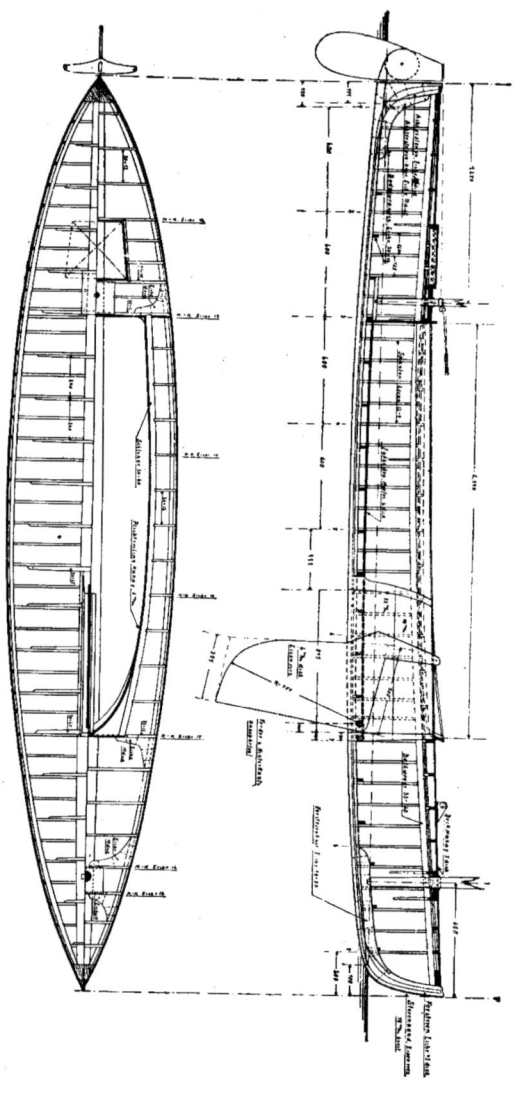

Eine neue Konstruktion Tillers, die nach seiner Aussage dem „Rowdy“-Typ im Rennen überlegen sein wird. Den Beschauer wird die vollendete, absolut ausgeglichene Harmonie der Linien erfreuen, die sich in allen Tillerschen Konstruktionen zeigt.

Die einfache, wohlunterteilte Segelfläche läßt im Verein mit dem kräftigen Sprung und der vollen Hauptspantform die treffliche Geeignetheit des Bootes auch für Wanderzwecke erkennen.

✦ ✦

7,5 qm-Scharpie-Segelkanu,

entworfen von A. Tiller, Berlin-Charlottenburg.

Maßstab der Pläne 1 : 30.

Länge über Alles 5,20 m, in der C. W. L. 4,70 m, größte Breite 0,90 m, Tiefgang des Rumpfes 0,12 m, mit Schwert 0,86 m, Seitenhöhe mittschiffs 0,235 m, Großsegel 5,25 qm, Besan 2,25 qm, vermessene Segelfläche 7,50 qm.

Es gibt unter den sportbegeisterten Kanufahrern eine Reihe solcher, deren Geldbeutel die Beschaffung eines Rundspant-Segelkanus sich nicht leisten kann. Für diese hat Tiller das hier gezeigte Scharpiesegelkanu entworfen, da ja bekanntlich die Scharpiebauart billiger ist als irgendeine Rundspantbauart. Dieses noch paddelbare Boot zeigt sehr gute Segeleigenschaften, die ja durch die Scharpieform keineswegs fühlbar beeinträchtigt werden. Der Unterschied zwischen Rundspant und Scharpiebauart dürfte höchstens in einer Regatta zutage treten, aber auch dann nur bei völlig gleichwertigen Steuerleuten. Stauraumverhältnisse und sonstige Bauausführungen sind aus den Zeichnungen leicht zu entnehmen.

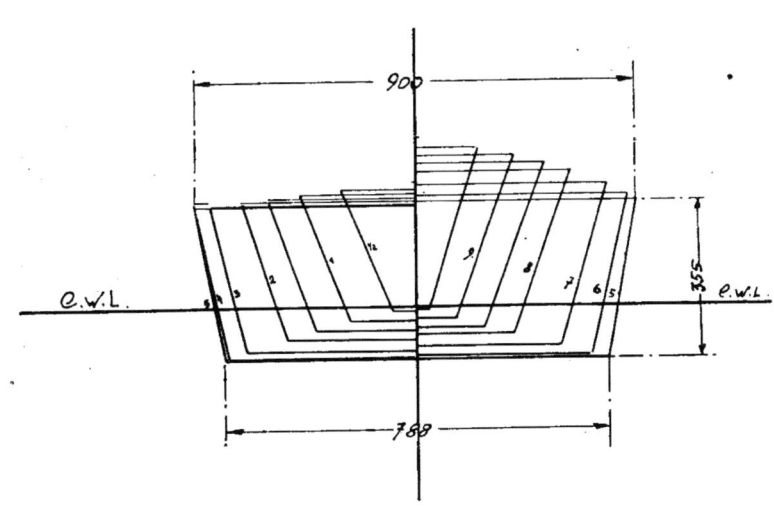

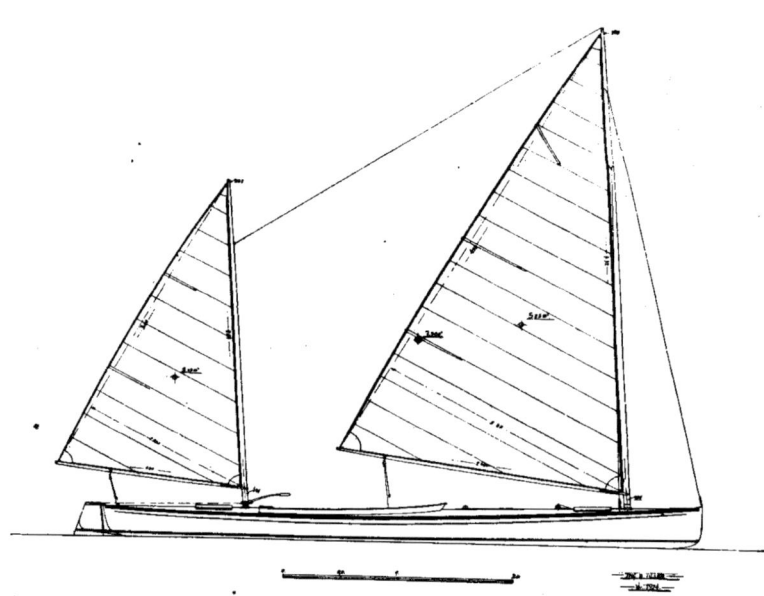

Segelriß des 7,5 qm-Scharpie-Segelkajaks von Tiller.
(Zum Text Seite 155.)

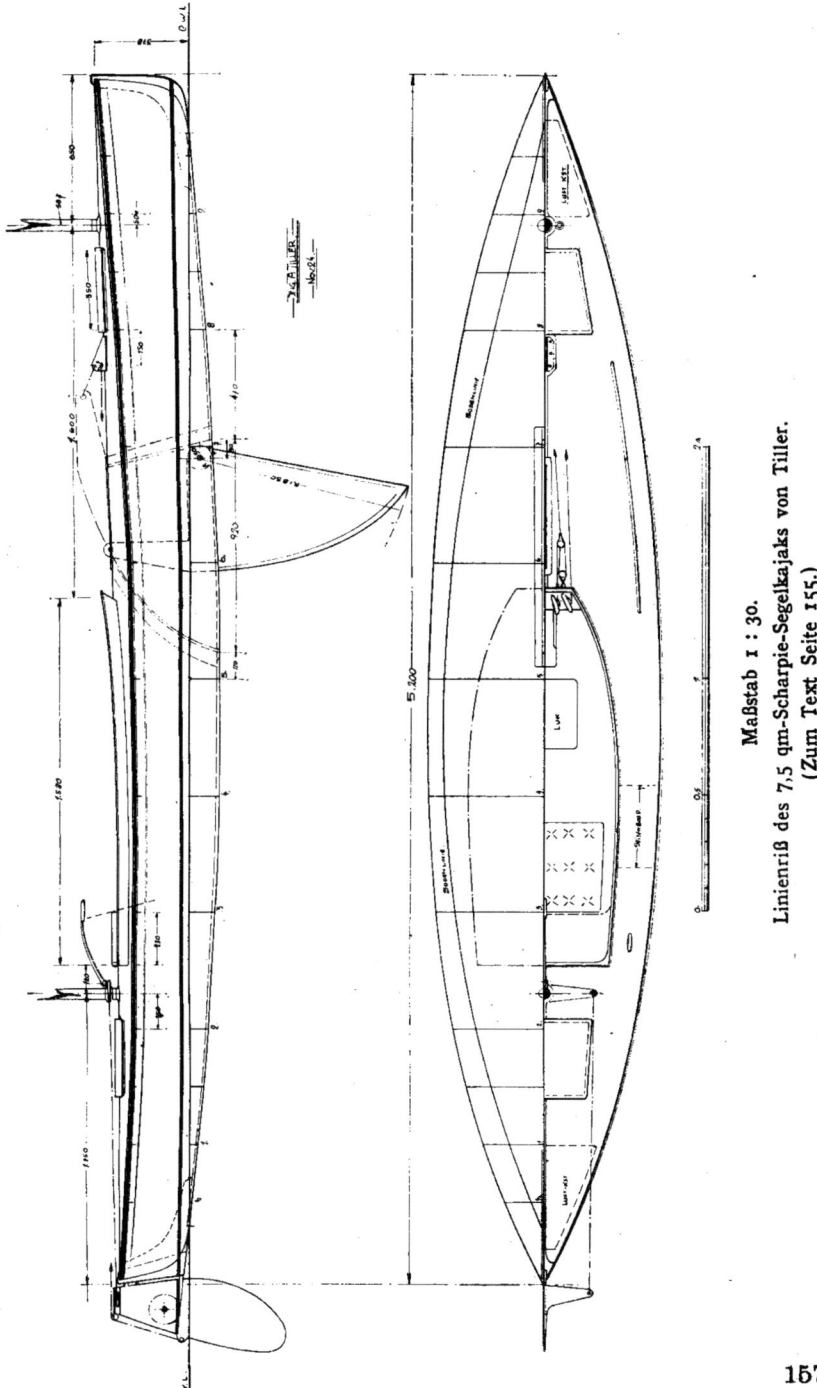

Maßstab 1 : 30.

Linienriß des 7,5 qm-Scharpie-Segelkajaks von Tiller.

(Zum Text Seite 155.)

7,5 qm-Rennsegel-Kanu „Maikäfer",

nach Vorschrift des Deutschen Kanu-Verbandes
entworfen von Oberingenieur Heinz Docter, i. Fa. Oertz-Werft A.-G., Hamburg
Maßstab der Pläne 1 : 40.

Länge über Deck .... 5,20 m
Breite................................. 0,96 m
Tiefgang mit Schwert .... 0,77 m
Am-Wind-Segelfläche .... 7,622 qm

Ein erfolgreicher neuer Typ! In drei Regatten gegen scharfe
Konkurrenz zwei erste und einen zweiten Preis. Durch die Takelung
mit einem Mast ist es gelungen, den Schwertkasten sehr weit nach
vorne zu schieben, so daß der offene Sitzraum nennenswert überhaupt nicht durch diesen beeinträchtigt wird, so daß man gegenüber
dem früheren Typ mit zwei Masten bedeutend mehr Bewegungs-
freiheit besitzt, was gerade beim Segeln sehr angenehm ist.

Bei der Konstruktion sind die letzten Erfahrungen des Renn-
jollenbaues verwertet. Beim Betrachten der Wasserlinien fallen
die sehr scharf und schlank ausgezogenen Vorschiffslinien besonders
auf. Auch die Schnitte verlaufen im Vorschiff äußerst scharf,
wodurch ein weiches Einsetzen des Fahrzeuges im Wellengang
ohne Fahrtverlust erzielt wird. Die Takelage verwertet die Erfahrungen des Rennseglers und verbürgt bei einem fabelhaft geringen
Gewicht nicht in letzter Linie die vorzüglichen Kreuzeigenschaften
des Fahrzeuges.

Erfolgreicher Hamburger 7½ qm-Segelkajak „Margot"
(C. Cl. Alsterbrüder).

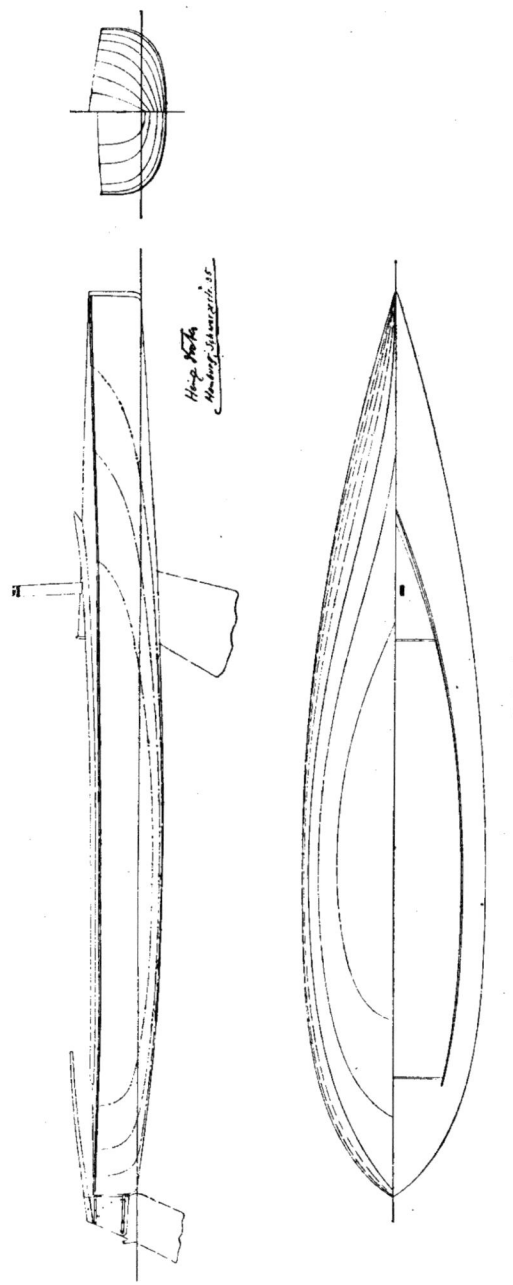

Maßstab 1 : 40.

Linienriß des „Maikäfer" von Docter.

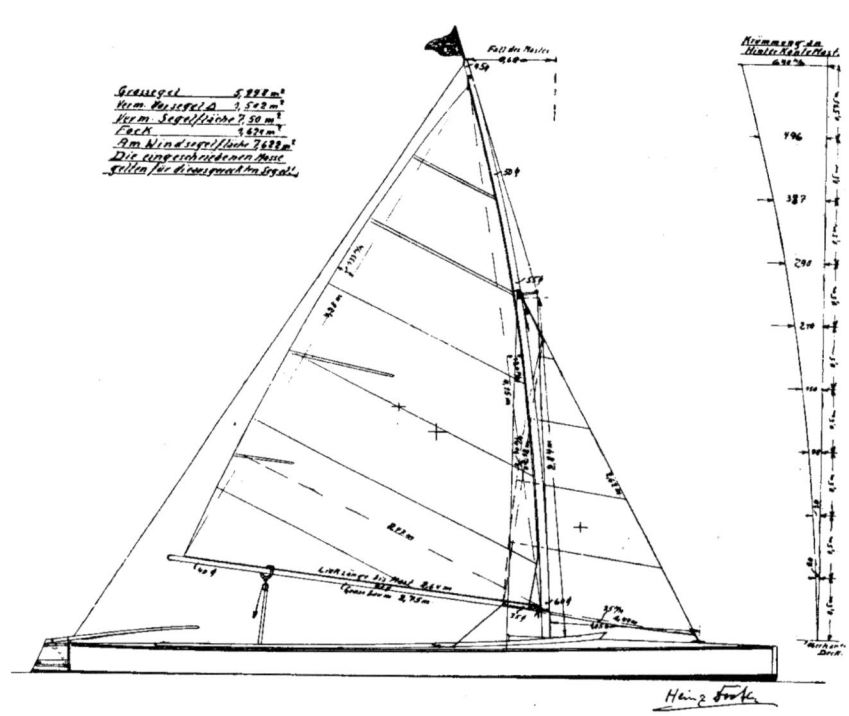

Segelriß des 7,5 qm-Segelkanus „Maikäfer".

7,5 qm-Segelkanu,

nach den Vorschriften des D. S. B.

(Deutscher Segler-Bund)

entworfen von Kurt Miculcy, Berlin-Charlottenburg.

Maßstab 1 : 40.

Größte Länge 5,00 m, Länge in der Wasserlinie 4,70 m, größte Breite 0,93 m, Breite in der Wasserlinie 0,84 m, geringster Freibord 0,22 m, Rumpftiefgang 0,12 m, Tiefgang mit Schwert 0,78 m.

Auch der Deutsche Segler-Bund ist daran interessiert, die in seinen Reihen befindlichen Kanusegler festzuhalten, und hat daher im Jahre 1924 seine Vorschriften für Segelkanus herausgebracht, die jedoch von denen des Deutschen Kanu-Verbandes. etwas abweichen. Der hier wiedergegebene Entwurf des Konstrukteurs Kurt Miculcy zeigt ein schlankes Boot von verhältnismäßig geringem Gewicht, das selbst bei ganz leichter Brise noch Fahrt unter Segel machen wird. Bei Flaute läßt es sich noch über große Strecken mit der Einblattpaddel gut fortbewegen, eine Eigenschaft, die für das Gelingen einer Wanderfahrt nicht ohne Bedeutung ist. Für die Fortbewegung vermittels der Doppelpaddel dürfte es wegen seiner großen Breite nicht geeignet sein.

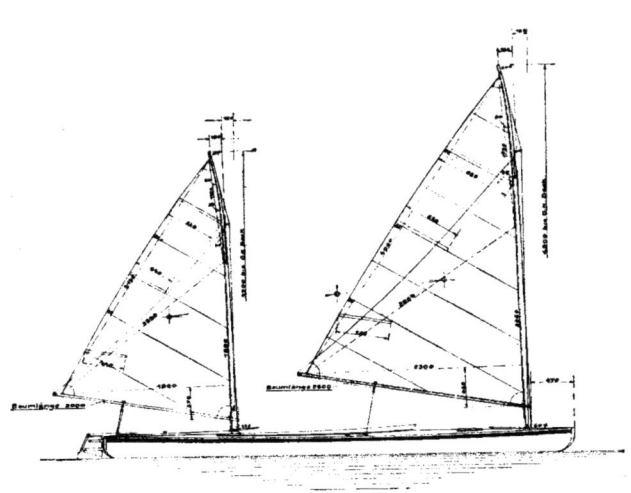

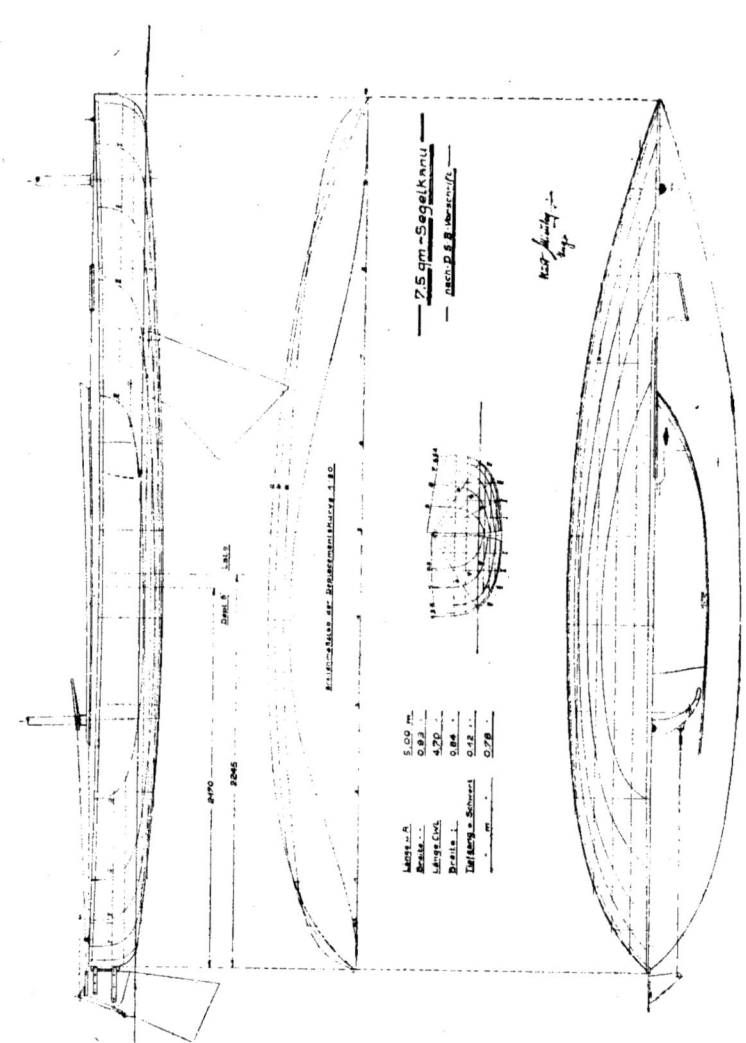

Linienriß des 7,5 qm-Segelkajaks von Miculcy.

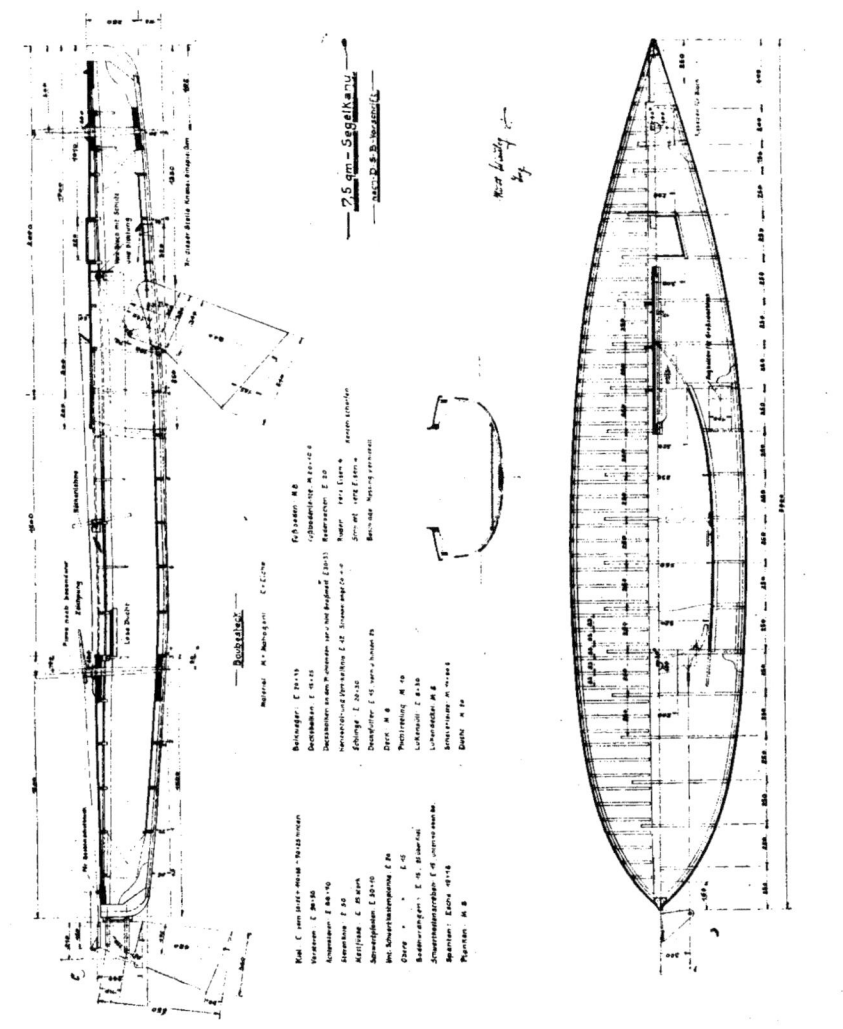

7,5 qm - Segelkanu
nach D. S. B. Wassersport

10 qm Segelkanu „Windspiel",

entworfen von Oberingenieur C. E. Heymann, Berlin-Steglitz.

Maßstab der Pläne 1 : 40, des Segelrisses 1 : 80.

Seinen scharfen Wasserlinien nach ist dieses Boot sehr schnell. Seetüchtigkeit wird andererseits durch die absolute Größe des Bootskörpers, durch hohen Freibord, starken Deckssprung, weite Eindeckung, scharfe Bug- und Heckspanten sowie durch die Anordnung der Besegelung gewährleistet. Insbesondere ist der Großmast nicht zu weit nach vorn gerückt und das Vorschiff dadurch wesentlich von schädlichem Druck entlastet.

Auch das Schwert ist aus dem gleichen Grunde nicht zu weit nach vorn gerückt, ragt nur mit seinem hinteren Drittel in den Sitzraum hinein, während der Schwertkasten zur Anbringung eines Klappnotsitzes mit benutzt wurde.

Der Sitzraum bietet bei einer lichten Länge von 1,70 m und einer Bodenbreite von 0,80 m genügend Nachtlagerraum; große Stauräume sind unter dem Vor- und Hinterdeck vorhanden.

Beachtenswert ist die Rudereinrichtung mit Senkruder, Doppeljoch, Drahtreep und Doppelpinne. In den Reepen sind Flugzeugspanner eingeschaltet, um toten Gang vermeiden zu können.

Der Großmast ist über Deck legbar und deshalb durch einen Vorstag und ein paar seitlicher Wanten abgestützt. Die Unterlieken der Segel sind in den Bäumen, die Vorlieken in den Masten eingezogen. Beide Segel sind mittels Reffer aus Rotguß mit Federarretierung reffbar, und zwar ohne daß der Reffer selbst gedreht werden muß. Vielmehr können die Segel durch ein einfaches Zurückziehen und Drehen der Bäume, von beliebiger Stelle aus, also selbst im Sitzen, auf- oder abgerollt werden.

Die Bauausführung des Kanus ist in allen Teilen kräftig gehalten und zum Teil stärker, als durch die internationalen Vorschriften verlangt.

Das Boot kann auf Verbandswettfahrten leider nur noch in der Altersklasse starten, da der Verband bekanntlich für die 10 qm-Klasse die internationalen Vorschriften angenommen hat.

Seine Hauptabmessungen betragen: Länge über Alles 6 m, größte Breite 1,24 m, geringster Freibord 0,28 m, Tiefgang mit Schwert 0,80 m.

Es wurde erstmalig für Berlin gebaut und gehört heute noch zu den schnellsten Berliner Booten.

✦✦

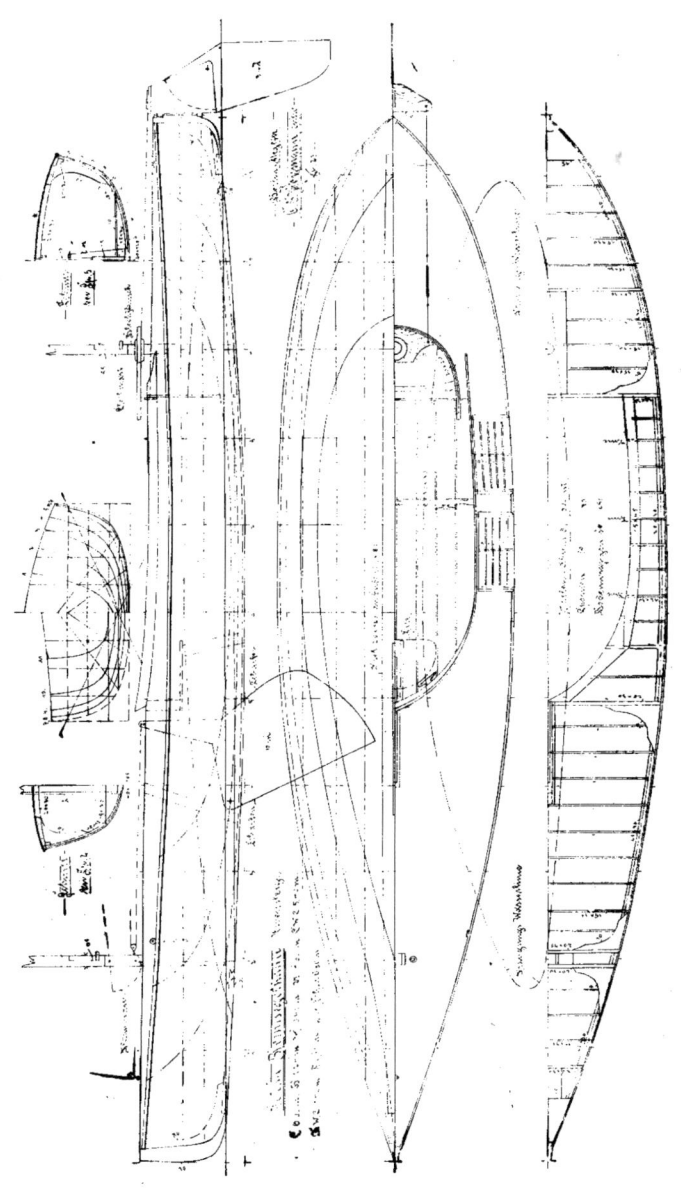

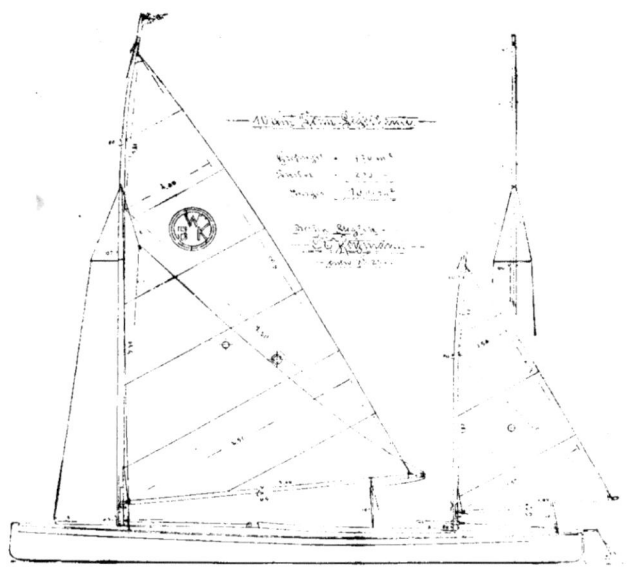

Segelriß des „Windspiel".

✦ ✦

phot. E. Brauer, Wannsee

Schwedische Segelkanus am Steg des Bootshauses der F. K. J., Stockholm.

Internationales 10 qm-Renn-Segelkanu,

entworfen von C. E. Heymann, Berlin-Steglitz, gebaut 1924.

Maßstab 1 : 40.

Größte Länge 5,20 m, größte Breite 1,06 m, geringster Freibord 0,36 m, Tiefgang mit Schwert 0,80 m.

Großsegel 7,50 qm, Besan 2,50 qm, vermessene Segelfläche 10,00 qm.

Der Entwurf hält in allem die goldene Mittellinie ein und vermeidet weislich alle Extreme. Daher eignet sich das Boot, welches für einen Segler des Österreichischen Kajak-Verbandes erstmalig gebaut wurde, insbesondere zu Wanderfahrten, wenn seine Ausmaße es auch für Regatten legitimieren. Bei Wettfahrten dürften ihm jedoch die extremen Konstruktionen überlegen sein.

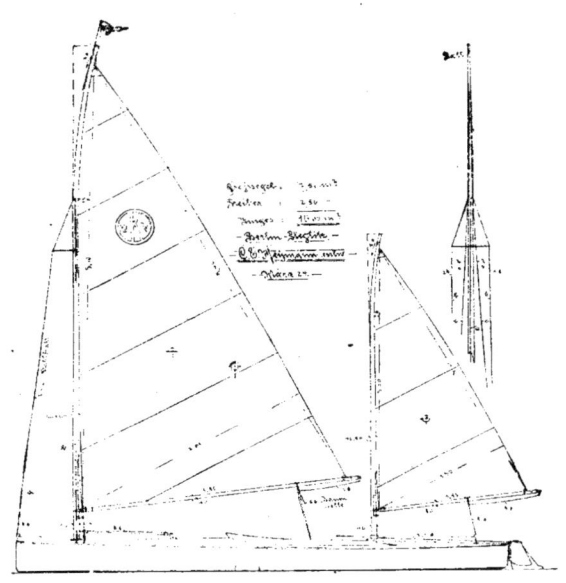

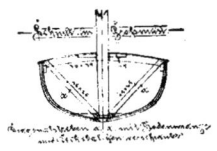

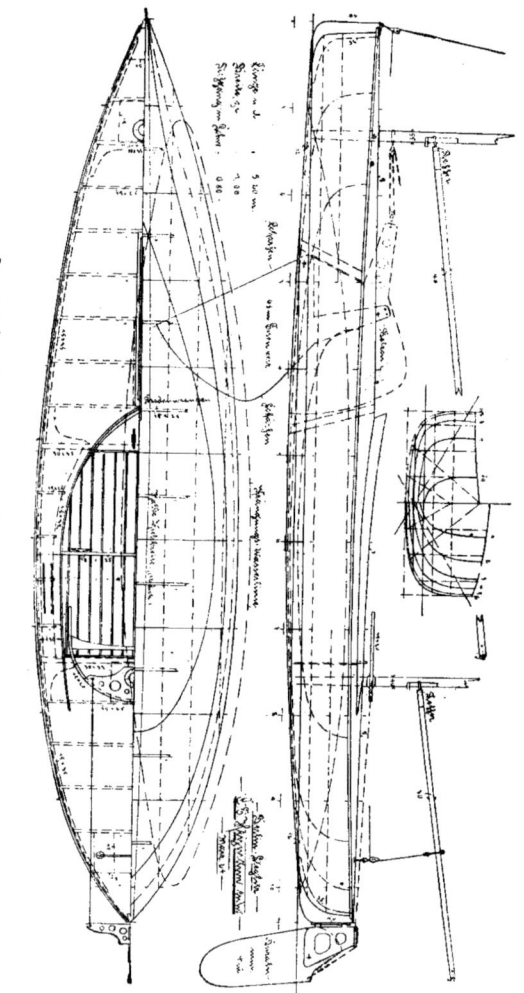

Internationales 10 qm-Segelkanu von Heymann.
(Zum Text Seite 167.)

5,20 m-Renn-Segelkanu,

Schwedische Klasse III B,
entworfen von Sven Thorell, Stockholm.

Maßstab 1 : 40.

Größte Länge 5,20 m, größte Breite 1,09 m, geringster Freibord 0,22 m, Rumpftiefgang 0,18 m, Tiefgang mit Schwert 0,91 m, Verdrängung 0,3 cbm, Besan 3,95 qm, Großsegel 6,05 qm, vermessene Segelfläche 10,00 qm.

Die Abmessungen des hier wiedergegebenen schwedischen Renn-Segelkanus sind so gewählt, daß dieses in die Klasse III B hineinpaßt. Die Fahrzeuge dieser Klasse vereinigen gute Segeleigenschaften, Seetüchtigkeit, Geräumigkeit und Stabilität, allerdings in der vorstehend aufgeführten Reihenfolge; denn sie sind zu breit und zu schwer, um mehr als nur gelegentlich gepaddelt zu werden. Außerdem ist gerade das obenstehende Boot durch seine scharfen Linien und seine abgerundete Spantform, die eine geschickte Mannschaft erfordern, unter bewußter Betonung der Renneigenschaften entworfen worden. Diese werden durch eine starke Verminderung der benutzten Fläche unterstützt. Die Takelung ist nicht reffbar. Wird jedoch noch ein zweiter Besan von 2 qm angeschafft, so ergeben sich je nach der Windstärke die verschiedenartigsten Kombinationen, da der größere Besan als Großsegel oder auch dieses allein in einer zweiten Mastspur gefahren werden kann.

Der Konstrukteur ist einer der bekanntesten schwedischen Fachleute.

Aus dem Sportleben des „Föreningen för Kanotidrott" (F. K. J.), Stockholm. Phot. E. Brauer, Berlin-Wannsee, gelegentlich einer Wanderfahrt im Einerkajak nach Schweden.

5,20 m-Rennsegelkanu von Thorell.
(Zum Text Seite 169.)

10 qm-Rennsegelkanu von Rosengren.
(Zum Text Seite 172.)

171

10 qm-Renn-Segelkanu,

Schwedische Klasse III B,

entworfen von A. H. Rosengren, Stockholm.

Maßstab 1 : 40.

Größte Länge 5,30 m, größte Breite 1,10 m, geringster Freibord 0,26 m,
Rumpftiefgang 0,12 m, Tiefgang mit Schwert 1,00 m.
Besan 3,00 qm, Großsegel 7,00 qm, vermessene Segelfläche 10,00 qm.

Während die stark abgerundete Spantform des 10 qm-Bootes
von S. Thorell sehr das Rennmäßige betont, das eine geschickte
Mannschaft erfordert, zeigen die hier wiedergegebenen Pläne
eines Segelkanus derselben Klasse eine interessante Lösung eines
anderen schwedischen Konstrukteurs mehr nach der Richtung
des Wanderfahrzeuges hin, was der flache Boden und die härter
herausgearbeitete Kimm erkennen läßt.

Aus dem Sportleben der „F. K. J.", Stockholm.
Phot. E. Brauer, Berlin-Wannsee.

Schwedisches 10 qm-Renn-Segelkanu „Oernungen",

entworfen von A. Magnusson, Karlstad.

Maßstab der Linien 1 : 40, des Segelrisses 1 : 80.

Größte Länge 5,20 m, größte Breite 1,08 m, geringster Freibord 0,23 m, Rumpftiefgang 0,15 m, Tiefgang mit Schwert 0,95 m, Verdrängung 0,25 cbm, Besan 3,50 qm, Großsegel 6,20 qm, Am-Wind-Segelfläche 9,70 qm.

Gelegentlich des internationalen Kanutages in Hamburg im Juli 1924 fanden auf der Alster zwei Kanu-Segelregatten statt. Mit großer Spannung sahen die Kanusegler besonders den Kämpfen der internationalen 10 qm-Klasse entgegen, welche die Qualität der deutschen Boote erweisen sollten.

Der Sieg der deutschen Boote wurde stürmisch bejubelt und auch deswegen besonders begrüßt, weil dadurch erwiesen wurde, daß auch auf diesem Gebiete die Erzeugnisse unserer deutschen Bootsbauindustrie zum mindesten ebenbürtig neben den besten der ausländischen stehen.

Die schwedischen Kanusegler dürfen als eine besondere Klasse angesehen werden; ihre Konstrukteure und Werften haben seit Jahren vorzügliche Boote herausgebracht und diesen besonderen Zweig der Bootsbautechnik auf einen hohen Stand der Entwicklung gebracht. Aus diesem Grunde werden die Freunde der Kanusegelei, insbesondere die der internationalen 10 qm-Klasse, die hierneben wiedergegebene Schöpfung eines der besten schwedischen Kanukonstrukteure mit Interesse begrüßen.

Segelkajak der „F. K. J.", Stockholm.
Phot. E. Brauer, Wannsee.

Segelriß des „Oernungen".

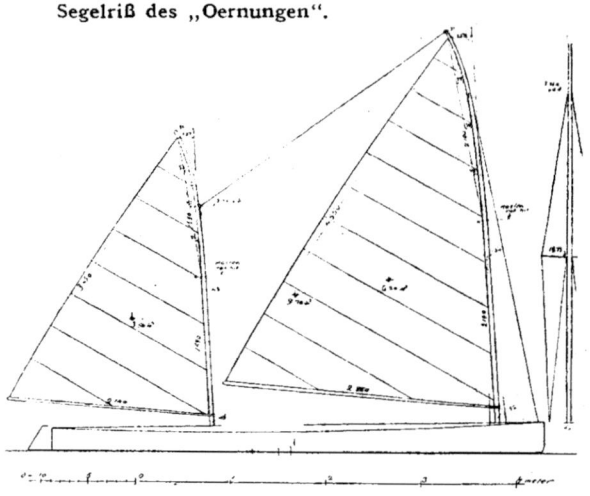

13 qm-Segelkanu der F. K. J., Stockholm
„Föreningen för Kanotidrott."

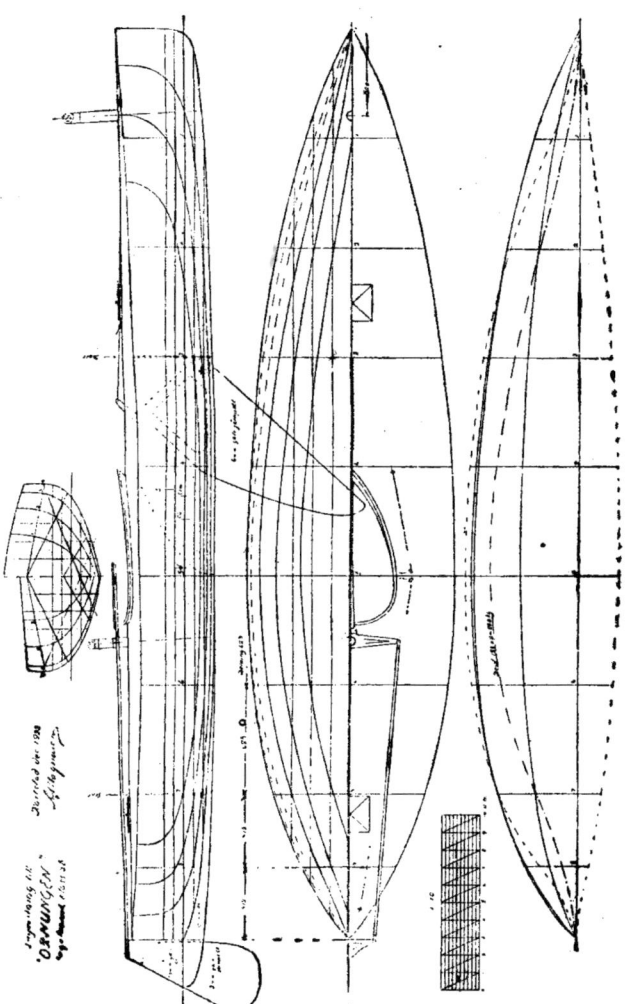

Schwedischer Zehner „Oernungen" von Magnusson.

10 qm-Segelkanu,

Schwedische Klasse III B,
entworfen von Erik Nilsson, Stockholm.

Maßstab der Pläne 1 : 40, des Segelrisses 1 : 80.

Größte Länge 5,20 m, größte Breite 1,10 m, geringster Freibord 0,30 m,
Rumpftiefgang 0,10 m, Tiefgang mit Schwert 0,78 m, Gewicht des regattaklaren
Bootes mit einer Person 160 kg.
Großsegel 7,40 qm, Besan 2,50 qm, vermessene Segelfläche 9,90 qm.

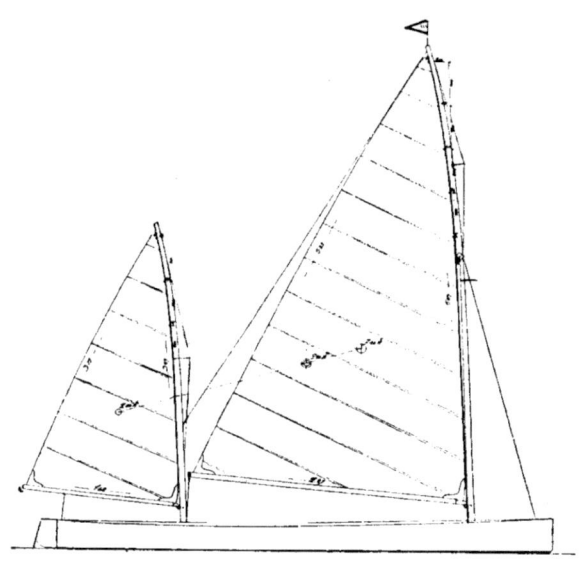

Auf der Werft von John Johansson in Stockholm ist dieses Boot gebaut worden, um als Vertreter der Stockholmer Segel-Gesellschaft an den Kanusegel-Wettbewerben in Karlstadt um den Kanu-Pokal teilzunehmen.

Die Risse selbst stammen von dem Konstrukteur Erik Nilsson, Stockholm. Allerdings ist das Boot nur dem Namen nach ein schwedisches, wenngleich es — seinen Abmessungen nach — den Vorschriften der schwedischen Klasse III B (10 qm-Segelfläche, größte Länge 5,20 m, größte Breite 1,10 m) voll entspricht. Es weicht aber besonders in der sehr völligen Spantform des Achterschiffes sowie in der sehr weiten und stark gegensätzlich gewählten Form der Vorschiffsspanten recht stark von dem in Schweden üblichen Typ ab, und es erinnert weit mehr an den von Linton Hope in der englischen B-Klassen-Kanus geschaffenen Typ, die bekanntlich recht gute, wenn auch nur von geschickten Seglern zu handhabende Boote sind.

Das Boot wird im Hinblick auf die oben angedeutete Absicht mit allen Neuerungen und extrem leicht gebaut.

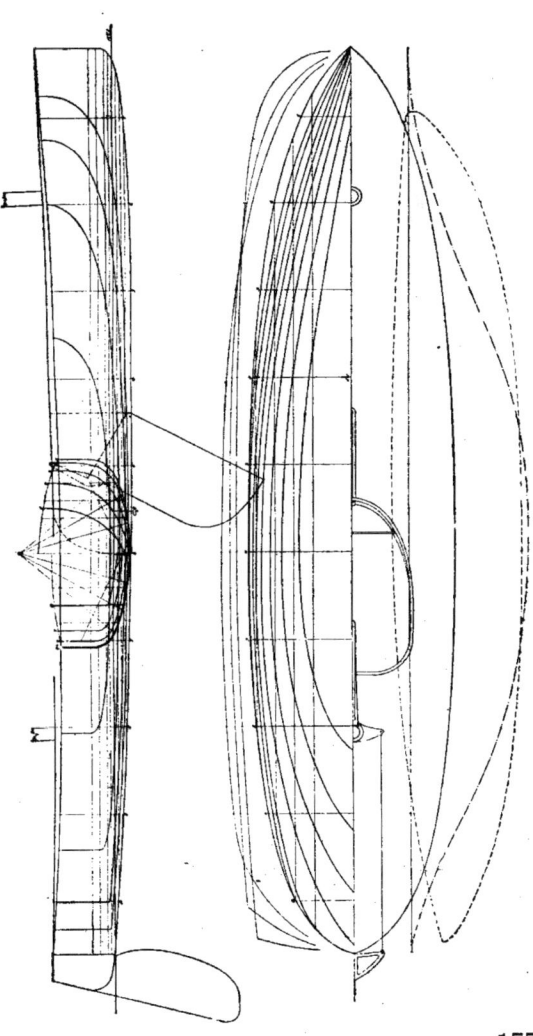

✦

13 qm-Kanukreuzer,

Klasse C des D. K. V.,

entworfen von A. Tiller, Berlin-Charlottenburg.

Maßstab der Pläne 1 : 50, des Segelrisses 1 : 100.

Größte Länge 6,00 m, Länge in der Wasserlinie 5,35 m, größte Breite 1,35 m, Breite in der Wasserlinie 1,225 m, geringster Freibord 0,32 m, Rumpftiefgang 0,19 m, Tiefgang mit Schwert 0,09 m.

Großsegel 10,40 qm, Vorsegeldreieck 2,60 qm, vermessene Segelfläche 13,00 qm.

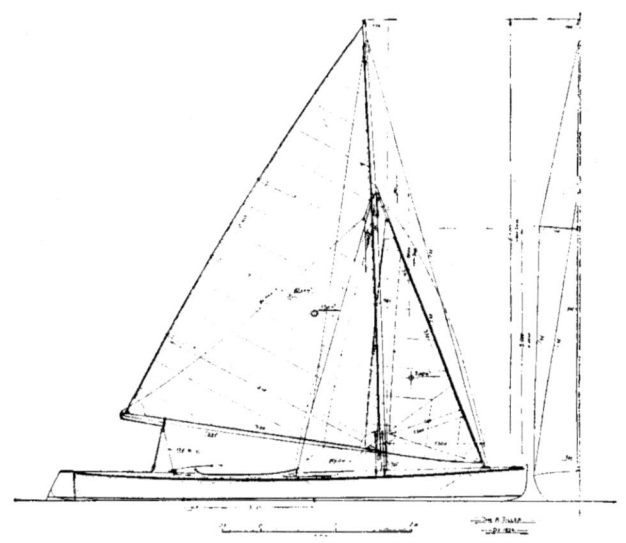

Berliner 13 qm-Segelkajak „Bob".

Bei der Betrachtung der nachstehend veröffentlichten Pläne freut man sich über die ruhige Eleganz der Linienführung und das harmonische Aussehen dieses Bootes, das man als ein elegantes Rennfahrzeug anzusprechen geneigt ist.

Erstaunt wird man aber sein, daß dieses Boot als Kanukreuzer bezeichnet wird und den Bestimmungen des D. K. V. über den Kanukreuzer entspricht. Bestimmungen über Kanukreuzer, die statt solcher elegante Rennfahrzeuge züchten, erscheinen allerdings unzweckmäßig, da sie ihren Zweck nicht erfüllen.

Die englischen und auch die neueren schwedischen Kanukreuzer zeigen vorbildlich, wie ein solches Reisefahrzeug wirklich aussehen muß.

Die hier wiedergegebenen Pläne veranschaulichen nicht etwa die Ansichten ihres Konstrukteurs über einen Kanukreuzer, sondern geben im Rahmen der Klassenvorschriften ein besonders gelungenes Fahrzeug wieder.

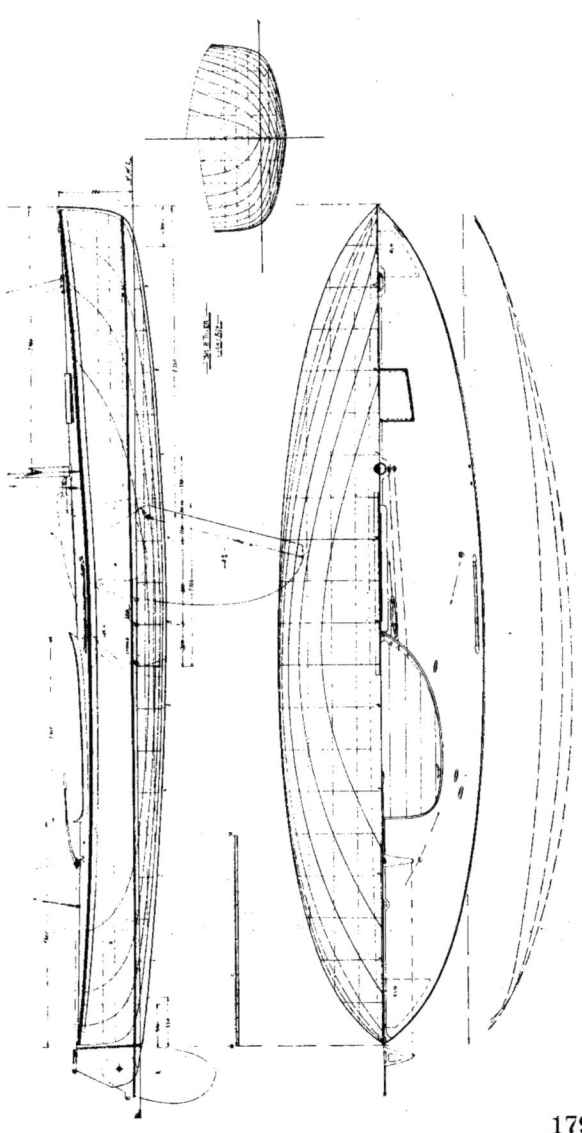

13 qm-Kanukreuzer,

D. K. V.-Klasse,

entworfen von C. E. Heymann, Berlin-Steglitz.

Maßstab der Pläne 1 : 50, des Segelrisses 1 : 100.

Größte Länge 6,00 m, größte Breite 1,40 m, geringster Freibord 0,32 m,
Rumpftiefgang 0,13 m, Tiefgang mit Schwert 0,92 m.

Das größte Klassenboot der vom Deutschen Kanu-Verband und
vom Deutschen Segler-Bund eingeführten Segelkanus ist das
13 qm-Segelkanu. Der D. K. V. bezeichnet es offiziell als ,,Kanu-
kreuzer", obgleich eine Kajüteneinrichtung nicht vorgesehen ist,
der D. S. B. nennt es einfach ,,Wander-Segelkanu".

Gegen diese unterschiedlichen Bezeichnungen dürfte nicht
viel einzuwenden sein, da der Kanusegler hinsichtlich der Bequemlichkeit anspruchsloser zu sein pflegt als der Großsegler
und mit einem praktischen Zelt vorlieb nimmt. Zu dessen Aufnahme ist in nebenstehendem Riß der Stauraum unter dem Hinterdeck kommodenartig mit vier Schiebladen von je 70 × 35 × 11 cm
ausgebaut. Etwa sonst noch gewünschte Schränke könnten unter
den Seitendecks eingebaut werden.

Die Plicht von 1,85 m Länge bietet Raum für zwei Schlaf-
plätze. Matratzen, Kojenzeug sowie sonstige Ausrüstung können
auf 1,50 m Länge unter dem Vordeck verstaut werden. Bringt
man an dem nur mit seinem hinteren Ende in den Sitzraum ragenden
Schwertkasten einen Klapptisch an, so ist tatsächlich unter dem
Zelt eine ausreichende Kreuzereinrichtung vorhanden.

Erfolgreicher 10 qm-Segelkajak ,,Radja"
(Canu-Club Alsterbrüder, Hamburg).

Die Bauausführung nach den Vorschriften des D. K. V. ist eine sehr starke, wie allerdings beim D. S. B. auch. Letzterer schreibt außerdem noch die Breite in der Wasserlinie an drei Stellen vor, um extreme Formen bei den Wander-Segelkanus auszuschließen; diese sind bei D. K. V.-Booten anwendbar. Hierin besteht also der Hauptunterschied zwischen den Segelkanus der beiden Organisationen, und darum wäre nach D. S. B.-

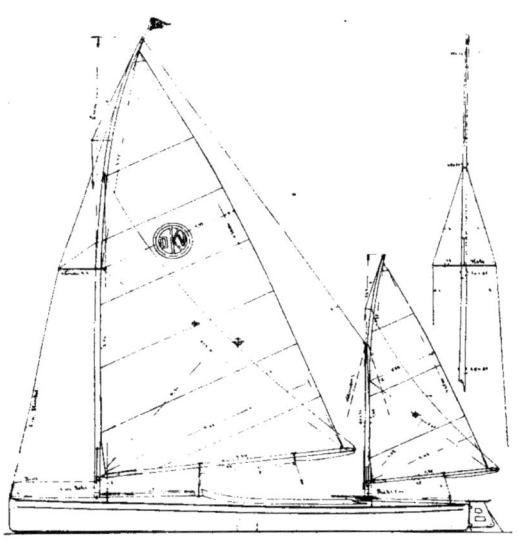

Vorschriften der vorliegende Entwurf in den Wasserlinien vorn zu scharf. Diese Schärfe ist jedoch gewählt, einmal weil das Boot an den Wettfahrten der Klasse teilnehmen soll, und weil es für das rauhe Wasser der Unterweser bestimmt ist.

Zu der Besegelung des vorliegenden Entwurfs sei noch bemerkt, daß der Großmast über dem Großbaum mittels Jütt und Talje klappbar ist. Der Besanmast ist nur ein Steckmast. Das nach dem Besanmast führende Achterstag des Großmastes kann bei allen Segelstellungen fest belegt bleiben und zur Unterstützung des Mastlegens benutzt werden, so daß dies bequem vonstatten geht.

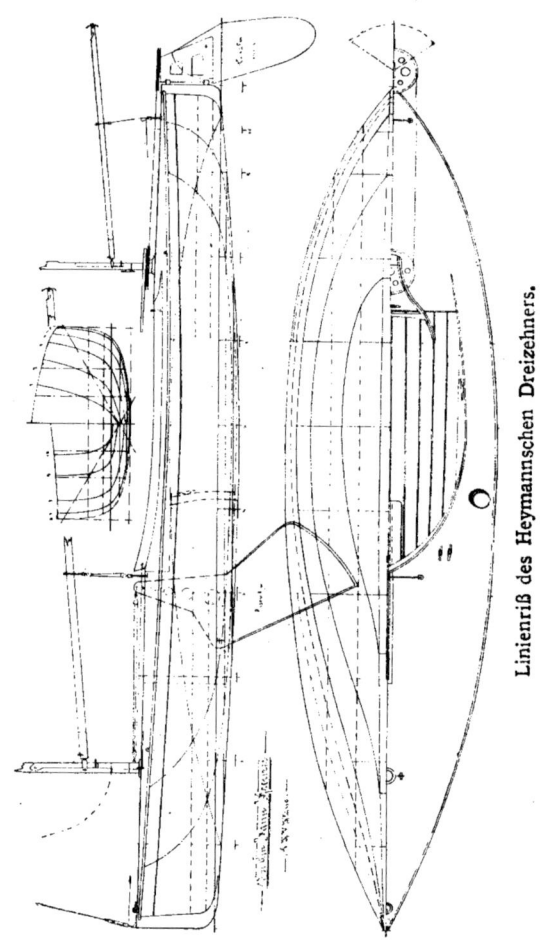

Linienriß des Heymannschen Dreizehners.

13 qm-Kanukreuzer

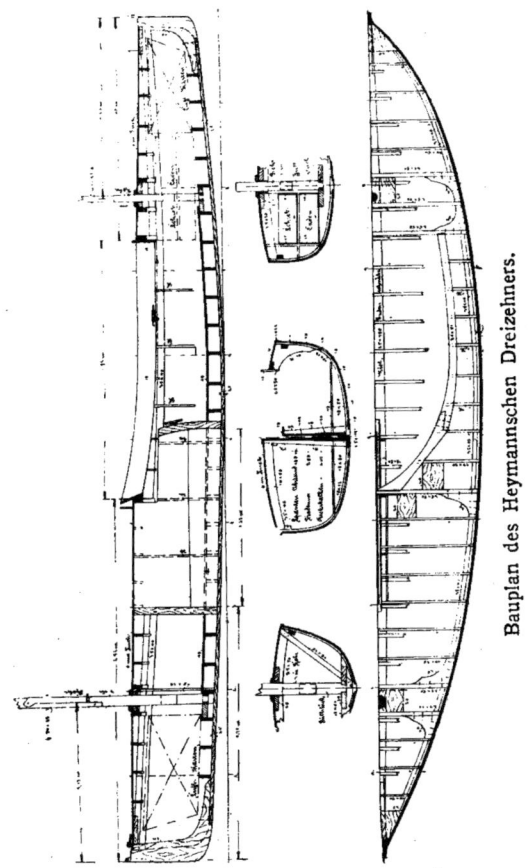

Bauplan des Heymannschen Dreizehners.

von Heymann.

183

Schwedischer Kanukreuzer,

der Klasse V B,
entworfen von E. Nilsson.

Maßstab 1 : 40.

Größte Länge 5,99 m, größte Breite 1,29 m, Tiefgang ohne Schwert 0,33 m,
Ballast 220 kg, Verdrängung 590 kg, Segelfläche 12,90 qm.

Dieses Boot ist sowohl als reines Regattaboot wie als brauch-
bares Langstreckenboot mit gewissen Kreuzereigenschaften konstruiert. Es gehört seinen Abmessungen zufolge zu den Ballast-
Segelkanus der Klasse V B. Seine Formen sind durchaus völlig
und darauf berechnet, die 13 qm betragende Segelfläche ohne
allzu große Balancierungskünste durchzuhalten, dies um so mehr,
als der Kiel mit einem Ballastgewicht von 220 kg beschwert ist.
Die scharfen Schnitte des Bootes im Vorschiff und die trotz aller
Völligkeit weichen Spantformen des übrigen Schiffes lassen ein
auch im Seegang trockenes und angenehmes Boot vermuten.

Die zwar in Aussicht gestellte, aber später leider nicht veröffentlichte Takelung ist insofern bemerkenswert, als bei ihr wohl
zum erstenmal auf einem schwedischen Kanu von der Zweiteilung
der Segel in Großsegel und Besan abgegangen und statt dessen
die gaffellose Slooptakelung gewählt worden ist.

Die Abmessungen des Fahrzeugs sind den Rissen beigegeben.

13 qm-Segelkanu der „F. K. J.", Stockholm.
Phot. E. Brauer, Wannsee.

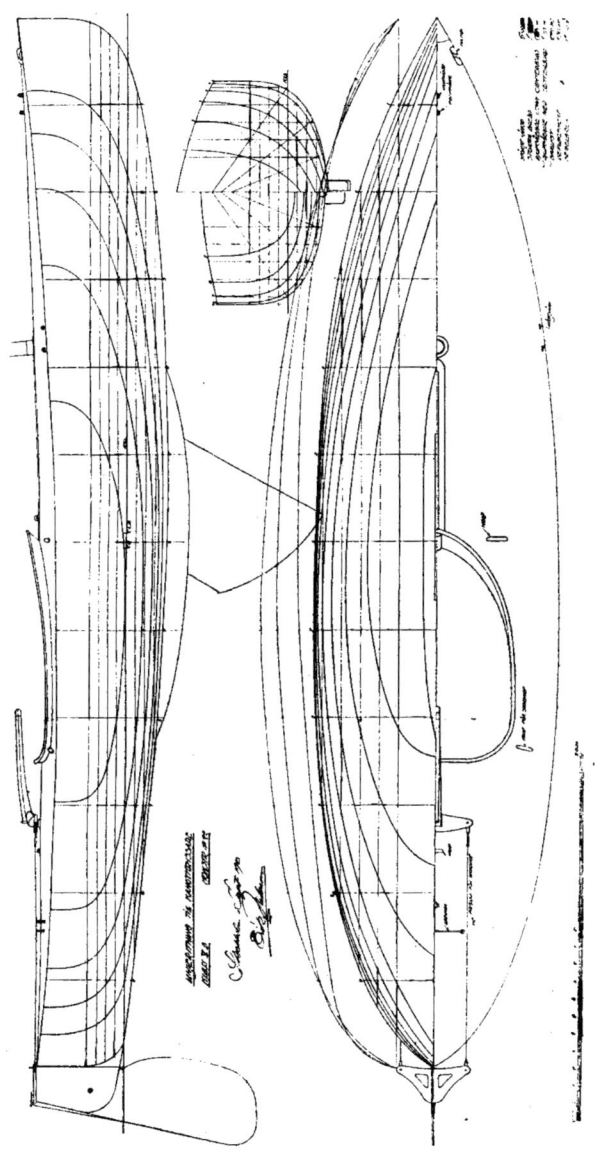

185

Englisches „C"-Klassen-Segelkanu,

entworfen und gebaut von Morgan Giles, Hytle, Southampton.

Maßstab der Pläne 1 : 40, des Segelrisses 1 : 80.

Größte Länge 5,18 m, größte Breite 1,07 m, Raumtiefe mittschiffs 0,314 m, Verdrängung im Renntrimm (einschließlich Besatzung) etwa 0,14 cbm.

Während die Engländer, deren Kanusegelei durch den Royal-Canoe-Club vertreten wird, mit ihren A- und B-Klassen — besonders aber mit der letzten — die reine Rennsegelei in ihrer höchsten Vollendung pflegen, haben sie in der C-Klasse die Klasse für die Wanderfahrzeuge geschaffen.

Diese Eigenschaft kommt allerdings in der Hauptsache nur in der formstabileren Gestaltung des Hinterschiffes zum Ausdruck, da die sonstige Einrichtung alles das vermissen läßt, was man

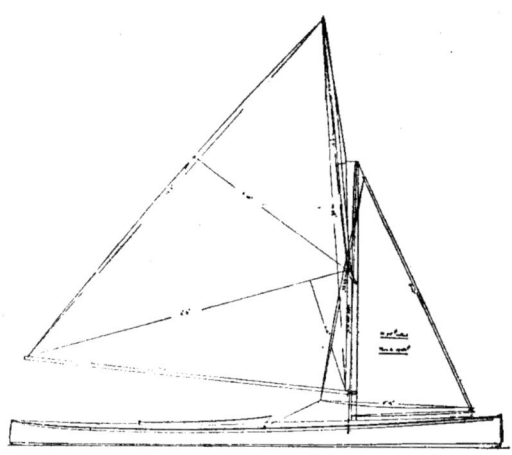

von deutschen Wanderfahrzeugen ähnlicher Art und Größe fordert. Allerdings muß man dabei berücksichtigen, daß die englischen Fahrzeuge nicht immer nur binnen, sondern auch an der Küste auf See gefahren werden, woraus sich die kleine Plicht und die weite Eindeckung erklärt.

Nicht uninteressant ist die Art, wie die im englischen Kanusport unerläßliche Bedingung, daß das Boot vorn und hinten spitz sein muß, erfüllt worden ist.

Das im nebenstehenden wiedergegebene Boot stammt von Morgan Giles, einem bekannten englischen Yachtkonstrukteur.

Es entspricht noch nicht ganz den neuesten Bestimmungen der „C"-Klasse, die einige Jahre nach dem Bestehen der Klasse etwas geändert worden sind. Infolgedessen ist das Boot noch um ein Fuß (0,305 m) länger, als die gegenwärtigen Vorschriften dies gestatten. Auch die Breite ist um ½ Fuß (0,152 m) größer, als sie jetzt zugelassen ist. Bei der Segelfläche, die im vorliegenden Entwurf 9,15 qm beträgt, ist ebenfalls in den neuesten Vorschriften ein Abstrich um 20 Quadratfuß gemacht worden, was etwa der Größe des Vorsegeldreiecks von 1,86 qm entspricht, so daß die Klasse jetzt nur noch 7,43 oder rund 7½ qm Segel hat.

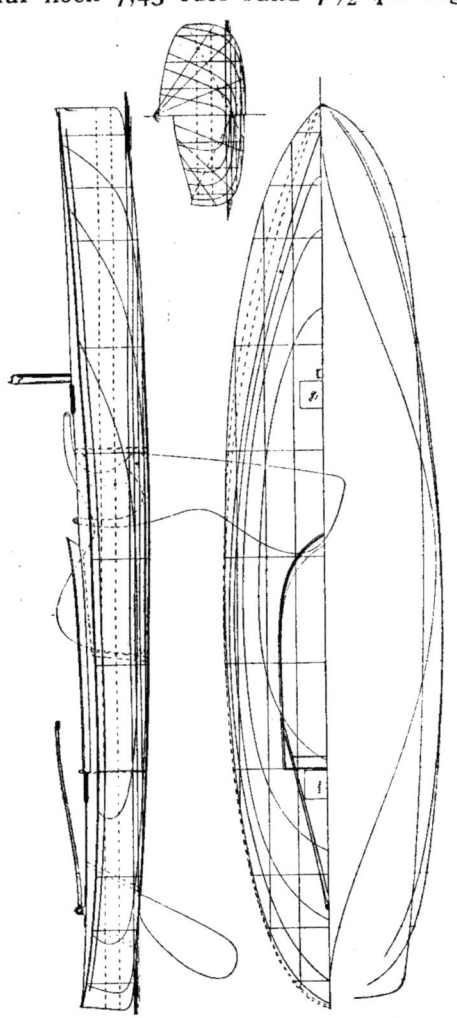

Englisches 14 qm-Segelkanu „Jota",

entworfen von D. V. Hotchkiss, London, gebaut 1923 in England.

Maßstab der Linien 1 : 40, des Segelrisses 1 : 80.

Größte Länge 5,18 m, größte Breite 1,07 m.

Vermessene Segelfläche 13,94 qm.

Auch in England beschäftigt die Frage der Baukosten der Segelkanus für Renn- sowie für Wanderzwecke außerordentlich die führenden Persönlichkeiten des Kanusports. Die wirtschaftlichen und damit die Einkommensverhältnisse sind, wie ja allgemein bekannt, auch im Lande der „Sieger" derartig traurige, daß man sich, wie auf allen anderen Gebieten, so auch auf der Kanusegelei, nach der Decke zu strecken sucht.

Von diesen Gesichtspunkten aus sind die hier wiedergegebenen Pläne des 14 qm-Segelkanus „Jota" zu betrachten, das sich der Vizekommodore des Royal-Canoe-Club in London versuchsweise von dem bekannten Konstrukteur D. V. Hotchkiss entwerfen und erbauen ließ.

Lediglich um die Baukosten möglichst herabzudrücken, wurde die Scharpieform, allerdings mit etwas gerundetem Boden, gewählt, ebenso das achtern freihängende Ruder aus einer Stahlplatte statt

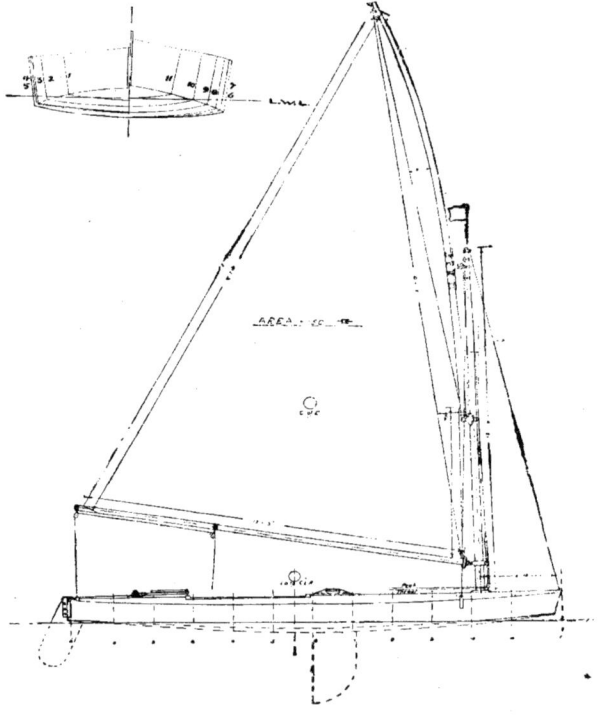

des üblichen, in einem Kasten aufholbaren Balanceruders unter
dem Heck. Auch die sehr vereinfachte Besegelung ist durch die
Baukostenfrage beeinflußt. Als Baumaterial für den Bootskörper
ist fast durchweg Spruce genommen worden.

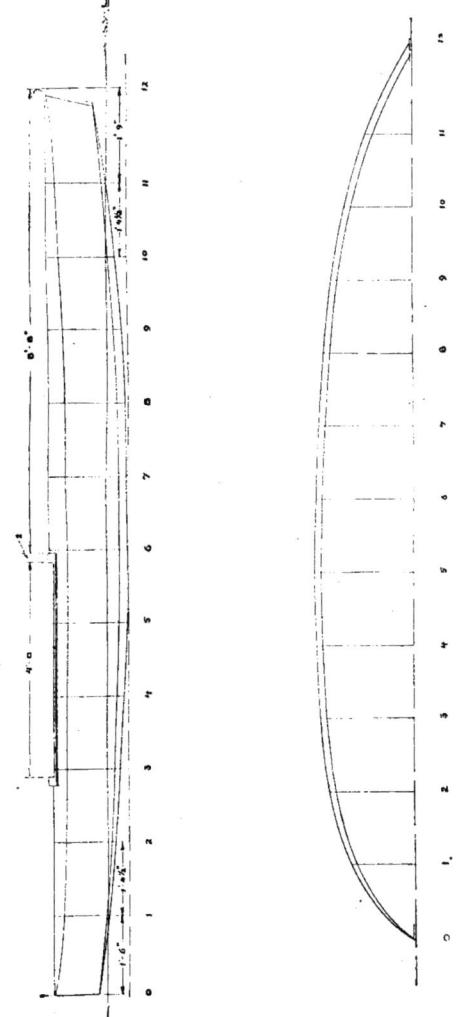

Der Versuch mit „Jota" wird von den englischen Kanuisten
als geglückt angesehen; im Herbst 1924 konnte sie unter bester
Führung noch fünf erste Preise von den Regatten heimbringen.

10 qm-Kanu-Yawl „Ethel",

entworfen und gebaut von George F. Holmes, Mersey.

Maßstab der Pläne 1 : 40, des Segelrisses 1 : 80.

Größte Länge 3,96 m, größte Breite 1,37 m, geringster Freibord 0,30 m, Rumpf-tiefgang 0,14 m, Tiefgang mit Schwert 0,53 m, loser Innenballast 51 m, Besan 1,90 qm, Großsegel 8,10 qm, Am-Wind-Segelfläche 10,00 qm.

Die Form und Art der Besegelung der nun folgenden Boote mutet heute etwas fremdartig an, nachdem die breitausladenden Luggersegel der Steilpiek- bzw. in letzter Zeit immer mehr auch der Hochbesegelung gewichen sind.

Dennoch ist die Wiedergabe dieser als überholt angesehenen Besegelungen wertvoll als Maßstab für die Größe derselben.

Die Unterteilung der Segelfläche in Großsegel und Besan ist natürlich heute noch genau so zweckmäßig wie ehedem, allein

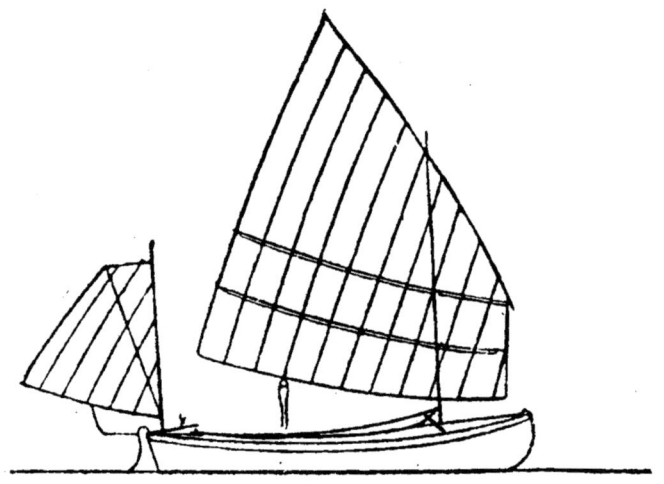

schon im Hinblick auf die Handlichkeit und Verstaubarkeit der Spieren.

Der Deutsche Kanu-Verband hat als größtes Klassenboot das Kanukreuzer genannte 13 qm-Boot. Die Klassenvorschriften haben aber noch nicht alles hervorgebracht, was man von einem Fahrzeug mit so vielversprechendem Namen erwarten darf, denn hier ist die Entwicklung noch nicht vollendet.

Die Bezeichnung dieses Klassenbootes dürfte mit „13 qm-Segelkanu" fraglos besser getroffen werden.

Man sollte einen Segelkanutyp von etwa 25 qm Größe, der etwas Ballast, lose innen oder festuntergebolzt außen fährt, ein „Kreuzerkanu" nennen, wenn er ohne Kajütaufbau ist, und ihm die Bezeichnung „Kanukreuzer" geben, wenn er einen festen Aufbau hat.

Die beiden nachstehend wiedergegebenen Fahrzeuge „Ethel" und „Daisy" müssen demnach also „Kreuzerkanus" genannt werden, was ihre Eigenart fraglos am besten kennzeichnet.

Das „Kreuzerkanu" kann mittels Paddel fortbewegt werden, es soll aber seinen Gattungsnamen nicht verlieren, wenn es mit Riemen oder Skulls gerudert wird. Protzen hat diesen Standpunkt vertreten, und auch die beiden veröffentlichten Risse zeigen eine Rudereinrichtung. Eine gewisse Einschränkung dieses Fortbewegungsmittels sollte nur insofern getroffen werden, als ein Herausragen der Dollenhalter über die größte Breite des Kanus nicht gestattet werden dürfte.

Die beiden hier wiedergegebenen Boote stellen Typen dar, in denen das Segeln auch dem Kanusegler im reiferen Alter die Sportausübung zur uneingeschränkten Freude macht.

Die kleinere Kanu-Yawl ist vielfach, auch in Deutschland, nachgebaut worden und hat sich auf weiten Reisen, z. B. durch Holland, bestens bewährt.

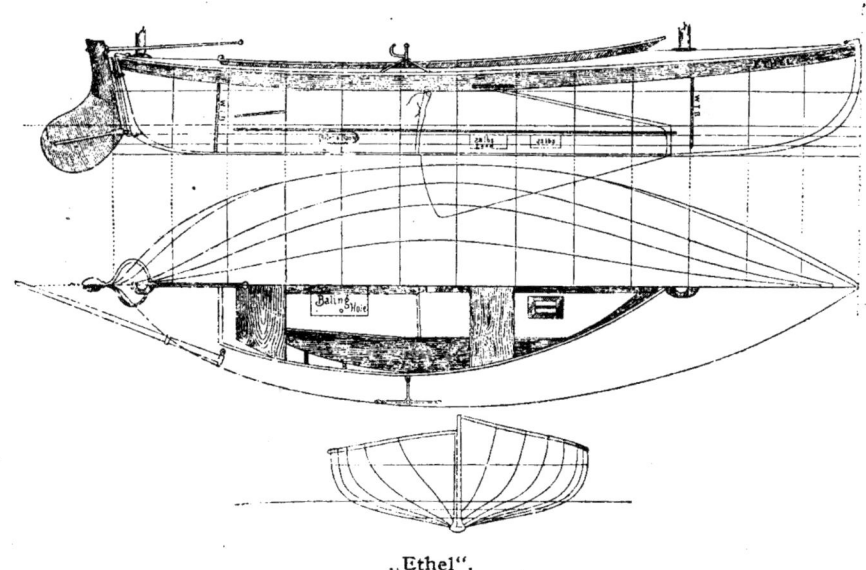

„Ethel".

17,50 qm-Kanu-Yawl „Daisy",

entworfen und gebaut von George F. Holmes, Mersey.

Maßstab der Pläne 1 : 40, des Segelrisses 1 : 80.

Größte Länge 5,49 m, größte Breite 1,60 m, geringster Freibord 0,35 m, Rumpftiefgang 0,41 m, Tiefgang mit Schwert 0,92 m, Besan 3,50 qm, Großsegel
14,00 qm, Am-Wind-Segelfläche 17,50 qm.

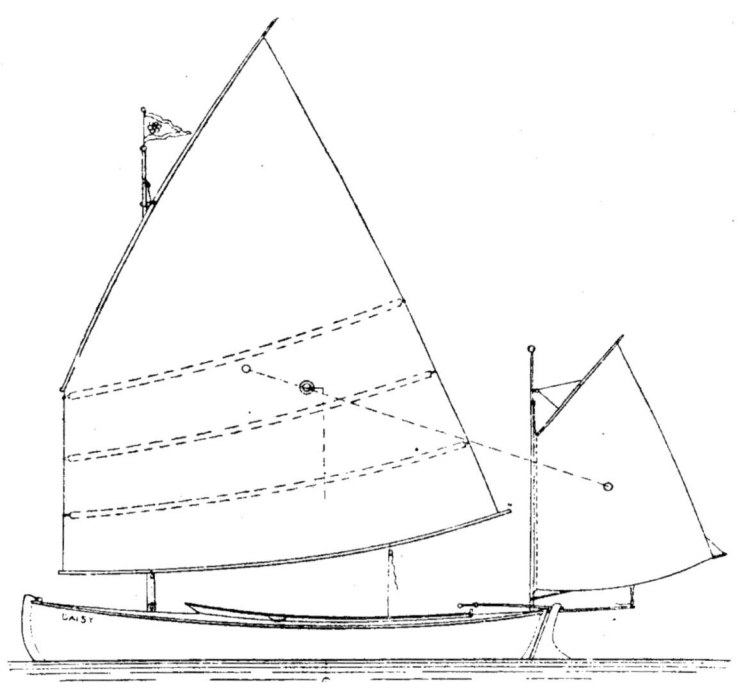

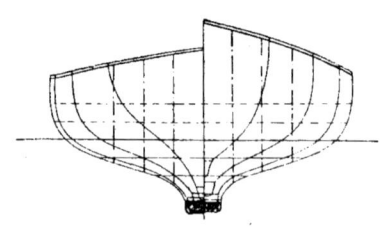

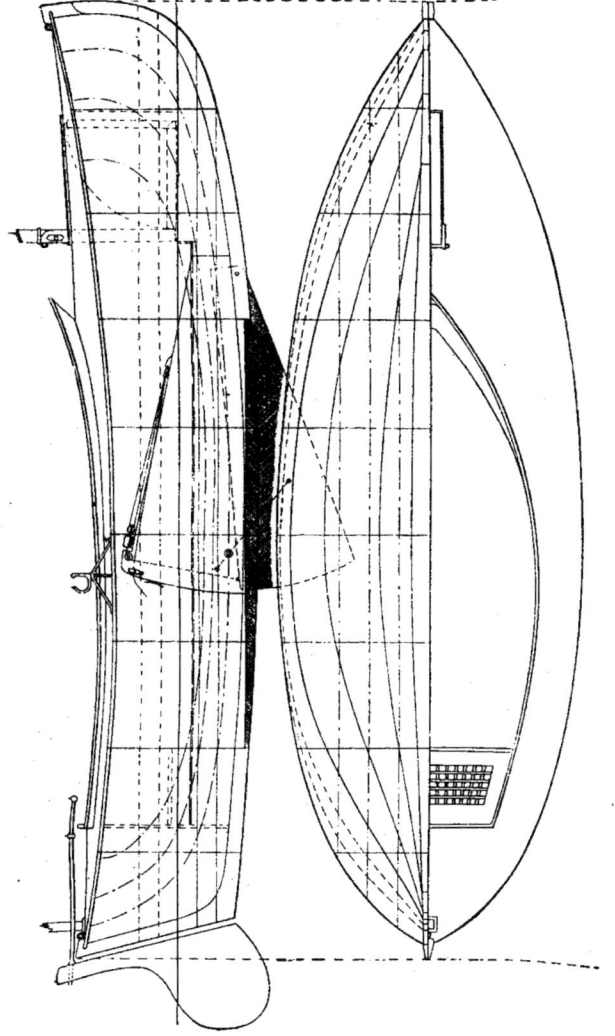

„Daisy".

6,55 m-Kanukreuzer mit Hilfsmotor,

entworfen von C. Padgett Hodson, London.

Maßstab der Pläne 1 : 50, des Segelrisses 1 : 100.

Größte Länge 6,55 m, Länge in der Wasserlinie 5,85 m, größte Breite 2,34 m, geringster Freibord 0,50 m, Rumpftiefgang 0,61 m, Tiefgang mit Schwert 1,37 m, Großsegel 17,25 qm, Rollfock 4,25 qm, Am-Wind-Segelfläche 21,50 qm.

Die eigenartigen Vorzüge, welche das Kanu besitzt, namentlich sein gutes Benehmen im bewegten Wasser, legten sehr bald den Gedanken nahe, solche Fahrzeuge in größerem Maßstabe zu erbauen, ihnen im übrigen aber Besegelung und Form des Kanus

Kanukreuzer.

vollkommen zu belassen. Der Versuch ergab gute Resultate, und bald bevölkerten solche Fahrzeuge in größerer Menge die Flußmündungen und Küsten Englands, in welchem Lande sie entstanden.

194

Ihre Entwicklung ging bald eigene Wege. Kanu-Yawls und mehr noch die modernen einmastigen Kanukreuzer haben mit dem Segelkanu oft nur mehr das Äußere gemeinsam. Typisch an ihnen ist aber stets das spitzgattartige Kanuheck und der starke Deckssprung. Auch die Linienführung des Rumpfes weist einige, dem reinen Kanu ähnliche Züge auf. Aber in den oft beträchtlichen Abmessungen und Gewichten stehen sie doch schon näher den Segelyachten.

Der Kanukreuzer verdankt seine Entwicklung dem auch in Deutschland nicht unbekannten englischen Kanusegler George F. Holmes. Diese Entwicklung stellt sich am besten in Mr. Holmes

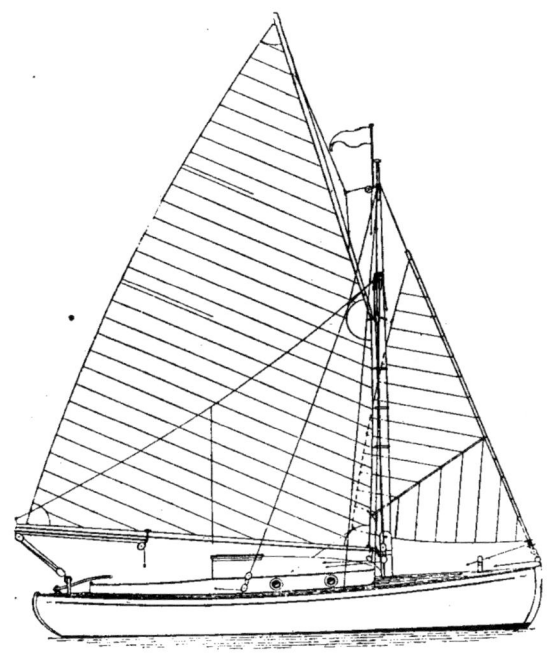

eigenen Booten „Cassy", „Ethel", „Eel" und „Snippet" dar. (S. auch die vorhergehenden und folgenden Risse!)

„Eel", das erste Boot dieser Reihe mit einer richtigen, wenn auch sehr kleinen Kajüte, war eine Kanu-Yawl, deren Zeichnungen verschiedentlich in der Fachpresse veröffentlicht wurden und manchem älteren deutschen Segler gewiß noch bekannt sein werden.

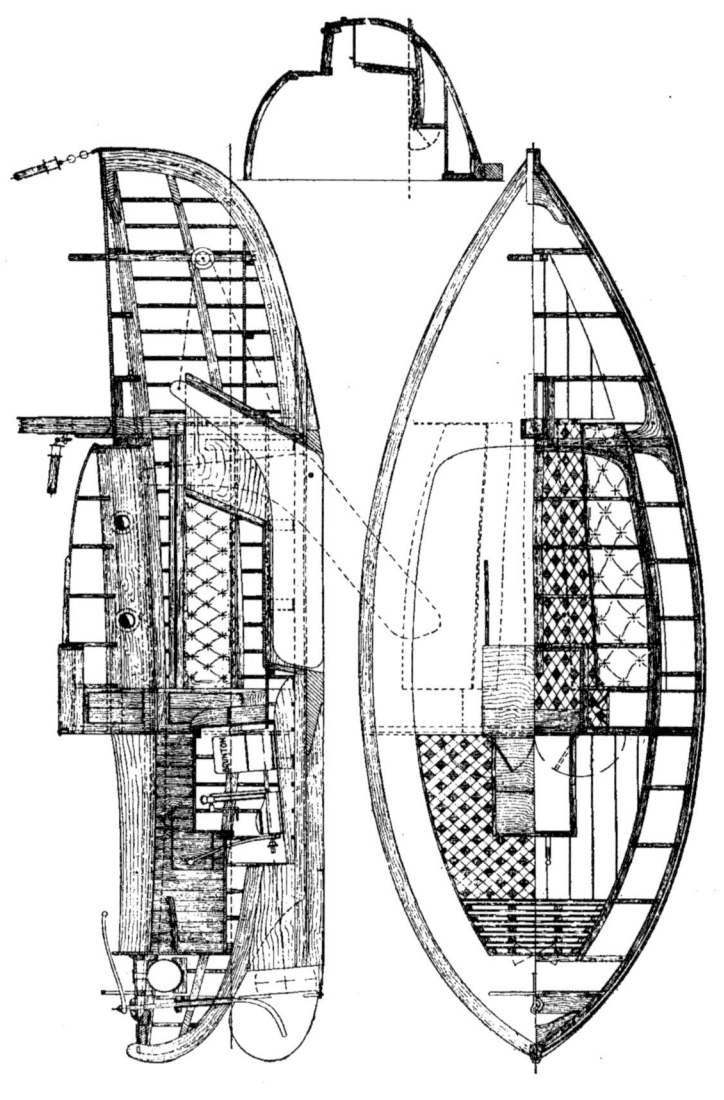

„Eel" wurde verschiedentlich, auch in Deutschland, nachgebaut, und der Typ ist weiter entwickelt worden, so daß die heute zum Schlusse hier veröffentlichte kleine Yacht, wie sie doch wohl schon bezeichnet werden darf, vom Reißbrett des in England bekannten Konstrukteurs C. Padgett Hodson wohl als einer der modernsten Vertreter seiner Gattung angesehen werden darf.

Die immerhin doch recht umständliche Yawlbesegelung ist der modernen Sluptakelage gewichen; sie ist zugeschnitten für den englischen Einhandsegler, der immer noch Rollreff und Rollfock bevorzugt.

Das Innere des kleinen Kreuzers ist von einer überraschenden Geräumigkeit. Der kleine 6—8 P.S.-Zweizylinder-Zweitakt-Brunton-Motor ist recht geschickt eingebaut. Er stört im Sitzraum so gut wie gar nicht und ist doch von allen Seiten bequem zugänglich.

Das Mittelschwert verdient besondere Erwähnung.

Zunächst kann es neben dem kleinen, untergebolzten gußeisernen Ballastkiel als Mehrer der Gewichtsstabilität angesehen werden; besteht es doch aus einer stählernen Platte von nicht weniger als 22 mm Dicke. Infolge seiner messerartigen Form wird der Schwertkasten in der Kajüte überhaupt nicht als störend empfunden werden; das Schwertfall, biegsames Bronze-Drahtseil oder dünne Kette, läuft über eine Rolle am Poller unter dem Kajütfußboden durch zu einer kleinen Handwinde im Sitzraum.

In diesen Kanukreuzer-Typen wird die notwendige Weiterentwicklung des Klassensystems des Deutschen Kanu-Verbandes zu sehen sein. Er muß solche größeren, auch seglerisch mehr bietenden Fahrzeuge schaffen, will er seinen wertvollsten Mitgliedern etwas bieten, ohne diese an den Segelsport zu verlieren.

◆◆

38 qm-Kanukreuzer „Snippet",

entworfen und gebaut von George F. Holmes, Mersey.

Maßstab der Pläne 1 : 75, des Segelrisses 1 : 50.

Größte Länge 8,53 m, Länge in der Wasserlinie 6,71 m, größte Breite 2,59 m, geringster Freibord 0,60 m, Rumpftiefgang 0,76 m, Tiefgang mit Schwert 1,65 m, Besan 6,00 qm, Großsegel 23,25 qm, Fock 8,75 qm, Am-Wind-Segelfläche 38,00 qm.

Mag der Kanukreuzer, wie Tiller nicht mit Unrecht sagt, mit dem Kanu oft nur das Äußere gemeinsam haben, mag die Artabgrenzung zwischen Kanukreuzer, Jollenkreuzer und Kielschwertkreuzer schwierig, in manchen Dingen fast unmöglich sein, mag sich auch durch die sportliche Betätigung im Kanukreuzer die klar gezogene Grenze zwischen Kanusport und Segelsport verwischen, der Deutsche Kanuverband steht vor der Entscheidung, den Kanukreuzer in dieser oder jener Form in sein Klassensystem und sein Sportprogramm aufzunehmen, will er nicht untätig und machtlos zusehen, wie seine älteren und besten Mitglieder ihn verlassen, um sich dem Segelsport zuzuwenden. Der Verlust an innerer Stärke ist in diesem Fall viel schwerwiegender als der materielle.

Der Deutsche Segler-Bund beabsichtigt, neben seinen Jollenkreuzerklassen ein oder zwei kleine Kielschwertkreuzerklassen zu schaffen. Kanukreuzer und Kielschwertkreuzer haben so sehr viel Gemeinsames, wie auch die beiden nachstehend wiedergegebenen bewährten und vorbildlichen Pläne zeigen, daß die beiden großen Verbände, der Kanuverband und der Segler-Bund, zu gemeinschaftlicher Arbeit sich zusammenfinden sollten, zum Nutzen für jeden Einzelnen und für das Ganze.

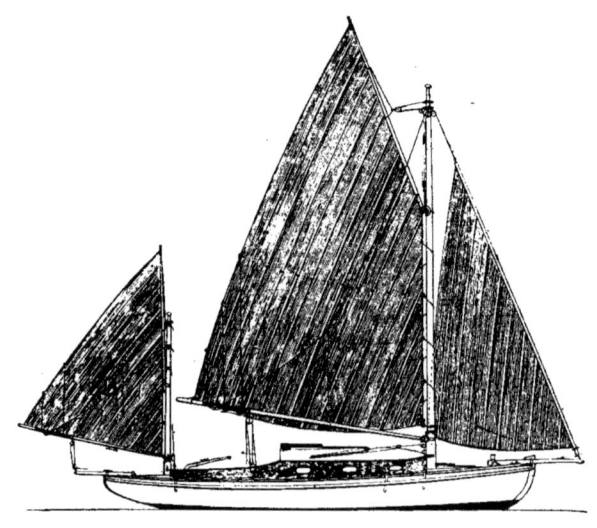

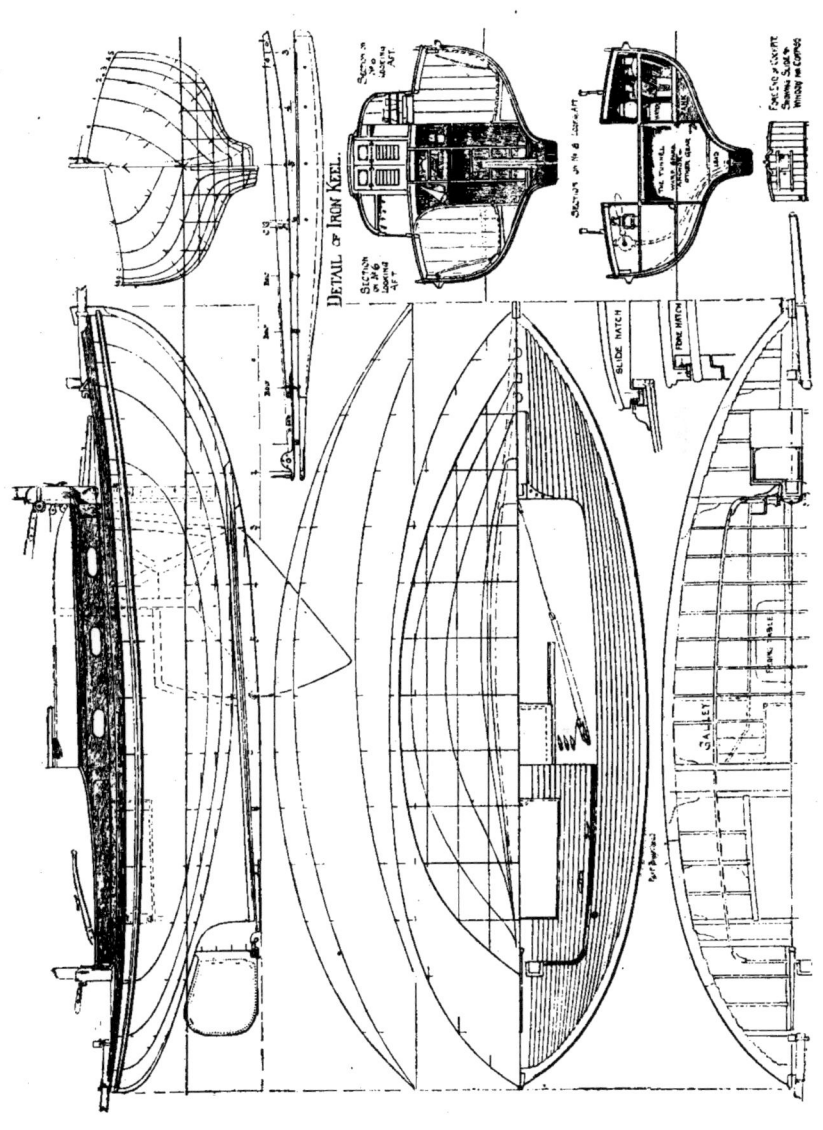

DETAIL OF IRON KEEL.

199

31 qm-Kanukreuzer „Eel",

entworfen und gebaut von George F. Holmes, Mersey.

Maßstab der Pläne 1 : 50, des Segelrisses 1 : 100.

Größte Länge 6,40 m, Länge in der Wasserlinie 5,80 m, größte Breite 2,21 m, Breite in der Wasserlinie 1,83 m, geringster Freibord 0,40 m, Rumpftiefgang 0,61 m, Tiefgang mit Schwert 1,47 m, Verdrängung 1,79 cbm, Gesamtballastmenge 1120 kg, Besan 5,50 qm, Großsegel 19,50 qm, Fock 6,00 qm, Am-Wind-Segelfläche 31,00 qm.

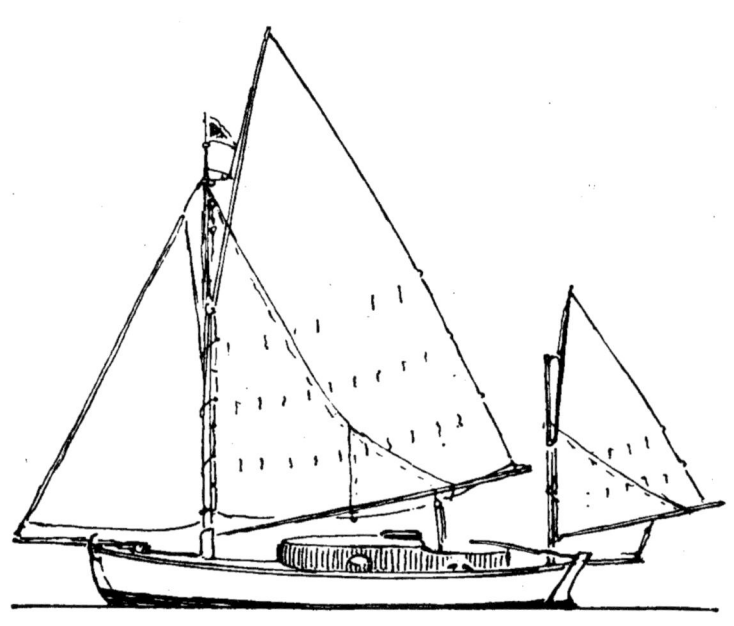

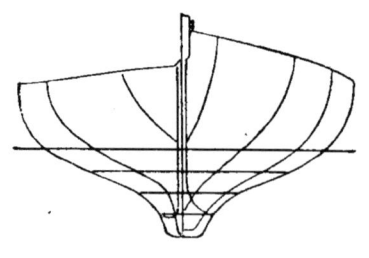
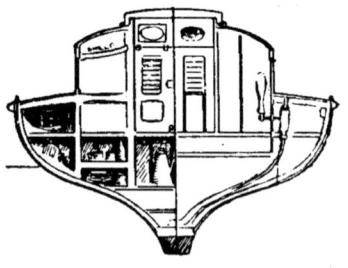

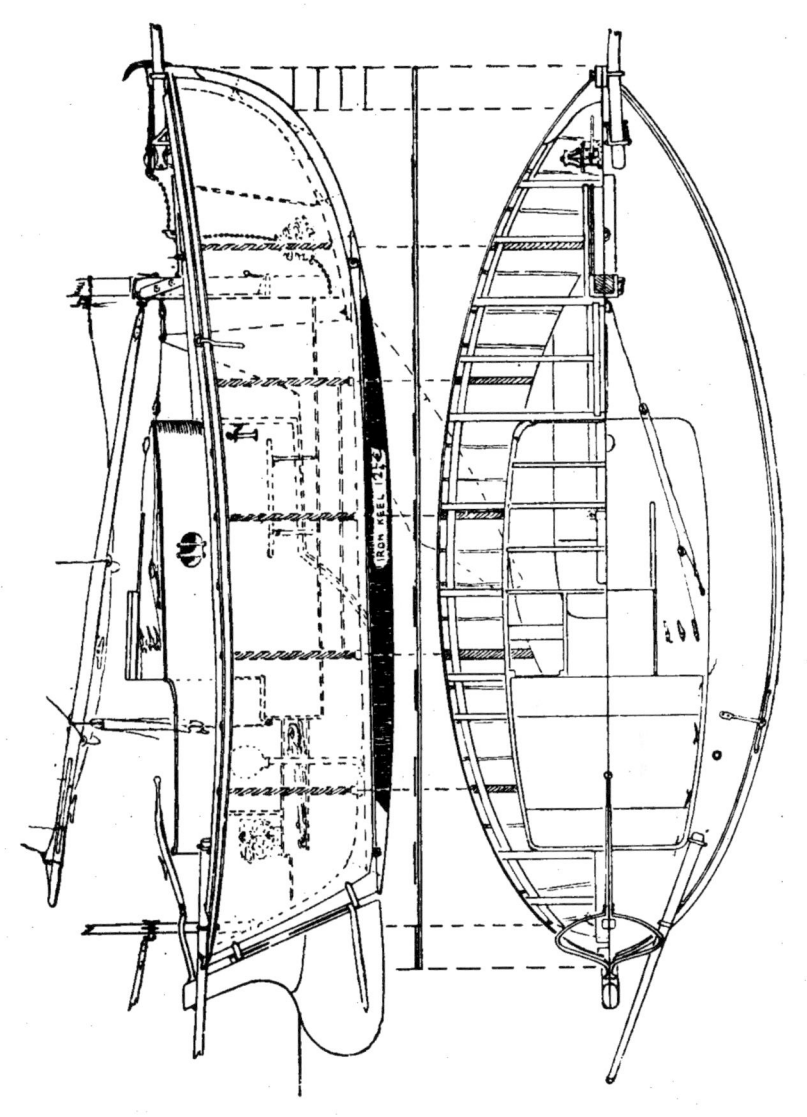

IRON KEEL

VI. Rennboote.

Internationaler Einer-Rennkajak Kl. I, D. K. V.,

nach den Bestimmungen der Internationalen Repräsentation für Kanusport,
entworfen von A. Tiller, Berlin-Charlottenburg.

Maßstab der Pläne 1 : 40, des Hauptspants 1 : 20, des Vor- und Achterstevens 1 : 10.
Größte Länge 5,20 m, Länge in der Wasserlinie 4,94 m, größte Breite 0,51 m,
Breite in der Wasserlinie 0,74 m, Seitenhöhe mittschiffs 0,21 m, Freibord mitt-
schiffs 0,12 m, Tiefgang 0,09 m, Gewicht 17,00 kg.

Die Linien dieses rassigen Bootes kommen denen der schwedischen Boote außerordentlich nahe, wie die beigefügte Photographie eines Schwedenbootes zeigt. Tiller, der lange Zeit in Dänemark und Schweden geweilt hat, dürfte als ein guter Kenner des
Schwedenbootes zu bezeichnen sein. Es dürfte bei dieser Gelegenheit interessant sein, zu erfahren, daß die schwedischen Kanufahrer kaum andere Boote als solche mit den Ausmaßen eines
Rennbootes auch für ihre Wanderfahrten benutzen. Durch lang-
jährige Übung sind sie mit dem Boot, in das bei uns heute nur
der Rennfahrer steigt, völlig vertraut. Trotz seiner geringen Breite
ist ja das Schweden-Rennboot tatsächlich in seinen Formen ver-

Ein ähnliches Boot, Riß von Volck, im Selbstbau, hergestellt von H. Woite, Berlin.

hältnismäßig sehr stabil. Auch bei uns in Deutschland dürfte in absehbarer Zeit der leichte Einerkajak für Trainings- und Tagesfahrten von dem Schweden-Rennboot verdrängt werden und nur der schwerere Einerkajak der Klasse II b in seiner Verwendung bleiben.

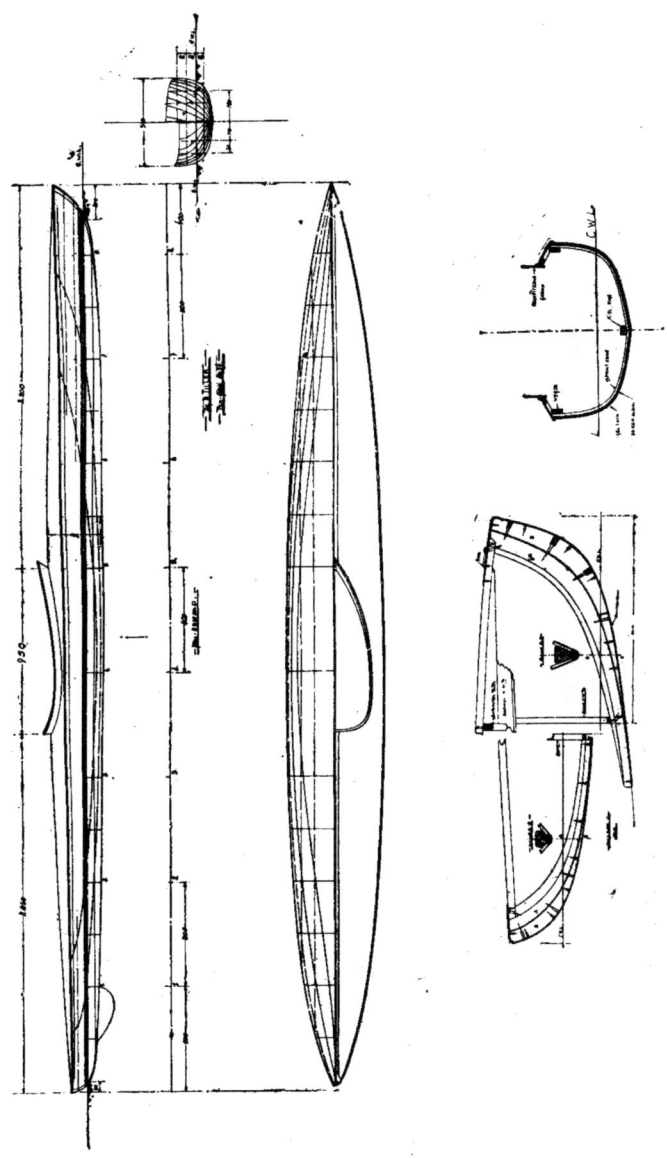

Internationaler Einer-Rennkajak,

Klasse I des D. K. V.,
entworfen von C. E. Heymann, Berlin-Steglitz.
Maßstab der Pläne 1 : 40.

Boote nach nebenstehendem Riß v. Heymann.
(Kanu-Club am Wannsee.)

Original-Schwedenkajak der „Föreningen för Kanotidrott,
Stockholm" im Schärengebiet.

Dieses Boot ist der anläßlich der Berührung des Deutschen Kanusportes mit Schweden übernommene Typ, in welchem die Kreis- und Verbandsmeisterschaften ausgefahren werden. Die gefällige Schwedenform geht besonders gut aus den beigefügten Bildern hervor. Das Boot wurde im Nahtspantbau bereits vielfach gebaut und eignet sich auch für Selbstbau; in diesem Falle: Leistengerüst mit Leinwandüberzug.

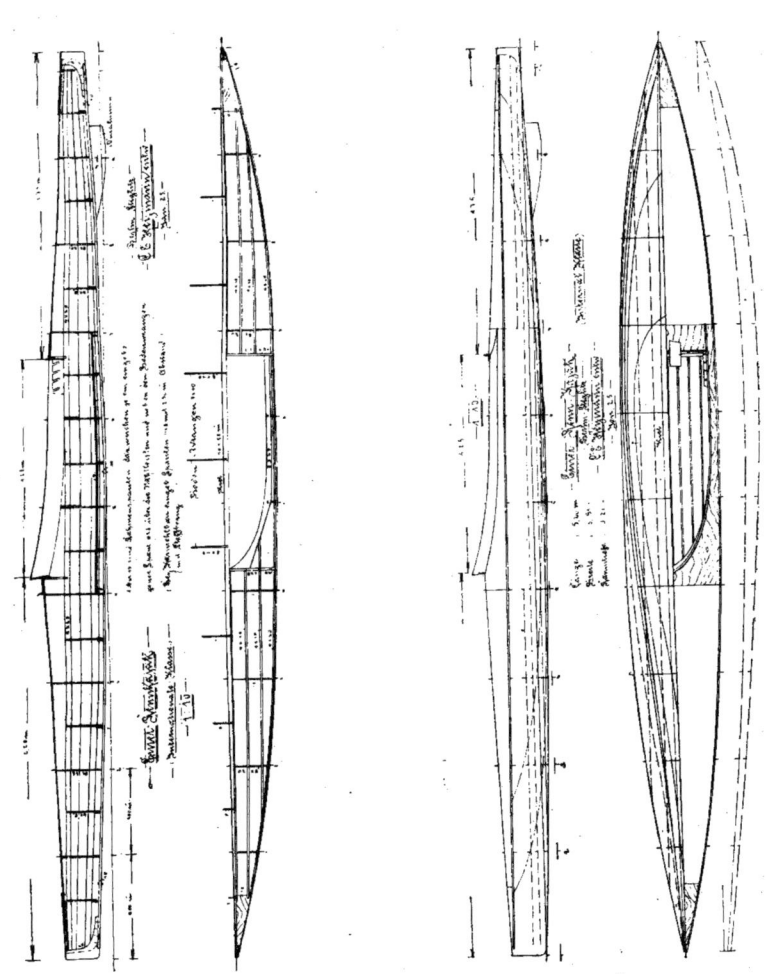

Nationaler Zweier-Rennkajak,

Klasse I a des D. K. V.,

entworfen von C. E. Heymann, Berlin-Steglitz.

Größte Länge 6,50 m, größte Breite 0,57 m, Raumtiefe 0,23 m.

Maßstab der Pläne 1 : 40.

Das Boot, in der erprobten Schwedenform entworfen, besitzt einen hohen Grad von Seetüchtigkeit, ausreichenden Freibord und trotzdem elegante Schlankheit. Es wurde bereits vielmals gebaut und hat auf Regatten in Berlin, Mannheim, Düsseldorf und Köln zuletzt gute Erfolge erzielt. Als Bauart ist zumeist der Nahtspantbau gewählt worden. Das für Mannheim gebaute Boot wurde wegen der einfacheren Transportmöglichkeiten in drei Teile zerlegbar angefertigt.

Trotz des ohnedies schon verhältnismäßig kleinen Sitzraum-Ausschnittes dürfte die in den Vorschriften nicht vorgesehene Anordnung von zwei getrennten Sitzluken*) noch eine erhebliche Verbesserung der Geeignetheit für alle Gewässer bedeuten, die dagegen durch Vergrößerung der Länge der Boote, Verringerung des Freibordes und der Breite wie beim Paddelskiff erheblich herabgesetzt würde.

---

*) Siehe den folgenden Riß: Rennzweier von Docter, Seite 208.

Nationaler Einer-Renn-Kajak nach einem Riß von E. Volck.

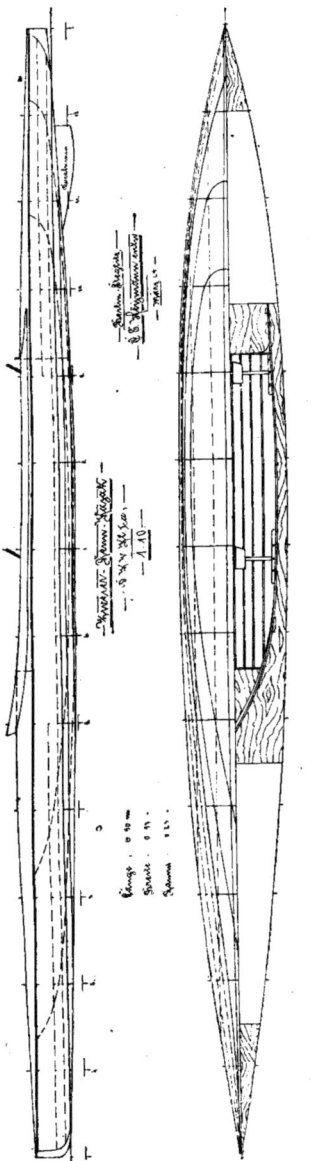

Linienriß des Zweier-Renn-Kajaks von Heymann, Berlin.

6,5 m-Rennkajak,

nach den Vorschriften des Deutschen Kanu-Verbandes
entworfen von Oberingenieur Heinz Docter, i. Fa. Oertz-Werft A.-G., Hamburg.

Länge über Deck .... 6,50 m
Breite................................. 0,57 m
Breite in der W. L. .... 0,51 m
Freibord .... 0,125 m
Tiefgang mit Besatzung.................. 0,135 m

Die Linienführung stellt eine Vervollkommnung des Schweden-
typs dar, dessen See-Eigenschaften ganz hervorragende sind.
Mit Rücksicht auf seine Renneigenschaften ist das Boot mit größt-

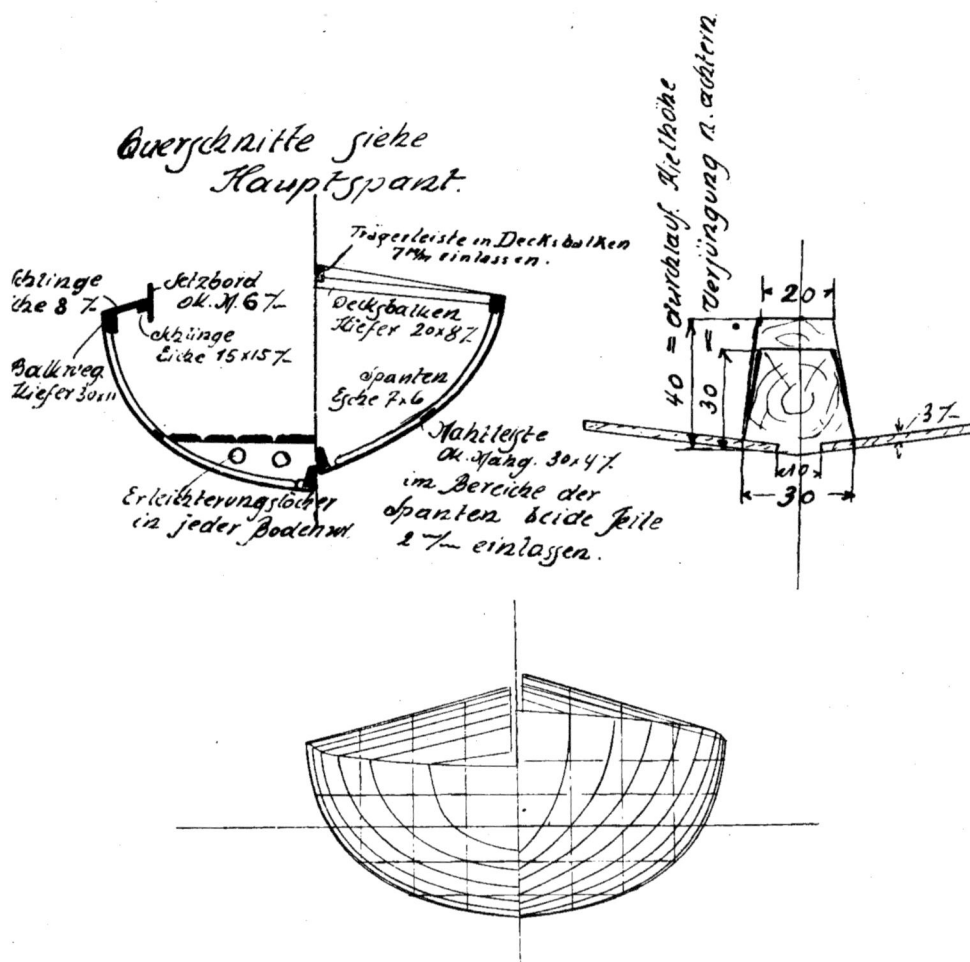

möglichster Leichtig-
keit gebaut und mit
Rücksicht auf rauhere
Gewässer mit zwei
Einzelsitzöffnungen im
Deck versehen, so daß
ein Vollschlagen selbst
in starkem Wellengang
ausgeschlossen sein
dürfte. Um das Fahr-
zeug bei Bahntrans-
porten noch als sper-
riges Stückgut ver-
frachten zu können,
ist das Hinterschiff
abnehmbar angeord-
net, eine Bauart, die
sich sehr gut bewährt
hat.

✦✦

Maßstab 1 : 40.

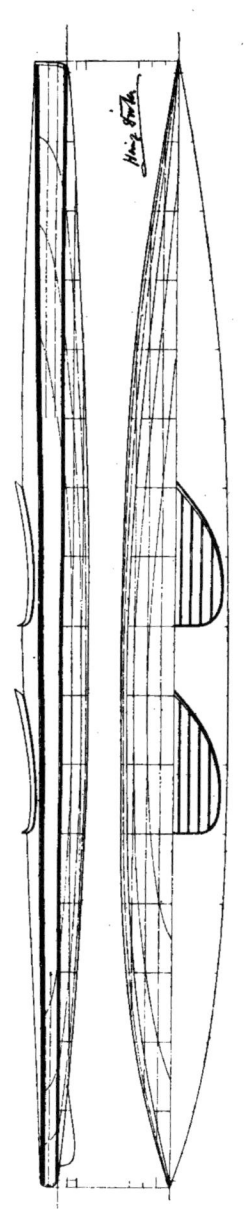
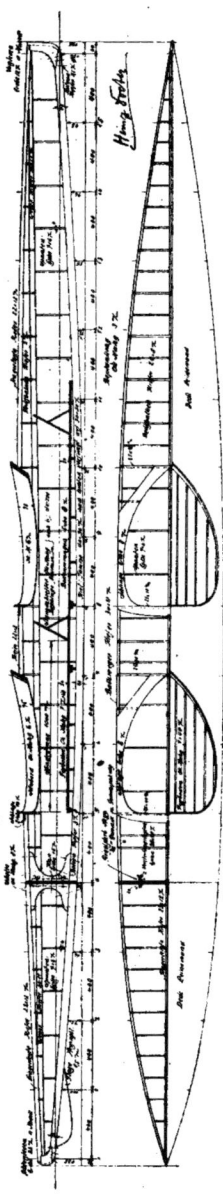

Vierer-Übungskajak mit Steuermann,

Klasse III des D. K. V.,

entworfen von C. E. Heymann, Berlin-Steglitz.

Maßstab der Pläne 1 : 80, der Querschnitte 1 : 40.

Größte Länge 12,00 m, größte Breite 0,74 m, Raumtiefe 0,30 m.

Der Deutsche Kanu-Verband hat in seiner Klasseneinteilung zunächst versuchsweise Vierer- und Achter-Übungskajaks mit Steuermann aufgenommen. Der Zweck dieser Boote ist die Ausbildung von Jungmannschaften in der Paddeltechnik. Mehrsitzige Kajaks vom Vierer aufwärts manövrieren wegen der großen Länge der Boote schwerfällig und erfordern daher ein großes Maß von Geschicklichkeit.

Als Bauart empfiehlt der Verband der größeren Längsfestigkeit wegen Klinkerbau, ohne solchen jedoch zur Vorschrift zu machen;

Achterkajak des Kanu-Cl. Düsseldorf.
Größte Länge 16,30 m, größte Breite 0,75 m.
Riß von C. E. Heymann, Berlin.

er verbietet dagegen, wie für alle seine Klassen überhaupt, den sogenannten Schalenbau (Furnier-Querbeplankung), um rennruderbootartige Bootsform, bei welcher letztere Bauart allein ausführbar ist, zu verhüten.

Der vorliegende Riß hat daher denn auch mit der Ruderbootform nichts gemein, sondern unterscheidet sich sehr wesentlich im Kielstrak und Wasserlinie von der hierfür üblichen. Die Konstruktionswasserlinie zeigt ein sehr scharfes und langes Vorschiff;

210

das Mittelschiff ist verhältnismäßig kurz, und das Hinterschiff hat einen guten Wasserablauf.

Diese langen Boote erfordern, im Gegensatz zu Ruderbooten, welche durch die Rollsitzbahnen Längs- und Querverband haben, den Einbau besonderer Verbände.

Der nach diesem Riß für den Kanuklub Düsseldorf erbaute Vierer hat, trotzdem er nur klinker geplankt ist, alle anderen eigens für Rennzwecke entworfenen Viererkajaks mit glatter Außenhaut in Skifform bei allen Gelegenheiten überlegen geschlagen. Auch mit den Dampferwellen des Rheins hat sich das Boot stets gut abgefunden.

✦✦

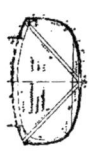

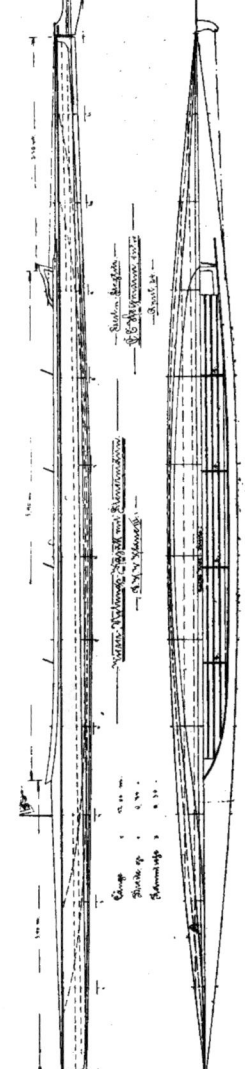

Rennkanadier,

Klasse C I des D. K. V.,
nach den internationalen Vorschriften
entworfen von Oberingenieur C. E. Heymann, Berlin-Steglitz.
Länge 4,87 m, größte Breite 0,76 m, Raumtiefe 0,27 m.
Maßstab der Pläne 1 : 40.

Der Rennkanadier ist noch jung im Deutschen Kanu-Verband. Seine Maße haben internationale Geltung, da er von der I. R. K., der Internationalen Repräsentantenschaft für Kanusport, der auch Deutschland angehört, übernommen wurde.

Das hier wiedergegebene Boot hat seine ersten Lorbeeren auf der Deutschen Meisterschaftsregatta in Leipzig 1925 geholt (Lindner-Forst im Senioren-Kanadier-Rennen). Seine Meisterung erfordert ihre besondere Fahrtechnik (s. Bild). Es ist übrigens genauestens nach dem Körpergewicht und der Größe des betreffenden Rennpaddlers gebaut; ein Grundsatz, der für die Konstruktion von ausgesprochenen Rennkanadiern allgemeine Geltung hat.

Rennkanadier nach nebenstehendem Riß auf der deutschen Meisterschaftsregatta, Leipzig 1925 (Lindner-Forst i. d. Lausitz).

M. = 1 : 40.

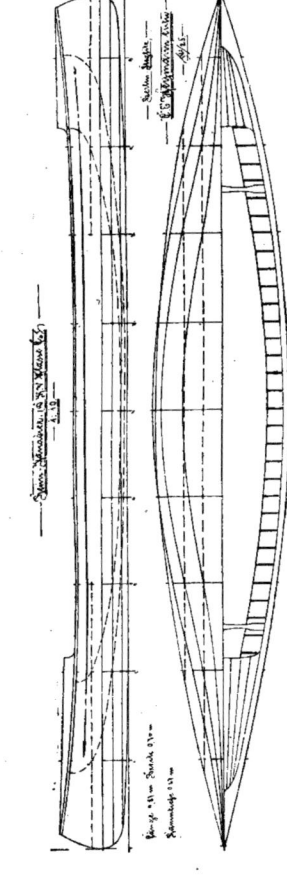

Rennkanadier, Klasse C I des D. K. V., von C. E. Heymann, Berlin-Steglitz.

Rennkanadier.

Die deutschen Meister im Rennkanadier Timm-Rücker,
St. Georg, Hamburg.
1925.

VII. Spezialboote.

5,50 m-Punt,

entworfen von C. E. Heymann, Berlin-Steglitz.

Maßstab 1 : 40.

Länge 5,50 m, Breite 0,90 m, Seitenhöhe 0,32 m.

Der Themse-Punt hat sich auch bei uns in Deutschland nur an wenigen Stellen, hauptsächlich auf der Hamburger Alster, eingebürgert. Seine. Fortbewegung wird indessen anders vor-

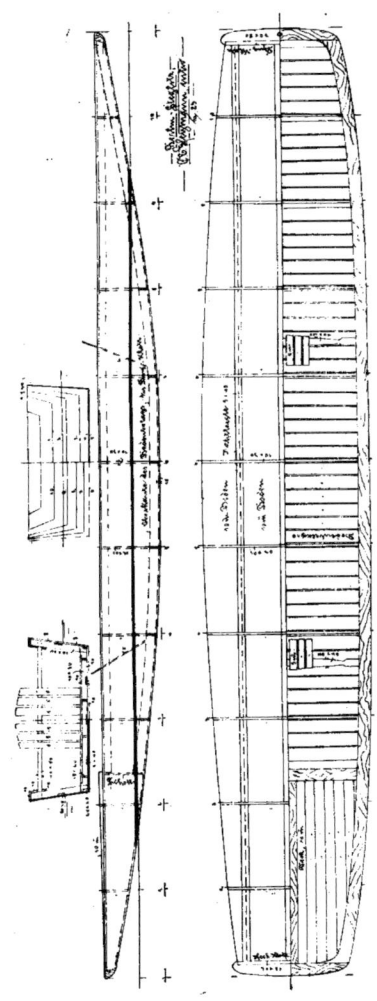

genommen als auf der Themse. Dort wird er vornehmlich mittels Stangen gestakt, wobei der Führer im Achterteil des Bootes steht und es gleichzeitig durch entsprechenden Einsatz des Stakens steuernd mit verhältnismäßig großer Geschwindigkeit längs des Ufers stromauf „schiebt". Diese Fortbewegungsart liegt jedoch dem Ruderer oder Paddler nicht, und man sieht daher bei uns fast nur geruderte oder gepaddelte Punts, die jedoch bei weitem nicht die Schnelligkeit des gestakten Bootes erreichen.

Der Punt ist ein Flachboot mit aufgeholten Bootsenden von annähernd rechteckigem Grundriß. Die Seitenwände sind fast senkrecht aufgesetzt und nur vorn und hinten soweit ausfallend, daß der Staken zum Steuern erforderlichenfalls zur Querrichtung nach außen geneigt gesetzt werden kann.

Hinten ist das Fahrzeug etwa auf. ein Fünftel der Länge gedeckt. Das Deck dient als Sitz für den Führer beim Stromabfahren mit Einblattpaddel, wogegen er beim Staken steht.

Zwei Tragebalken, welche den Sitzraum vorn und hinten begrenzen, dienen als Querverband und gleichzeitig als Widerlager für je zwei Rückenlehnen für die Insassen in bequemer, halb liegender Körperlage.

. Die normale Besetzung des Punts sind demnach außer dem Führer vier Personen.

Die Schlichtheit seiner Form hebt man durch elegante Bauausführung in mehrfarbigen Edelhölzern und bunte, schwellende Kissen sowie weiche Teppiche für die Einrichtung. Aus der Bootstabelle des D. K. V. ist er als nicht sportliches Fahrzeug verdammt.

✦✦

Dreisitzer-Paddelboot mit Schachtmotor,

entworfen von Hans Harms, Berlin-Tempelhof.

Maßstab 1 : 40.

Größte Länge 6,00 m, größte Breite 0,90 m, Rumpftiefgang 0,15 m,
Tiefgang mit Motor 0,41 m.

Ein Motorboot, wie es in seiner preiswerten Herstellung kaum
noch übertroffen werden kann, wird in den nachfolgenden Plänen
dargestellt. Es ist ,,das billige Motorboot‚‚, das auch in der Art
seiner ganzen Lösung mit dem ,,halbfest‚‚ eingebauten Motor so
einfach ist, daß es des Interesses eines großen Kreises von Wassersportlern sicher sein dürfte.

Die sogenannten ,,Klein-Autoboote‚‚ sind in der Anschaffung
noch so teuer, daß ihre Verbreitung ganz erheblich hinter den
Erwartungen ihrer Freunde zurückgeblieben ist. Man hat Gelegenheit, dies an den Wassersportzentren zu beobachten.

Ein Motorboot aber, das für etwa ein Drittel des Preises eines
Klein-Autobootes geliefert werden kann, ist auch in den jetzigen
wirtschaftlich schweren Zeiten für manchen schon erschwinglich.

Da der Motor — ein etwa 2 bis 5 pferdiger Anhänge- oder
Schachtmotor — ohne Mühe herausgenommen werden kann,
ist das Boot auch als Zwei- oder Dreisitzer-Paddelkanu zu fahren
und wird auch als solches seinem Besitzer viel Freude machen
können.

Das Vor- und Achterschiff ist wasserdicht abgeschottet und
bietet durch Decksluken zugänglichen Stauraum für alles das,
was trocken verwahrt werden soll. Zu beiden Seiten des Motor-
schachtes ist ebenfalls noch etwas Stauraum für Kleinigkeiten
vorhanden.

Sehr angenehm wird die Anbringung des Motors mitten im
Boot empfunden werden, und zwar aus verschiedenen Gründen.

Die Trimmlage des Bootes wird durch den Motor so gut wie
gar nicht beeinflußt werden. Alles Hantieren und Arbeiten am
Motor ist viel einfacher und bequemer, als wenn er in einem Schacht
im Heck des Bootes oder am Spiegel selbst angebracht wäre. Auch
die Erschütterungen des Bootskörpers bei laufendem Motor werden
erheblich geringere sein, da die Absteifung des Schachtes und seine
Verbindung mit dem Bootskörper selbst eine viel bessere und
festere sein kann als achtern im Heck.

Gesteuert wird das Boot mittels Joches und Seilzügen, und
zwar kann dies durch geeignete Führung dieses Seiles von allen
drei Sitzen aus geschehen.

Das erste Boot seiner Gattung hat so viel Anklang gefunden,
daß bereits eine Anzahl weiterer gebaut wurden.

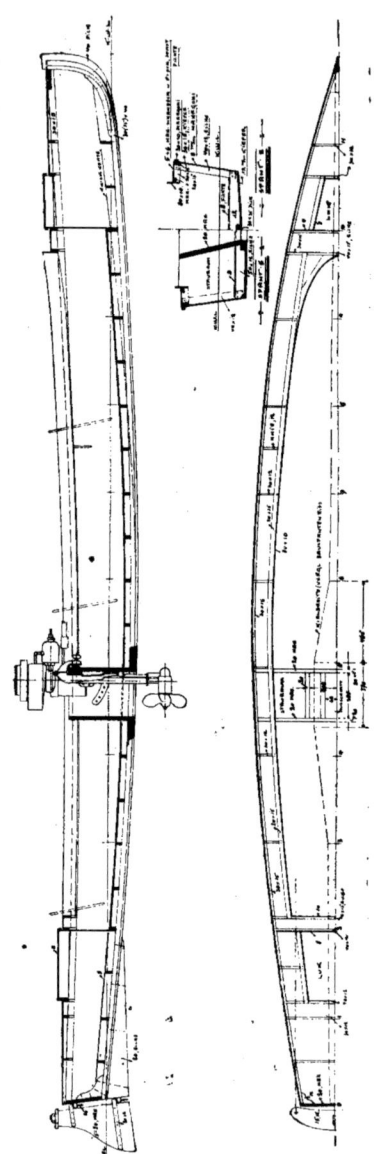

M. = 1 : 40.

Bauplan des Dreisitzer-Paddelbootes mit Schachtmotor von H. Harms, Berlin-Tempelhof.

(Zum Text Seite 217.)

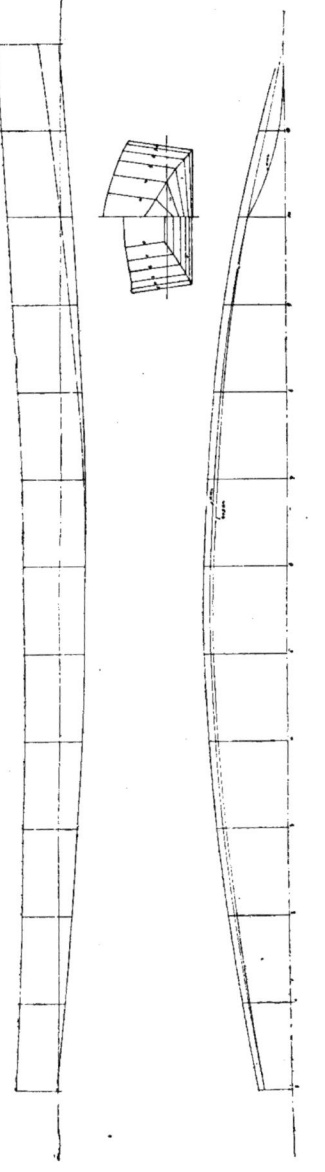

Linienriß des Dreisitzer-Paddelbootes mit Schachtmotor von H. Harms, Berlin-Tempelhof.

M. = 1 : 40.

(Zum Text Seite 217.)

5,30 m-Motor-Kanadier,

entworfen von Ludwig Dinklage, Hamburg, 1925 mehrfach gebaut.

Maßstab 1 : 40.

Größte Länge 5,30 m, größte Breite 1,04 m, Seitenhöhe 0,36 m,
größter Tiefgang 0,35 m, 2½ P.S.-Zweitakt-Einbau-Motor.

Ein Motorkanadier ist eine lustige Sache. Der Kreis seiner
Anhänger wird allerdings kein sehr großer sein und sich im all-
gemeinen auf gewisse Binnenreviere, auf denen auch nur wenig
Seegang zu befürchten ist, beschränken.

Mit drei bis vier Personen wird seine Höchstbelastung erreicht
sein; mit dieser Besatzung wird allerdings der kleine Einbaumotor,

Zeltlager an der Ostsee (Travemünde).

der allein für seine Bootsgattung geeignet scheint, noch eine ganz
ansehnliche Geschwindigkeit erreichen.

Das Boot ist etwas breiter und im ganzen etwas völliger gehalten
als der gewöhnliche Kanadier, was durch die etwas kräftigere
Bauausführung sowie die Mehrbelastung ·durch den Motor und
die Besatzung bedingt ist. Unter der kleinen vorderen Eindeckung
ist der Brennstoffbehälter aufgehängt, achtern ein wenig Stauraum vorhanden.

Der Steuermann hat seinen Platz auf der mittleren Sitzbank, von wo er die Steuerung mittels eines kleinen an der Backbordseite befindlichen Rades betätigt. Den vor ihm befindlichen Motor

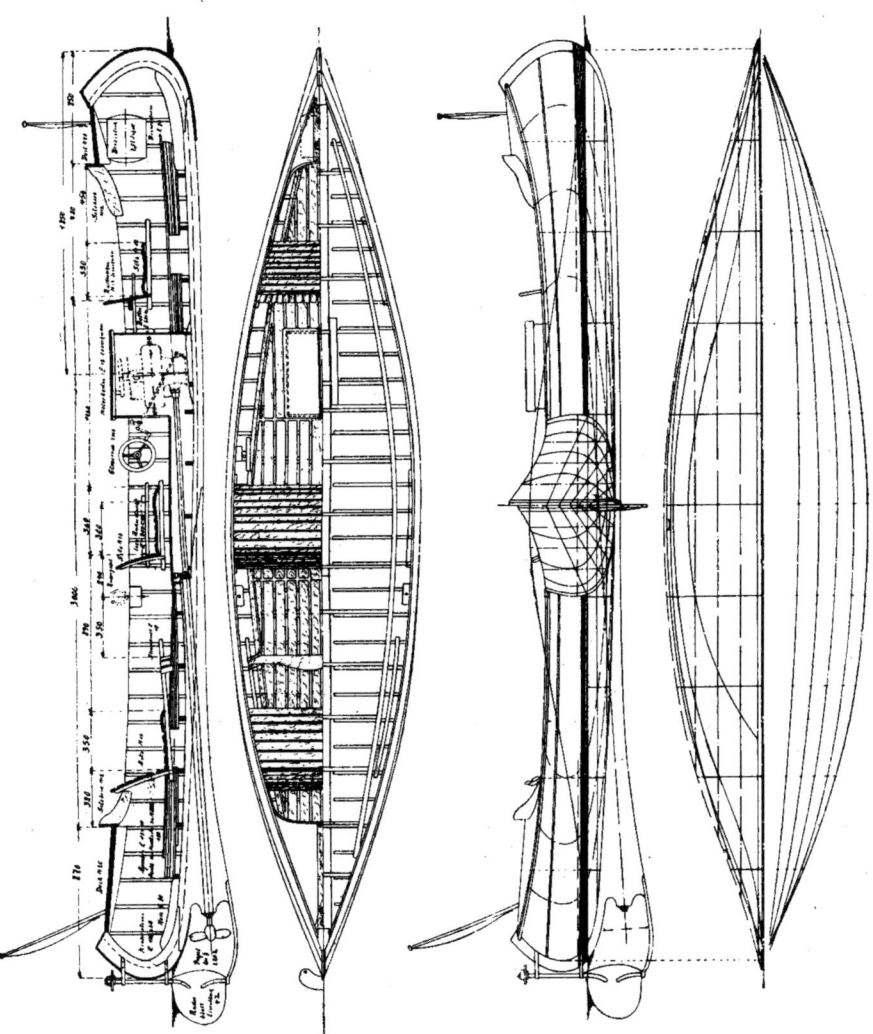

kann er von seinem Sitz aus gleichfalls bequem bedienen. Der Kanadier mit Einbaumotor ist auf den Binnengewässern Nordamerikas ziemlich verbreitet. Alljährlich wird eine Anzahl von Wettfahrten für diese Boote ausgeschrieben und zahlreich beschickt.

Anhang

I. Vermessungsbestimmungen des D. K. V.

Allgemeines.

1. Geltungsdauer.

Die Vermessungsbestimmungen gelten vom 1. März 1924 bis 1. März 1928.

2. Begriffsbestimmungen.

Ein Kanu ist ein aus beliebigem Material vorn und hinten auf Steven gebautes paddelbares bzw. segelbares Boot. Das Paddel ist ein frei in der Hand des Bootsinsassen geführtes Schaufelruder mit 1 oder 2 Blättern.

Ein Faltboot ist jeder Kajak aus beliebigem Material, der in allen Teilen so zusammenlegbar ist, daß er in zusammengelegtem Zustande als Handgepäck von den Insassen getragen werden kann (als Höchstmaß gelten die derzeit gültigen Vorschriften der Deutschen Reichsbahn über Mitnahme von Handgepäck in Personenzügen). Ein Faltboot muß normalerweise in 30 Minuten vom vollkommen zerlegten und verpackten Zustande aus aufgebaut werden können.

3. Gruppeneinteilung.

Die Kanus werden in folgende Gruppen eingeteilt:
A) Kajaks,
B) Segelkanus,
C) Kanadier,
D) Rennkanus nach den internationalen Bestimmungen,
E) Faltboote.

Alle Kajaks, Segelkanus, Kanadier und Faltboote, welche vor dem 16. Februar 1924 vorhanden waren oder sich bereits im Bau befanden, aber der neuen Klasseneinteilung und den neuen Abmessungen nicht entsprechen, können bis Ende 1928 in Altersklassen eingereiht werden und von den neuen Klassen getrennt starten.

A. Kajaks.

Klasse R a: Unbeschränkter Renn-Einer.
,, R b: Unbeschränkter Renn-Zweier.
Für beide Klassen sind Abmessungen und Bauausführung unbeschränkt. (Klasse I a bis III siehe Bootstabelle.)

Bauausführung.

Zur Bauausführung sind alle Bauarten zugelassen, ausgenommen Schalenbau (einfache Fournier-Querbeplankung).

222

Für Vierer und Achter mit Steuermann zu Trainingszwecken empfiehlt sich der größeren Längsfestigkeit und billigeren Herstellungskosten wegen Klinkerbau in Eiche, Mahagoni oder Zedern.

Alle Paddelkajaks müssen am vorderen Fußlager eine lichte Höhe von mindestens 0,30 m zwischen Innenseite Bodenbeplankung und Unterseite des Decks haben, gemessen über der Kielplanke.

B. Segelkanus.

1. 5 qm-Klasse.

Abmessungen:

(Siehe Bootstabelle.)

Die Fahrzeuge können ein- oder zweimastig gefahren werden. Bei zweimastiger Besegelung darf die Fläche des Großsegels 0,8 der Gesamtsegelfläche nicht überschreiten.

Bauausführung.

Die Boote können karweel mit Segeltuchbekleidung, oder auf Nahtspanten, oder bandkarweel, oder klinker, oder in Scharpieform, oder ähnlicher Ausführung gebaut werden.

Die Plankenstärke beträgt bei karweel mit Segeltuch überzogen 4 mm; auf Nahtspanten oder bandkarweel 4 mm; klinker 5 mm; Scharpie- oder ähnliche Ausführung 5 mm.

Spanten 8 × 10 mm aus Eiche, Esche oder gleichwertiges Holz.

Spantabstand von Mallkante bis Mallkante, bei karweel mit Segeltuchbekleidung höchstens 125 mm; auf Nahtspanten oder bandkarweel höchstens 150 mm; bei Klinkerbeplankung höchstens 200 mm; bei Scharpie und ähnlicher Bauart 500 mm.

Bodenwrangen. Stärke und Höhe über dem Kiel 8 × 30 mm. Abstand bei Karweel mit Segeltuchbekleidung und Nahtspanten oder bandkarweel höchstens 250 mm; bei Klinkerbeplankung höchstens 400 mm; bei Scharpie und ähnlicher Bauart höchstens 250 mm.

Decksbalken, gewöhnliche 10 × 30 mm; an den Enden der Plicht 12 × 35 mm. Der Abstand der Decksbalken von Mallkante zu Mallkante höchstens 200 mm.

Decksplanken. 4 mm.

Balkweger. Mindestquerschnitt 300 qmm, an den Enden entsprechend verjüngt. Breite der seitlichen Eindeckung mindestens 60 mm.

Länge der Plicht höchstens 2500 mm.

Stärke des Schwertes höchstens 5 mm. Tiefster Punkt des Schwertes unter dem Kiel höchstens 600 mm. Das Schwert kann als Drehschwert oder Steckschwert angeordnet werden. Seitenschwerter oder Kimmschwerter oder feststehende Flossen sind verboten.

Das Ruder muß am Hintersteven und aufholbar angeordnet sein. Schwert und Ruder dürfen in aufgeholtem Zustand nicht über den tiefsten Punkt des Kieles hinausragen.

Ballast jeder Art, innen oder außen, Auslegersitze oder über die Bordwand seitlich hinausragende Sitze sind verboten.

Klüverbäume und Spinnaker dürfen nicht benutzt werden.

Die Boote müssen mit **Luftkästen** versehen sein, die mindestens 20 Liter Inhalt haben und so verteilt sind, daß das gekenterte Boot gleichlastig schwimmt. Bei Wettfahrten muß jedes daran teilnehmende Boot an Bord haben: Eine Wasserschaufel oder eine Pumpe, zwei Paddel, ein Schwimmkissen oder eine Schwimmweste.

2. 6,5 qm-Klasse.

Abmessungen:

(Siehe Bootstabelle.)

Die Fahrzeuge können ein- oder zweimastig gefahren werden. Bei zweimastiger Besegelung darf die Fläche des Großsegels 0,8 der Gesamtsegelfläche nicht überschreiten.

Bauausführung.

Die Boote können karweel mit Segeltuchbekleidung, oder auf Nahtspanten, oder bandkarweel, oder klinker, oder in Scharpieform, oder ähnlicher Ausführung gebaut werden.

Die **Plankenstärke** beträgt bei karweel mit Segeltuch überzogen 4 mm; auf Nahtspanten oder bandkarweel 4 mm; klinker 5 mm; Scharpie- oder ähnliche Ausführung 5 mm.

Spanten 8 × 10 mm aus Eiche, Esche oder gleichwertiges Holz.

Spantabstand von Mallkante bis Mallkante, bei karweel mit Segeltuchbekleidung höchstens 125 mm; auf Nahtspanten oder bandkarweel höchstens 150 mm; bei Klinkerbeplankung höchstens 200 mm; bei Scharpie- und ähnlicher Bauart 500 mm.

Bodenwrangen. Stärke und Höhe über dem Kiel 10 × 30 mm. Abstand bei Karweel mit Segeltuchbekleidung und Nahtspanten oder bandkarweel höchstens 250 mm; bei Klinkerbeplankung höchstens 400 mm; bei Scharpie und ähnlicher Bauart höchstens 250 mm.

Decksbalken, gewöhnliche 10 × 30 mm; an den Enden der Plicht 12 × 35 mm. Der Abstand der Decksbalken von Mallkante zu Mallkante höchstens 200 mm.

Decksplanken. 4 mm.

Balkweger. Mindestquerschnitt 420 qmm, an den Enden entsprechend verjüngt. Breite der seitlichen Eindeckung mindestens 60 mm.

Länge der Plicht höchstens 3000 mm.

Stärke des Schwertes höchstens 6 mm. Tiefster Punkt des Schwertes unter dem Kiel höchstens 650 mm. Das Schwert kann als Drehschwert oder Steckschwert angeordnet werden. Seitenschwerter oder Kimmschwerter oder feststehende Flossen sind verboten.

Das Ruder muß am Hintersteven und aufholbar angeordnet sein. Schwert und Ruder dürfen in aufgeholtem Zustand nicht über den tiefsten Punkt des Kieles hinausragen.

Ballast jeder Art, innen oder außen, Auslegersitze oder über die Bordwand seitlich hinausragende Sitze sind verboten.

Klüverbäume und **Spinnaker** dürfen nicht benutzt werden.

Die Boote müssen mit **Luftkästen** versehen sein, die mindestens 20 Liter Inhalt haben und so verteilt sind, daß das gekenterte Boot gleichlastig schwimmt.

224

Bei Wettfahrten muß jedes daran teilnehmende Boot an Bord haben: Eine Wasserschaufel oder eine Pumpe, zwei Paddel, ein Schwimmkissen oder eine Schwimmweste.

3. 7,5 qm-Klasse.

Abmessungen.

(Siehe Bootstabelle.)
Die Fahrzeuge können ein- oder zweimastig gefahren werden. Das Großsegel darf o,8 der Gesamtsegelfläche nicht überschreiten.

Bauausführung.

Die Boote können karweel mit Segeltuchbekleidung oder Nahtspanten, Klinker, Scharpie oder in ähnlicher Ausführung gebaut werden. Bei Karweel-Bauausführung mit Nahtspanten beträgt die Plankenstärke 6 mm, bei Segeltuchbekleidung 5 mm; bei Klinker-Ausführung 5 mm; bei Scharpie- oder ähnlicher Bauart mit durchlaufenden Nahtleisten 5 mm.

Spanten 12 × 9 mm, Eiche, Esche oder gleichwertiges Holz.

Spantabstand von Mallkante bis Mallkante gerechnet bei Karweelbeplankung mit Nahtspanten höchstens 125 mm, bei Klinkerbeplankung höchstens 200 mm.

Bodenwrangen. Breite und Höhe über dem Kiel 12 × 30 mm. Abstand höchstens 250 mm bei Karweelbau, Scharpie oder ähnlicher Ausführung, 300 mm bei Klinkerbau.

Decksbalken. Breite und Höhe 12 × 30 mm. An den Enden der Plicht Breite und Höhe 15 × 35 mm. Der Abstand der Decksbalken zwischen Mallkante höchstens 200 mm.

Balkweger. Mindestquerschnitt 360 qmm, an den Enden entsprechend verjüngt. Stärke des Decks 5 mm.

Breite der seitlichen Eindeckung mindestens 120 mm.

Länge des Kokpits höchstens 2,50 m.

Dicke des Schwertes höchstens 6 mm. Der tiefste Punkt des Schwertes darf nicht über 0,7 m unter Unterkante Kiel hinausragen. Das Schwert kann als Drehschwert oder Steckschwert angeordnet werden. Seiten- und Kimmschwerter sind verboten.

Der Freibord muß vorhanden sein bei einer Vermessungsbelastung von 150 kg.

Das Ruder muß am Hintersteven angebracht sein und ist aufholbar anzuordnen. Das Ruder und das Schwert dürfen in aufgeholtem Zustande nicht über den tiefsten Punkt des Rumpfes hinausragen.

Sämtliche Materialstärken sind Mindeststärken. Klüverbäume und Spinnaker sind verboten. Luftkästen müssen mindestens 20 Liter Inhalt haben, und zwar so verteilt sein, daß das gekenterte Boot annähernd gleichlastig schwimmt.

Feststehende Flossen, Ballast jeder Art innen oder außen sowie Auslegersitze oder über die Bordwände seitlich hinausragende Sitze sind verboten.

Bei Wettfahrten muß jedes daran teilnehmende Segelkanu eine Wasserschaufel oder eine Pumpe, einen Bootshaken, zwei Riemen oder zwei Paddel, einen Rettungsring oder ein Schwimmkissen oder eine Schwimmweste an Bord haben.

4. 10 qm-Klasse.
(Siehe internationale Klasse D. II.)

15 Kanu

5. 13 qm-Klasse.

(Siehe Bootstabelle Gruppe B.)

Die Fahrzeuge können ein- oder zweimastig gefahren werden.

Das Großsegel darf 0,8 der Gesamtsegelfläche nicht überschreiten.

Bauausführung.

Die Boote können karweel mit oder ohne Nahtspanten oder Klinker gebaut werden.

Plankenstärke, karweel mit Nahtspanten 8 mm, karweel ohne Nahtspanten 10 mm, klinker 8 mm.

Spanten 18 $\times$ 12 mm, Eiche, Esche oder gleichwertiges Holz.

Spantabstand von Mallkante bis Mallkante gerechnet bei Karweelbeplankung mit Nahtspanten 150 mm, karweel ohne Nahtspanten 100 mm, klinker 200 mm.

Bodenwrangen. Breite und Höhe über dem Kiel 18 $\times$ 80 mm. Abstand höchstens 200 mm, bei karweel 300 mm, bei karweel mit Nahtleisten und bei Klinkerbauart 400 mm.

Decksbalken. Breite und Höhe 16 $\times$ 50 mm, Plichtendbalken und Mastbalken 25 $\times$ 50 mm; Entfernung von Mallkante bis Mallkante 200 mm.

Balkweger. Mindestquerschnitt 1000 qmm, an den Enden entsprechend verjüngt.

Deck. Stärke 8 mm ohne Segeltuch, 6 mm mit Segeltuch.

Breite der seitlichen Eindeckung mindestens 180 mm. Länge der Plicht höchstens 2,70 m. Dicke des Schwertes höchstens 8 mm. Der tiefste Punkt des Schwertes darf nicht über 0,9 m unter Unterkante Kiel hinausragen. Das Schwert ist als Drehschwert auszubilden. Steck-, Kimm- oder Seitenschwerter sind verboten.

Der Freibord muß vorhanden sein bei einer Vermessungsbelastung von 220 kg.

Das Ruder muß am Hintersteven angebracht sein und ist aufholbar anzuordnen. Ruder und Schwert dürfen in aufgeholtem Zustande nicht über den tiefsten Punkt des Rumpfes hinausragen.

Klüverbäume und Spinnaker sind verboten.

Sämtliche Materialstärken sind Mindeststärken.

Feststehende Flossen, Ballast jeder Art innen oder außen sowie Auslegersitze oder über die Bordwände seitlich hinausragende Sitze sind verboten.

Luftkästen müssen mindestens 30 Liter Inhalt haben, und zwar so verteilt, daß das gekenterte Boot annähernd gleichlastig schwimmt.

Bei Wettfahrten muß jedes daran teilnehmende Segelkanu eine Wasserschaufel oder eine Pumpe, einen Bootshaken, zwei Riemen oder zwei Paddel, einen Rettungsring oder ein Schwimmkissen oder eine Schwimmweste an Bord haben.

C. Kanadier.

Abmessungen.

(Siehe Bootstabelle Gruppe C I—III.)

Bauausführung.

Zur Bauausführung sind für alle Klassen alle Bauarten zugelassen, ausgenommen Schalenbau (einfache Fournier-Querbeplankung.)

D. Rennklassen nach den internationalen Bestimmungen.

1. Einerkajak.

Größte Länge 5,20 m.
Geringste Breite über Deck 0,51 m.
Bauart freigestellt.

2. Internationales 10 qm-Segelkanu.

Abmessungen.

Größte Länge 5,20 m.
Mindestbreite 0,95 m.
Höchstbreite 1,10 m.
Segelfläche höchstens 10 qm, verteilt auf zwei Segel, von denen das größte vorne geführt wird.
Ballast oder über die Reeling hinausragende Sitzbretter sind unzulässig.

Bauausführung.

Die Rennsegelkanus können karweel mit Segeltuchbekleidung oder Nahtspanten oder klinker gebaut werden. Bei Karweel-Bauausführung mit Segeltuchbekleidung beträgt die Mindest-Plankenstärke 5 mm, bei Nahtspanten 6 mm, bei Klinker-Bauausführung 5 mm. Die Spanten bestehen aus Eiche oder dieser gleichzustellenden Holzart. Spantabstand bei Karweel-Beplankung höchstens 125 mm, bei Klinker-Beplankung höchstens 250 mm.
Bodenwrangen. Breite und Höhe über dem Kiel mindestens 15 × 25 mm. Abstand höchstens 250 mm.
Decksbalken. Breite und Höhe mindestens 15 × 25 mm. An den Enden des Kokpits Breite und Höhe mindestens 30 × 33 mm. Abstand höchstens 250 mm.
Balkweger. Breite und Höhe mindestens 15 × 35 mm. Stärke des Decks, Segeltuchbekleidung nicht eingerechnet, 5 mm. Breite der seitlichen Eindeckung mindestens 130 mm. Länge des Kokpits höchstens 1750 mm. Die Raumtiefe wird gemessen 150 mm seitlich von der Mittschiffsebene an der Innenseite der Beplankung bis zu einer Wagerechten in Höhe der Unterkante des Decks an der Bordwand und muß mindestens 350 mm betragen. Dicke des Schwertes höchstens 7 mm.

3. Kanadier.   Abmessungen.

Siehe Bootstabelle Klasse I (C. Kanadier).

Bauausführung.

Zur Bauausführung sind für alle Klassen alle Bauarten zugelassen, ausgenommen Schalenbau (einfache Furnier-Querbeplankung).

E. Faltboote.

Der Umfang wird gemessen an der breitesten Stelle von Bordkante zu Bordkante.
Abmessungen siehe Bootstabelle I—II.

Bauausführung.

A-Klasse: Schalenfaltboote.

Konstruktion unbeschränkt; jedoch nach den Maßbestimmungen der
D. K. V.-Tourenklasse.

Verbands- und Kreismeisterschaften werden nur in dieser A-Klasse ausgefahren.

B-Klasse: Stabfaltboote.

Konstruktionsbeschränkungen.

1. Beliebig faltbare Stoffhülle.
2. Am Hauptspantumfang höchstens 11 Einzellängsstäbe einschließlich
Dollbordleisten und Kiel von höchstens 25 mm breiter Auflagefläche für die Haut,
so daß dazwischen durch den Wasserdruck Einkehlungen entstehen. Im übrigen
nach den Maßbestimmungen.

Alle übrigen Rennen werden in Klasse A und B ausgeschrieben. Klasse B
ist immer in Klasse A startberechtigt.

II. Bau- und Maßbestimmungen
der Internationalen Repräsentation für Kanusport.

§ 57.

Die Kanus müssen, um nach den Regeln der I. R. K. klassifiziert werden
zu können, folgenden Bau- und Maßbestimmungen entsprechen: (Alle Maße sind
in Millimetern angegeben.)

Klasse Segelkanu:

Materialmaße usw.

Stärke der Beplankung:

Karweel mit Segeltuchbekleidung (Bekleidung nicht mitgerechnet)
mindestens 5
desgl. ohne Segeltuchbekleidung mit Nahtspantenbau mindestens 6
Klinker, mindestens 5

Spanten:

aus Eiche oder dieser gleichzustellender Holzart, mindestens . . . 12 × 16
Abstand, bei Karweelbeplankung höchstens 125
,, ,, Klinkerbeplankung ,, ... 250

Bodenwrangen:

Breite und Höhe über dem Kiel, mindestens . . . . 15 × 25
Abstand, höchstens 250

Decksbalken:

Breite und Höhe, mindestens . . . . 15 × 25
An den Enden des Kokpits, Breite und Höhe, mindestens . . . . 33 × 30
Abstand, höchstens 250

Balkweger:

Breite und Höhe, mindestens . . . . 15 × 35

228

Diese Satzungen und Bestimmungen sind genehmigt von:

Deutscher Kanu-Verband, Deutschland,
Domstraße 43, Köln a. Rh.

Österreichischer Kajak-Verband, Österreich,
Dorbacherstraße 48, Wien XVII.

Svenska Kanotförbundet, Schweden,
Vanadisvägen 29, Stockholm.

Dansk Kano- og Kajakforbund, Dänemark,
Margretevej 7, Hellerup.

Literatur im Anschluß an dieses Buch:

A. Korn, Kanuführer.
A. Tiller, Kanubau und Segeln.
E. Arndt, Kanusport.
A. Büttner, Kanu-Technik und Kanusport.
C. J. Luther, Paddelsport und Flußwandern.
A. Heurich, 1. Kajakfaltboot, 2. Wildwasserfahrten.
Zeitschriften: „Der Kanusport“, Hamburg 8, Zippelhaus 7/9,
„Wind und Wasser“, Berlin W 57, Bülowstr. 66.

III. Klassen-Einteilung und Abmessungen.

(Gültig bis zum Verbandstag 1928.)

A. Kajaks.

Klasse	Mannschafts-zahl	Größte Länge L m	Geringste Breite B m	Raumtiefe mindestens Rt m	Mindest-Freibord auf 0,5 L F m	Mindest-Freibord vorne Fv m	Größte Segelfläche S m²	Unter-scheidungs-marken	Zweckbestimmung	Anmerkungen
R a	Einer	—	—	—	—	—	—	—	Rennkajak	ohne Maßbeschränkungen
b	Zweier	—	—	—	—	=	—	—	„	„
I.	Internationaler Einer	5,20(*)	0,51	—	—	—	—	—	Intern. Rennkajak	
I a.	Nationaler Zweier	6,50	0,55	—	—	—	—	—	Rennkajak (Schalenbau verbot.)	
II a.	Einer	5,00	0,60	0,22	0,10	—	—	—	Training u. Tagesf.	Vermessungsbelastung 65 kg
II a.	Zweier	5,20	0,65	0,23	0,10	—	—	—	„	„ „ 130 „
II a.	L. Zweier	6,00	0,65	0,23	0,10	—	—	—	„	„ „ 150 „
II b.	Einer	5,00	0,65	0,23	0,10	—	2,00	—	Tagesfahrten	
II b.	Zweier	5,20(*)	0,70	0,24	0,10	—	2,50	—	„	dito
II b.	L. Zweier	6,00	0,70	0,24	0,10	—	2,50	—		
II c.	Einer	5,00	0,76	0,23	0,10	—	3,00	—	Wanderfahrten	Vermessungsbelastung 100 kg
II c.	Zweier	5,20(*)	0,76	0,24	0,10	—	4,00	—	„	„ „ 200 „
II c.	L. Zweier	6,00	0,76	0,24	0,10	—	4,00	—	„	„ „ 220 „
III.	Vierer mit Steuermann	12,00	0,70	—	—	—	—	—	Mannschafts-Training	Schalenbau verboten
III.	Achter mit Steuermann	17,50	0,70	—	—	—	—	—	„	„

B. Segel-Kanus.

Klasse	Besatzung	Länge	Breite				Fläche		Bezeichnung	Bemerkungen
5 qm	1 bis 2	5,20	0,80		0,20	0,20	5,00	G	Renn- u. Wanderfahrt	Vermessungsbelastung 150 kg ein- oder zweimastig
6,50 qm	1 bis 2	6,00	0,80		0,20	0,25	6,50	H	,, ,, ,,	,, 200 ,, ein- oder zweimastig
7,50 qm	1 bis 2	5,20(*)	0,90		0,20	0,25	7,50	A	,, ,, ,,	ein- oder zweimastig
10 qm	1 im Rennen / 1—2 auf Wanderfahrt	5,20(*)	>0,95 / <1,10	0,35			10,00	B	Internationales und nationales Segelkanu für Renn- u. Wanderf.	zweimastige Bauausführung nach intern. Vorschrift
13 qm	1 bis 2	6,00	1,35		0,30	0,45	13,00	C	Kanu-Kreuzer	ein- oder zweimastig. > mindest < höchst Vermessungsbelast. b. 7,5 qm 150 kg, 13,0 ,, 220 ,,
Altersklasse	—	—	—		—	—	—	D		

C. Kanadier.

	Typ	Länge	Breite				Fläche		Bezeichnung	Bemerkungen
I	Einer } Zweier }	4,88	0,75	0,25				—	Internationaler und nationaler Renn-kanadier	Mindestgewicht 20,38 kg. Das Deck darf nicht länger sein als 106,75 cm am Bug und 76,25 cm am Heck
	Vierer	6,10	0,75	0,30½				—	Internationaler und nationaler Renn-kanadier	Mindestgewicht 29,44 kg. Das Deck darf nicht länger sein als 122 cm am Bug und 91,5 cm am Heck
II	1—2	5,00	0,80	0,30				—	Tages- u. Wanderfahrt	
	Zweier	5,20(*)	0,85	0,32				—	Tages- u. Wanderfahrt	
III	Einer	5,00	0,80	0,30			5 qm	E	Segelkanadier	
	1—2	5,20(*)	0,85	0,32			7 qm	F	,,	

D. Renn-Kanus nach internationalen Bestimmungen.

I	A. I.	
II	B. 10 qm	Abmessungen wie oben.
III	C. I.	

E. Faltboote.

	Typ	Länge	Breite		Mindestumf.		Fläche		Bezeichnung
I	Einer	4,50	0,65	0,20—0,26	1,00		4,50	—	s. Anhang II. Teil unter E. Faltboote
II	Zweier	5,20	0,70	0,22—0,28	1,00		5,00	—	

* Größte zulässige Länge für Eisenbahntransport zum 1½ fachen Stückgut-Frachtsatz 5 m.